新能源汽车关键技术研发系列

动力电池运行安全大数据分析与应用

Big Data Analysis and Application of Power Battery Operation Safety

洪吉超 著

机械工业出版社

CHINA MACHINE PRESS

随着能源危机的加剧和碳减排压力的上升，交通运输业的新能源转型日益迫切，日益上涨的能量密度为动力电池系统的安全性和可靠性带来了空前挑战。本书介绍了新能源汽车发展背景、动力电池及管理系统的应用要求；深入分析了动力电池不一致性表现形式、发展规律及故障模式，阐明了动力电池安全性随不一致性非线性扩展的劣化趋势；系统介绍了动力电池温度、电压、SOC、SOP、SOE 等安全状态预测和 LSTM、GRU、SAM 等方法原理与验证过程；探索并建立了适用于实车动力电池 SOH 近似衰退模型；详细分析了动力电池各种故障类型及触发原因，提出基于信息熵的故障诊断方法；多角度阐述了动力电池安全风险，提出离散小波分解和多尺度熵的热失控风险预警算法；基于多模型融合理论提出了面向实车动力电池全寿命运行周期的安全控制策略。

本书适合新能源汽车以及动力电池开发者、设计者、科研工作者和入门者，可协助高校、车企、动力电池企业建立动力电池大数据分析能力，快速进行产品开发与迭代，也可作为相关院校及科研院所的新能源汽车相关专业师生的参考书。

图书在版编目（CIP）数据

动力电池运行安全大数据分析与应用／洪吉超著. —北京：
机械工业出版社，2023.3
（新能源汽车关键技术研发系列）
ISBN 978－7－111－72607－4

Ⅰ. ①动…　Ⅱ. ①洪…　Ⅲ. ①新能源-汽车-蓄电池-
安全管理-数据处理-研究　Ⅳ. ①U469. 720. 3

中国国家版本馆 CIP 数据核字（2023）第 027505 号

机械工业出版社（北京市百万庄大街 22 号　邮政编码 100037）
策划编辑：王　婕　何士娟　　责任编辑：王　婕　何士娟
责任校对：潘　蕊　陈　越　　封面设计：张　静
责任印制：刘　媛
北京中科印刷有限公司印刷
2023 年 6 月第 1 版第 1 次印刷
169mm×239mm · 16 印张 · 293 千字
标准书号：ISBN 978－7－111－72607－4
定价：138. 00 元

电话服务　　　　　　　　　　　网络服务
客服电话：010－88361066　　　　机 工 官 网：www. cmpbook. com
　　　　　010－88379833　　　　机 工 官 博：weibo. com/cmp1952
　　　　　010－68326294　　　　金 书 网：www. golden-book. com
封底无防伪标均为盗版　　　　机工教育服务网：www. cmpedu. com

丛书序

在新能源汽车成为战略新兴产业之一等国家战略的背景下，以纯电动汽车和燃料电池汽车、插电式混合动力汽车为代表的新能源汽车，作为能源网络中用能、储能和回馈能源的终端，成为我国乃至经济新体系中的重要组成部分。我国经过4个五年计划的科技攻关，基本掌握了新能源汽车的整车技术和关键零部件技术，实现了跨越式发展，并逐步实现了产业化。

但是，在世界这个完全开放的市场中，中国新能源汽车核心关键技术尚未彻底突破，技术竞争压力越来越大，加快新能源汽车持续创新、推进中国汽车产业技术转型升级，是中国科技发展的重大战略需求。中国的新能源汽车技术还需要不断创新，快速发展。

本套丛书将聚焦于新能源汽车整车、零部件关键技术，以及与新能源汽车配套的科技体系和产业链，邀请行业内各领域一直从事研究和试验工作的产品第一线技术人员编写，内容系统、科学，极具实用性，希望能够为我国新能源汽车的持续发展提供技术支撑和智力支持。

序

　　发展新能源汽车是交通领域实现双碳目标的主要技术途径之一，其中如何提高动力电池的安全性是关键技术问题之一。经过几十年的发展，我国的动力电池产业从数量上和质量上都取得了极大的突破。同时，中国汽车动力电池产业创新联盟发布的动力电池数据表明，截至 2022 年 8 月，我国动力电池累计产量 303.8GW·h，同比增长 172.3%，累计装车量 162.1GW·h，同比增长 112.3%，呈现持续快速增长的发展势头。

　　动力电池由于其高功率、高能量密度和无记忆效应，目前已经在电动车辆和储能电站得到了广泛的应用。然而，由于电池生产过程中不可避免地存在单体差异性，这种"不一致性"会随着电池的长期使用过程不断放大，加速电池老化衰减，最终导致电池发生热失控，给企业和使用者带来严重的人身和财产威胁。在动力电池安全应用领域，目前的研究还存在很多不足，主要体现在以下 4 个方面：

　　1）实车运行环境复杂多变导致参数辨识建模难度大，实车应用效果依然不佳。

　　2）大量特征工程和人为经验才能避免复杂工况影响，实车风险信号提取难度大。

　　3）动力电池热失控机理复杂，风险预警要求严格，常规故障报警方法难度大、效果差。

　　4）大数据监管平台采样频率限制故障始发数据的精确保存，安全事故反向追踪效果差。

　　本书立足以上新能源汽车领域"卡脖子难题"，针对动力电池热失控机理复杂、风险预警系统性强、难度大的问题，开展大数据驱动和面向实车应用的动力电池系统安全控制策略相关研究，对提升新能源汽车安全性、确保驾乘人员生命财产安全及促进产业化稳步发展具有重要意义。

前　言

新能源汽车作为中国战略性新兴产业之一和国家重点支撑领域，产业应用规模和技术水平发展迅速，累计销量和保有量已连续多年位居全球第一。为了消除消费者对新能源汽车的"安全焦虑"，积极推进新能源汽车动力电池故障诊断和安全控制研究非常必要且迫切。

国内外研究人员从动力电池故障机理等基础理论到安全管控技术开展了系列研究。在故障机理方面，以故障特征分析及参数辨识方法研究为重点；在故障诊断预警方面，开展了从单体、模组到系统的故障诊断和热失控预报警方法研究；在安全管控方面，开展了安全控制方法和安全防护设计研究。然而，由于实车动力电池采样数据稀疏、特征参数耦合、动态载荷多变、非线性和时变性强等问题的制约，上述研究均未能有效规避新能源汽车安全事故的发生，具备高效率智能防控和高质量决策输出能力的实车动力电池安全防控体系尚未建立。

本书综合了作者多年研究成果，对动力电池运行安全大数据分析与应用技术进行了详细的叙述。第 1 章介绍了新能源汽车及动力电池管理系统的国内外发展现状；第 2 章阐述了动力电池系统安全性与一致性耦合机制相关研究；第 3 章论述了动力电池 SOH 估计与预测相关研究成果；第 4 章展示了动力电池安全状态预测方法；第 5 章深入介绍了动力电池典型故障机理及故障诊断方法；第 6 章介绍了实车动力系统多级风险预警策略；第 7 章系统总结和分析了动力电池系统常见的安全问题及其解决思路，提出了面向实车动力电池系统全寿命运行周期的安全控制策略。除了相关技术说明和阐述，本书还使用了大量图片、表格、公式来帮助说明，力图降低本书技术内容的理解难度，让读者更乐于阅读。

感谢我的博士导师王震坡教授对本书编写工作的指导，他的鼓励让我有动力将多年的研究工作总结出来，并以专著的形式呈现给各位同仁和广大读者。另外，博士生孙旭东、李仁政、张景涵、山彤欣、杨健、张震、杜善霄，硕士生杨海旭、张昕阳、张华钦、梁峰伟等在资料整理等方面提供了帮助，在此对他们表示衷心的感谢。

但是，由于相关领域技术发展迅速，技术方向依然在探讨，因此本书还存在很多不足，希望广大读者和同仁批评指正。更希望本书能够抛砖引玉，增进大家的沟通和交流，共同探索大数据驱动方案在新能源汽车动力系统安全控制领域的应用潜力，解决行业的难点和痛点问题。

洪吉超

2022 年于北京科技大学

目　录

第 1 章
概述

 1.1 新能源汽车发展背景

1.1.1 新能源汽车发展的必要性

1. 发展新能源汽车是我国从汽车大国迈向汽车强国的必由之路

为有效缓解能源和环境压力，推动我国汽车产业健康可持续发展，加快汽车产业转型升级，国务院于 2020 年 11 月印发了《新能源汽车产业发展规划（2021—2035 年)》（国办发〔2020〕39 号，以下简称《规划》)。《规划》确立了"以纯电动汽车、插电式混合动力（含增程式）汽车、燃料电池汽车为'三纵'，布局整车技术创新链，并提出了"到 2025 年，我国新能源汽车市场竞争力明显增强，动力电池、驱动电机、车用操作系统等关键技术取得重大突破，安全水平全面提升"以及"纯电动乘用车新车平均电耗降至 12.0 千瓦时/百公里，新能源汽车新车销售量达到汽车新车销售总量的 20% 左右，高度自动驾驶汽车实现限定区域和特定场景商业化应用，充换电服务便利性显著提高"的目标。

为了贯彻落实党中央、国务院的战略部署，科学有效实施《规划》，国务院领导同志多次开展专题调研并召开会议，着力解决产业发展遇到的重大问题。工业和信息化部、公安部、交通运输部、应急管理部、市场监管总局联合发布了《关于进一步加强新能源汽车企业安全体系建设的指导意见》（工信厅联通装〔2022〕10 号），进一步推动建立长期稳定的新能源汽车政策体系。在发展改革委、公安部、财政部等 20 个单位参加的节能与新能源汽车产业发展部际联席会议 2022 年度工作会议上，提出坚持电动化、网联化、智能化方向，大力推动新能源汽车产业高质量发展。

截至 2022 年底，全国新能源汽车保有量达 1310 万辆，占汽车总量的 4.10%，扣除报废注销量比 2021 年增加 526 万辆，增长 67.13%。乘用车市场信息联席会数据显示，2022 年我国动力电池累计装机量 221.6GW·h，同比增长 92.3%，依旧呈现持续快速增长发展势头。

2. 汽车低碳化是实现交通领域碳达峰、碳中和的重要支撑

中国提出的"30·60"目标将为经济社会可持续发展带来影响深远的变革。当前，交通领域碳排放在我国全社会碳排放总量中的占比超过 8%，以汽车为主的道路交通在交通领域中占比超过 82%。汽车行业作为中国实现碳达峰、碳中和重要支撑行业之一，需要全行业节能减排。根据《节能与新能源汽车技术路线图 2.0》的发展目标，传统燃油汽车仍是汽车产业的重要组成部分，2025 年占比 80%，2030 年占比 60%，2035 年占比 50%。混合动力汽车是节能汽车主要发展方向，目前先进混合动力技术节油率在 30% 左右，未来混合动力节油率将达 40%，混合动力是汽车转型升级及低碳化发展的重要技术路线。

3. 各国政府对汽车排放提出了严格的法规要求

2014 年欧洲议会通过新排放标准法案，要求 2021 年开始新车平均 CO_2 排放量不得高于 95g/km，换算成油耗约为 4L/100km。2018 年，欧盟各国政府代表以及欧洲议会将 2030 年汽车平均 CO_2 排放目标设定为 59.4g/km（2.5L/100km），比 2021 年 95g/km（约 4L/100km）减少 37.5%。2012 年，美国政府公布 2017—2025 年的企业燃油经济标准（Corporate Average Fuel Economy，CAFE），要求从 2016 年的 35.5mpg（约 6.63L/100km）开始，以每年约 5% 的幅度逐步提升燃油效率，至 2025 年达到 54.5mpg（约 4.3L/100km）。日本、韩国等其他发达国家也都设置了汽车油耗/排放标准。

为了应对日趋严苛的油耗和排放法规，对于传统能源汽车，仅通过提升发动机效率难以实现更低油耗目标，需要不断加大混合动力技术的应用。全球各主要车企均已在未来五年内大幅度降低了传统动力系统的研发力度，同时提高了混合动力系统的研发比例。国外混合动力系统研发起步早，产品经过了多轮迭代与优化。过去 7 年中，全球混合动力汽车产量增长近 3 倍。

1.1.2 新能源汽车发展现状

纯电驱动战略取向，是我国在系统分析应对能源安全及环境保护双重压力、国际汽车产业发展最新技术动向以及电动汽车前期十多年产业发展基础上，做出的重要研判抉择，可以说凝聚了全行业的发展共识，指明了我国汽车动力系统变革的方向。经过近十年的贯彻实施，我国新能源汽车已实现百万辆级的产销，以混合动力汽车为代表的节能汽车产品覆盖了各级别车型，乘用车平均燃料消耗量

大幅下降，部分关键零部件产品已进入国际配套行列，我国汽车产业整体技术水平和产业竞争力获得了大幅提升，并实现了巨大的节能减排效益；目前，全球汽车产业已将电动化作为百年大变革的重要发展方向，主要国家及跨国车企不断发布汽车电动化新战略及产品新规划，发展新能源汽车已成为全球共识。我国率先提出这一战略取向，充分验证了决策的前瞻性、准确性，是我国抢抓汽车产业变革机遇、实现跨越式发展的重要举措。

2012 年以来，我国节能与新能源汽车产业取得了长足发展，自主研发能力不断提高，产品技术水平不断提升，产业链逐步完善。新能源汽车产能及累计产销量，整车、动力电池及驱动电机技术水平，动力电池、驱动电机产业链及骨干企业等目标均已完成，部分指标实现了超额完成；但乘用车平均燃料经济性距离规划目标仍有一定差距。

1.1.3　动力电池系统安全性

我国动力电池及关键零部件技术整体上达到国际先进水平，同时在生产装备、关键共性技术、标准化、重大基础和前沿技术研究方面也取得了一定进展。

动力电池配套方面，2013 年以来，随着我国新能源汽车市场规模的逐步扩大，动力电池配套量逐年增长，如图 1-1 所示。

图 1-1　2013—2021 年中国新能源汽车产量及动力电池配套量

新能源汽车电气系统风险较大，动力电池追求高性能，存在一定的安全隐患。与传统汽车相比，新能源汽车包含动力电池、驱动电机、高低压线束等复杂的电气系统，因电气系统故障引发的火灾事故概率明显增加。同时，动力电池追求高比能，选用了克容量较高但热稳定性较差的高镍三元材料，存在一定的安全风险。新的电池技术刚研发时，未经大量测试，难以充分验证和评估，大规模推向市场有难度；同时部分新技术，如动力电池热防控技术，目前没有标准强制要求，且应用成本较高，仅在高端车型才有所搭载。

新能源汽车火灾事故仍处于高发状态。2021年，我国实施新能源汽车召回59次，涉及车辆83万辆，召回次数和召回数量同比增长了31.1%和75.9%。52.5%的新能源汽车缺陷线索反映在动力电池、电机、电控系统问题。根据应急管理部统计数据，2021年全年发生3000余起新能源汽车火灾。原因既有充电设施不合格、用户使用不当、维修保养不规范等外部因素，也有早期产品动力电池及高压部件老化、整车和电池质量等内部因素，同时还面临着交通事故碰撞后的电池安全性问题。

在动力电池安全性能方面：目前已围绕动力电池热失控安全，电池系统高压绝缘安全和碰撞安全、三元材料动力电池热稳定性、充电安全防护等安全技术开展了攻关，通过热源隔断、双向换流、高温绝缘、智能冷却、自动灭火等技术实现电池系统的不热扩散目标。同时也加强了对固态电解质、阻燃电解液等关键材料技术攻关，研发全固态电池、锂金属电池等高安全性的新体系电池，通过产品更新迭代以保障动力电池的使用安全。

在安全监测预警及消防安全技术方面：目前相关企业已开展了安全监控数据及事故车辆历史数据的追溯分析研究，开展动力电池隐患和故障分析，通过大量监控案例收集不同故障对应的异常现象，识别能定位故障点的关键特征，并针对不同风险类型提供合适的应对措施。同时，汽车行业已加强与消防行业的联合研究，研究了各类电池火灾发展机理及蔓延规律，研发极早期火灾探测技术、长时效灭火剂、新型消防自动灭火装置，实现极早期的预警及安全事故后的极速响应灭火。

在新技术应用方面：新能源汽车高电压平台及新技术应用带来了一定安全风险。随着新能源汽车的快速发展，为实现缩短充电时间及提高动力总成输出效率，许多车企纷纷研发800V高电压平台技术，但高电压平台带来发热严重、绝缘设计要求高等难题。同时，动力电池系统研发了热防控技术，如云端实时预警、主动冷却、低热导结构、全方位热隔离设计和高效散热通道等，代表的企业和产品主要包括比亚迪的刀片电池、广汽的弹匣电池、长城的大禹电池、极氪汽车的极芯电池和哪吒汽车的天工电池等。但新技术往往带来潜在的风险，需要大量测试和验证才能防止出现安全事故。

1.1.4　动力电池管理系统

电池管理系统（Battery Management System，BMS）是用于电动汽车的动力电池监测与高压电能管理的综合性系统。电池管理系统对动力电池进行在线监控和实时控制，为整车提供动力电池的状态信息，如电压、电流、温度、荷电状态（SOC）、健康状态（SOH）、绝缘状态、高压互锁状态等信息，同时实时判断动力电池的运行状态是否正常，若出现故障，则会做出相应处理措施，如向整车控制器发送故障信号并报警提示、降功率处理等。

电池管理系统主要有以下功能：电池单体及整包的电压检测、电池组充放电电流检测、电池箱温度场的控制，电池箱气密性检测、电池组 SOC 与 SOH 的估算、与整车控制器及显示系统通信、充电控制、电池组实时状态判断与故障控制、能量管理、高压安全管理，热管理等。传统电池管理系统一般具有电压、电流、温度的采集功能、SOC 估算功能、数据通信与故障管理功能。电池管理系统的功能如图 1-2 所示。

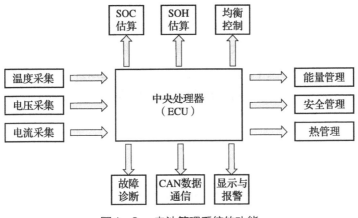

图1-2 电池管理系统的功能

除了以上的功能之外，未来 BMS 将在其他几个方面有更深入的发展：更加智能化的能量管理，通过对单体电芯的建模和自学习功能，实现更加精确的 SOC、SOH、能量状态（SOE）估算；在 AUTOSAR 基础上的软件分层和分布式开发，并实现软件的快速迭代和空中下载技术（OTA）远程更新；云服务和大数据结合，对电池包所有数据进行分析，实现远程在线诊断，及时发现和修复隐患；完全满足 ISO 26262 的功能安全要求，进一步提升电动汽车的安全等级。

1.2 动力电池及管理系统的应用要求

1.2.1 纯电动汽车

纯电动汽车（Battery Electric Vehicle，BEV）是完全由可充电电池（如铅酸电池、镍镉电池、镍氢电池、锂离子动力电池等）提供动力源，以电机为驱动系统的汽车。与传统内燃机汽车相比，纯电动汽车同样是由动力系统、车身、底盘和电气设备组成，它们之间主要的差异在动力系统方面，纯电动汽车区别于传统汽车的地方在于其具有电力驱动系统和电源管理系统。纯电动汽车主要由电力驱动系统、电源系统和辅助系统组成。

电力驱动系统是将动力电池中的化学能转化为车轮的动能的系统，同时纯电动汽车的电力驱动系统在汽车减速或制动时还可以将车轮的动能转化为电能充入动力电池。主要由电子控制器、功率转换器、电机和机械传动系统等组成的电力驱动系统，直接影响了整车的动力性能和经济性能。

电源系统是纯电动汽车向电机提供驱动能源的系统，其主要包括蓄电池能量管理系统和充电装置等。电源系统还应具有监测电池状态以及充电管理的功能。与传统汽车上的辅助系统类似，纯电动汽车的辅助系统由辅助动力源、空调系统、动力转向系统、照明系统、副水器、除霜装置等组成，纯电动汽车整车组成框架如图 1-3 所示。纯电动汽车除了在动力系统有蓄电池以外，还装备有一套辅助动力源，辅助动力源的功能是向动力转向系统、空调系统及其他车身电气设备供电的装置。

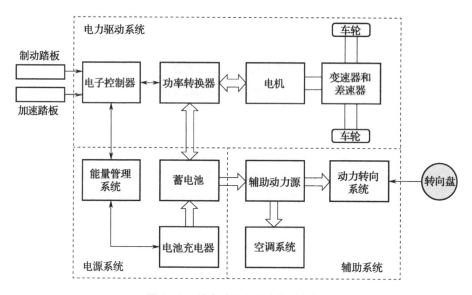

图 1-3 纯电动汽车整车组成框架

纯电动汽车的结构型式较为灵活，目前主要包括电机中央驱动和电动轮驱动两种。其中，电机中央驱动还包括有无传动轴的前驱、后驱等多种型式，而电动轮也分为两轮和四轮驱动形式，包括轮边驱动和轮毂驱动两种。纯电动汽车不同的电机驱动形式决定了其动力系统布置形式，常见的布置形式可分为六种类型，如图 1-4 所示。

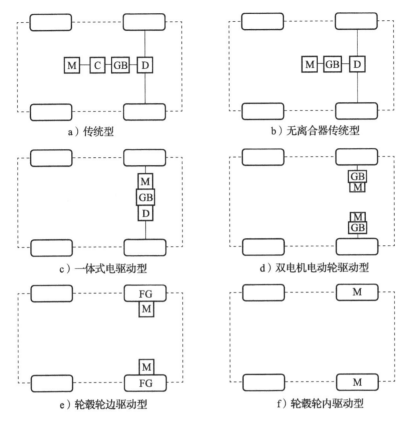

图 1-4　常见动力系统布置形式

M—驱动电机　GB—变速器　FG—单级减速器　D—差速器

1）传统型的驱动类型与常见内燃机汽车相似，保留离合器、变速器和差速器，使驱动电机取代内燃机，通常由传统内燃汽车改造而成。

2）无离合器型的驱动类型与传统类型相似，其利用电机的恒功率特性，取消了离合器，使机械传动装置的体积和重量得以减小。但同时又对电机的调速性能有较高的要求。

3）一体式的电驱动类型将驱动电机、减速器和差速器集成在一起，结构更加紧凑，在微型纯电动汽车中较为常见。

4）双电机电动轮驱动类型的特点是使用两个电机通过减速器分别驱动两个车轮行驶。该驱动类型采用电子差速控制的方式而不是传统的差速器的机械结构实现转向功能。

5）轮毂轮边驱动型采用电机与固定速比的行星齿轮减速器安装在车轮里面，

没有传动轴和差速器，驱动结构比较简单，但对电机的特性以及控制策略要求较高。

6）轮毂轮内驱动型与轮毂轮边的驱动形式相似，但由低速外转子电机直接驱动车轮，取消了一般的机械传动装置，对电机的性能要求较高。

能量型动力电池主要应用于纯电动汽车领域。目前，国际高端圆柱形电池采用高镍低钴含量的镍钴铝（NCA）正极材料匹配添加少量一氧化硅的石墨负极材料，规模化生产的 21700 圆柱形电池比能量达到 $260W \cdot h/kg$；采用高镍三元正极材料（NCM811 等）量产的软包电池比能量达到 $288W \cdot h/kg$；采用三元正极材料（NCM523 等）匹配石墨负极材料，量产的方形铝壳电池比能量达到 $240W \cdot h/kg$。

中国磷酸铁锂电池采用磷酸铁锂正极材料匹配石墨负极材料，比能量普遍达到 $140 \sim 180W \cdot h/kg$，部分产品可达 $190W \cdot h/kg$，实现了规模化生产；采用三元正极材料（NCM523 等）匹配石墨负极材料，量产的方形铝壳电池比能量在 $210 \sim 240W \cdot h/kg$ 之间，量产的软包电池比能量在 $230 \sim 260W \cdot h/kg$ 之间；采用高镍三元正极材料量产的圆柱形电池比能量在 $240 \sim 260W \cdot h/kg$ 之间。采用高镍三元（NCM811）正极材料和硅碳负极材料，已开发出比能量达到 $300W \cdot h/kg$ 的软包电池和 $260W \cdot h/kg$ 的方形铝壳电池。

1.2.2 混合动力汽车

混合动力汽车（Hybrid Electric Vehicle，HEV）是传统汽车与完全电动汽车（Purely Electric Vehicle）的折中：它同时利用传统汽车的内燃机（可以设计得更小）与完全电动汽车的电机（PMSM 或者异步电机）进行混合驱动（包含蓄电池与逆变器环节），减少了对化石燃料的需求，提高了燃油经济性，从而达到节能减排和缓解温室效应的效果。丰田普锐斯和本田音赛特是 HEV 生产的两大巨头。

当前普遍使用的燃油发动机汽车存在种种弊病，统计表明在占 80% 以上的道路条件下，一辆普通轿车仅利用了动力潜能的 40%，在市区还会跌至 25%，更为严重的是会排放废气污染环境。20 世纪 90 年代以来，世界各国对改善环保的呼声日益高涨，各种各样的电动汽车脱颖而出。虽然人们普遍认为未来是电动汽车的天下，但是电池技术问题阻碍了电动汽车的应用。由于电池的能量密度与汽油相比差上百倍，远未达到人们所要求的数值，专家估计在 10 年以内电动汽车还无法取代燃油发动机汽车（除非燃料电池技术有重大突破）。现实迫使工程师们想出了一个两全其美的办法，开发了一种混合动力装置汽车。所谓混合动力装置就是将电机与辅助动力单元组合在一辆汽车上做驱动力，辅助动力单元实际上是一台小型燃料发动机或动力发电机组。形象一点说，就是将传统发动机尽量做小，让一部

分动力由电池 – 电机系统承担。这种混合动力装置既发挥了发动机持续工作时间长、动力性好的优点，又可以发挥电机无污染、低噪声的好处，二者"并肩战斗"，取长补短，汽车的热效率可提高 10% 以上，废气排放可改善 30% 以上。

混合动力就是指汽车使用燃油驱动和电力驱动两种驱动方式，优点在于车辆起动和停止时，只靠电机带动，不达到一定速度，发动机就不工作，因此，便能使发动机一直保持在最佳工况状态，动力性好，排放量很低，而且电能的来源都是发动机，只需加油即可。

混合动力汽车的关键是混合动力系统，它的性能直接关系到混合动力汽车整车性能。经过十多年的发展，混合动力系统总成已从原来发动机与电机离散结构向发动机电机和变速器一体化结构发展，即集成化混合动力总成系统。混合动力总成以动力传输路线分类，可分为串联式、并联式和混联式三种。

1）串联。串联式动力由发动机、发电机和电机三部分动力组成，它们之间用串联方式组成 SHEV 动力单元系统，发动机驱动发电机发电，电能通过控制器输送到电池和电机，由电机通过变速机构驱动汽车。小负荷时由电池驱动电机驱动车轮，大负荷时由发动机带动发电机发电驱动电机。当车辆处于起动、加速、爬坡工况时，发动机、发电机组和电池组共同向电机提供电能；当电动车处于低速、滑行、怠速的工况时，则由电池组驱动电机，当电池组缺电时则由发动机 – 发电机组向电池组充电。串联式结构适用于城市内频繁起步和低速运行工况，可以将发动机调整在最佳工况点附近稳定运转，通过调整电池和电机的输出来达到调整车速的目的，使发动机避免了怠速和低速运转的工况，从而提高了发动机的效率，减少了废气排放。但是它的缺点是能量几经转换，机械效率较低。

2）并联。并联式装置的发动机和电机共同驱动汽车，发动机与电机分属两套系统，可以分别独立地向汽车传动系提供转矩，在不同的路面上既可以共同驱动又可以单独驱动。当汽车加速爬坡时，电机和发动机能够同时向传动机构提供动力，一旦汽车车速达到巡航速度，汽车将仅仅依靠发动机维持该速度。电机既可以作电动机又可以作发电机使用，又称为电动 – 发电机组。由于没有单独的发电机，发动机可以直接通过传动机构驱动车轮，这种装置更接近传统的汽车驱动系统，机械效率损耗与普通汽车差不多，得到比较广泛的应用。

3）混联。混联式装置包含了串联式和并联式的特点。动力系统包括发动机、发电机和电动机，根据助力装置不同，它又分为发动机为主和电机为主两种。以发动机为主的形式中，发动机作为主动力源，电机为辅助动力源；以电机为主的形式中，发动机作为辅助动力源，电机为主动力源。该结构的优点是控制方便，缺点是结构比较复杂。丰田的普锐斯属于以电机为主的形式。

功率型动力电池主要应用于混合动力汽车领域。国际上开发出了 3.6 ~ 8A · h 不同容量的功率型动力电池并实现量产，比功率大于 4500W/kg。

中国已经开发出应用于混合动力汽车的 6A · h 三元高功率型动力电池，比能量达到 108W · h/kg，比功率大于 4000W/kg，循环寿命超过 8000 次（2C 充放电）；6A · h 磷酸铁锂高功率电池比能量达到 79W · h/kg，比功率大于 5600W/kg，循环寿命超过 20000 次（50% 放电深度），已实现量产。

超级电容器在混合动力汽车领域实现了少量应用，主要分为双电层电容器和锂离子混合型电容器。

双电层电容器方面，国外通过集流体表面处理技术、电极制造技术、正负极配比技术和电解液技术，将比功率从 10kW/kg 提高到了最高 78kW/kg；锂离子电容器方面，能量密度达到 20W · h/kg，电压区间为 2 ~ 4V。

国内开发的锂离子电容器，比能量达到 100W · h/kg，比功率达到 15kW/kg，寿命达到 10 万次；研制的 12000F 双电层电容器，比能量达到 9.67W · h/kg，比功率达到 8kW/kg。

2020 年 10 月发布了《节能与新能源汽车技术路线图 2.0》，其中提出到 2025 年混合动力乘用车占比达到 50%，2030 年和 2035 年分别占 75% 和 100%。HEV 因无里程焦虑、油耗低和成本低，是目前消费者优先采用的节能车选择。受双积分政策、国六排放标准等多重因素影响，到 2025 年国内每年混合动力汽车销量约 200 万辆。

根据电压平台的不同，搭载锂离子动力电池的 HEV 系统可以分为 48V 系统和高电压系统。前者主要采用风冷或者自然冷却方案，系统功率为 10 ~ 13kW，整车节油率可达 10% ~ 15%，相应的电池容量大多为 8 ~ 10A · h，功率密度在 5000 ~ 6000W/kg；后者系统电压在 200 ~ 350V，电量在 1 ~ 3kW · h（大多在 1.5 ~ 2kW · h），电池容量在 5 ~ 6A · h，放电深度（DOD）为 30% ~ 50%，2s 峰值充放电功率可达到 80 ~ 100kW，10s 峰值充放电倍率达到 60 ~ 80kW，采用风冷或者液冷实现散热。

目前的高功率电池体系，采用 5 系二次球小颗粒三元材料为正极，高层间距石墨为负极，单面涂敷聚乙烯隔膜，匹配高电导率、低成膜阻抗电解液。应用于商用车的产品容量为 25A · h，应用于乘用车的产品容量为 6A · h，采用上述两款电池的 HEV 电池系统分别在乘用车、重型货车和燃料电池商用车上完成了验证进入量产阶段。重型货车路试结果表明，采用 25A · h – 14.9kW · h 的电池系统综合节油率可达到 15% ~ 20%，寿命可达到 80 万 ~ 100 万 km；采用 6A · h – 2.1kW · h 电池系统的乘用车综合节油率可达 38%。

1.2.3 插电式混合动力汽车

插电式混合动力汽车（Plug-in Hybrid Electric Vehicle，PHEV）是指在设计时考虑可以利用外部电网给动力电池充电，当电池电量较低时，又可以通过发动机驱动行驶的一种车辆。该类型的车辆与传统混合动力汽车具有相同的部件，包括发动机、电机、电池、动力耦合装置和变速器等，且都可以分为串联、并联和混联三种构型，如图 1-5 所示。

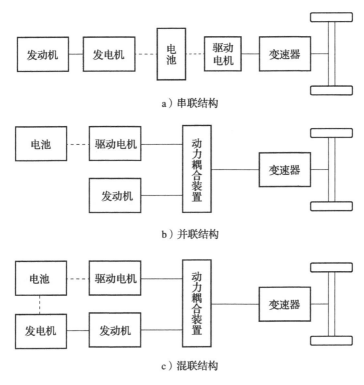

图1-5 混合动力系统构型

串联结构（图 1-5a）又称为辅助功率单元（Assistant Power Unit，APU）结构，该构型结构相对简单。全工况采用纯电驱动，发动机只用来驱动发电机发电。该结构发动机工作模式与整车工况完全解耦，可以控制发动机工作在最优经济工况点，但是由于能量从发动机到驱动电机需要经过多重转换，导致系统效率较低，整车经济性稍优于传统汽车。该构型适用于道路拥堵的工况。

并联系统（图 1-5b）与其他两种构型相比，只需一个电机，但需要简单的动力耦合装置。该构型发动机和电机都可以驱动车辆，低速时主要采用电机驱动，高速时主要采用发动机驱动。该系统避免了多重能量转换，且可以优化发动机工况点，高速工况下的经济性明显优于串联结构。

　　混联结构（图1-5c）构型复杂，兼有串联模式与并联模式的优点。与其他构型相比，该构型具有良好的动力性、经济性以及舒适性，能适应各种工况。

　　PHEV本质上是混合动力汽车，由于电池容量大，能储存更多的电能，而且可以利用外部电网给电池充电，因此有其特殊性。PHEV的工作模式可以分为4种，如图1-6所示，包括纯电动工作模式（EV），电量消耗模式（CD），电量平衡模式（CS）和常规充电模式。

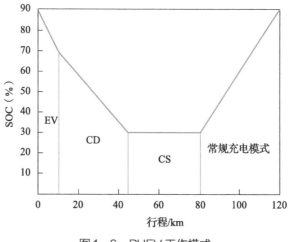

图1-6　PHEV工作模式

　　1）EV模式。由于电池SOC很高，电池具有足够的能量，完全可以提供车辆行驶所需的全部能量，且快速降低电量水平，有利于尽可能多地回收制动能量。该模式下发动机关闭，电机单独驱动车辆，排放为零，燃油消耗为零，属于节油环保的工作模式。

　　2）CD模式。当电池电量处于较高水平时，一般采用CD模式驱动车辆。该模式主要采用电机驱动车辆，发动机起辅助作用。电池SOC呈下降趋势，但下降速率要比EV模式小。由于SOC可以有很大的变化范围，所有发动机低效率工况点，都可以由电机来驱动车辆，且可以完全消除发动机怠速时间，同时又可避免发动机频繁起停，因此该阶段燃油消耗较少。

　　3）CS模式。该模式与传统的混合动力模式一样，电池SOC在一个较小的范围内变化，发动机提供主要的驱动能量。为了避免电池电量有较大的波动，发动机需要经常参与驱动过程，同时为了避免频繁的起停过程，不可避免地会有怠速燃油消耗，因此该模式燃油消耗一般要比CD模式高。

　　4）常规充电模式。该模式下，利用外部电网给电池充电，使电池SOC恢复到最高水平。该模式一般出现在晚上或者其他车辆不需要被使用的时间段，当电网给电池充电时，电池电量快速上升达到电池设计的最高电量水平。

　　能量管理策略是受到普遍关心的一个问题，它直接关系到混合动力系统的经济性、动力性以及排放性能。相对于传统的动力系统加速踏板直接与发动机节气门关联而言，混合动力系统的加速踏板与发动机解耦，加速踏板不再直接控制发动机，而是在获取加速踏板开度信号后，整车控制器将其转换为需求转矩，并根据当前驱动源的状态，合理地给发动机分配转矩，从而实对现发动机的控制。这种控制方法提高了发动机控制的灵活性，对于优化发动机的工况有重要作用。如何合理地将驾驶员需求转矩分配给两个动力源，做到既能满足车辆动力性需求又能降低能量损耗、减少污染物放，这就是混合动力系统的能量管理策略研究的问题。

　　能量功率兼顾型动力电池主要应用于插电式混合动力汽车和增程式混合动力汽车领域。国际上能量功率兼顾型动力电池单体比能量最高达到 195W·h/kg，比功率达到 1600W/kg，寿命达到 3000 次。目前，中国量产的三元软包电池比能量达到 200W·h/kg，比功率达到 1500W/kg，实现了量产配套；开发了比能量达到 130W·h/kg、6C 充电不低于 80% 额定容量的高比功率快充三元电池。

1.2.4　燃料电池汽车

　　燃料电池汽车（FCV）也是电动汽车，只不过"电池"是氢氧混合燃料电池。与普通化学电池相比，燃料电池可以补充燃料，通常是补充氢气。还有一些燃料电池能使用甲烷和汽油作为燃料，但通常是限制在电厂和叉车等工业领域使用。

　　燃料电池汽车是一种用车载燃料电池装置产生的电力作为动力的汽车。车载燃料电池装置所使用的燃料为高纯度氢气或含氢燃料经重整所得到的高含氢重整气。与通常的电动汽车比较，其动力方面的不同在于 FCV 用的电力来自车载燃料电池装置，电动汽车所用的电力来自由电网充电的蓄电池。因此，FCV 的关键是燃料电池。燃料电池是一种不燃烧燃料而直接以电化学反应方式将燃料的化学能转变为电能的高效发电装置。发电的基本原理是：电池的阳极（燃料极）输入氢气（燃料），氢分子（H_2）在阳极催化剂作用下被离解成为氢离子（H^+）和电子（e^-），H^+ 穿过燃料电池的电解质层向阴极（氧化极）方向运动，e^- 因通不过电解质层而由一个外部电路流向阴极；在电池阴极输入氧气（O_2），氧气在阴极催化剂作用下离解成为氧原子（O），与通过外部电路流向阴极的 e^- 和燃料穿过电解质的 H^+ 结合生成稳定结构的水（H_2O），完成电化学反应放出热量。这种电化学反应与氢气在氧气中发生的剧烈燃烧反应是完全不同的，只要阳极不断输入氢气，阴极不断输入氧气，电化学反应就会连续不断地进行下去，e^- 就会不断通过外部电路流动形成电流，从而连续不断地向汽车提供电力。与传统的导电体切割磁力线的回转机械发电原理也完全不同，这种电化学反应属于一种没有物体运动就获得电力的静态发电方式。因而，燃料电池具有效率高、噪声低、无污染物排出等优点，这确保了 FCV 成为真正意义上的高效、清洁汽车。为满足汽车的使用要求，车用燃料电池还必须具有高比能量、低工作温度、起动快、无泄漏等特性，在众多类型的燃料电池中，质子交换膜燃料电池（PEMFC）完全具备这些特性，所以FCV 所使用的燃料电池都是 PEMFC。

燃料电池汽车的工作原理是，作为燃料的氢在汽车搭载的燃料电池中，与大气中的氧气发生氧化还原化学反应，产生出电能来带动电机工作，由电机带动汽车中的机械传动结构，进而带动汽车的前桥（或后桥）等行走机械结构工作，从而驱动电动汽车前进。

燃料电池的反应结果会产生极少的二氧化碳和氮氧化物，副产品主要产生水，因此被称为绿色新型环保汽车。燃料电池汽车是电动汽车的一种，其核心部件是燃料电池。通过氢气和氧气的化学作用，而不是经过燃烧，直接变成电能动力。燃料电池汽车的氢燃料能通过几种途径得到。有些车辆直接携带着纯氢燃料，另外一些车辆有可能装有燃料重整器，能将烃类燃料转化为富氢气体。单个的燃料电池必须结合成燃料电池组，以便获得必需的动力，满足车辆使用的要求。

 ## 1.3　国内外研究现状

1.3.1　动力电池失效模式及故障机理

近年来频发的电动汽车动力电池系统在车载工况下着火甚至爆炸的事故都说明了由电池失效造成的损失是非常巨大而沉重的，因此，动力电池系统的使用安全性及可靠性是极其重要的。对动力电池系统进行失效模式与故障机理分析（Failure Mode and Fault Mechanism Analysis，FMFMA）研究能够为动力电池系统的失效预防研究提供理论基础，并通过各方面改进、预防、保护来保障动力电池系统的可靠性及安全性。另外，利用故障树分析（Fault Tree Analysis，FTA）确定动力电池系统常见故障及原因，利用 FMFMA 分析对各类潜在故障可能出现的后果及应对措施做出初步的判定，可以为各类电池故障的验证及 BMS 故障诊断策略的改善提供数据积累和支撑。

从失效模式层面上，动力电池系统的失效模式可分为安全性失效模式和非安全性失效模式，其中安全性失效主要包括正负极短路、单体电池漏液、负极析锂和电芯胀气鼓胀等几种模式，这几种失效模式都是有可能造成人员伤亡的比较严重的问题，并且电芯的使用时间越久，动力电池系统失效的风险也就会越大。动力电池系统的非安全性失效主要影响电池的使用性能，主要表现为容量一致性差、自放电过大、低温放电容量减少和容量衰减等现象，其中容量衰减是电池不可避免的问题。目前，各大电池厂家首先需要解决的应该是动力电池系统安全性失效问题和电池一致性问题，在此基础上再考虑提高电池的耐久性，延长电池的循环寿命。

从电池结构层级上，动力电池系统通常由电芯、BMS、电池包系统构成，因此动力电池系统的失效模式一般可以分为三种不同层级的失效模式，即电芯失效、BMS 失效和电池包系统集成失效。单体电池的电芯失效不仅和电池本身有关，通常也和 BMS 失效有关。BMS 失效有时也会造成严重的安全性事故，如 BMS 电压检测失效会导致电池过充电或过放电、BMS 电流检测失效会导致电流过大、BMS 温度检测失效会引起温度过高、SOC 估算偏差大会造成电池的充放电深度过大，从而造成电池的一致性变差或者循环寿命降低，此外还有绝缘监测失效、电磁兼容问题通信失效等问题。电池包系统集成失效模式包括汇流排失效、主回路插接器失效、高压接触器粘黏、熔断器过电流保护失效等几种模式。针对以上各种失效模式分析，科研人员和电池厂商需要通过不断改进电池制造工艺以提高电池电芯的安全性，BMS 厂商需要充分了解电池的性能，基于安全设计原则设计出更加安全可靠的 BMS，同时，对电池系统正确合理的使用是保障电池安全性的最后也是最重要的一道屏障。

目前国内外针对动力电池综合失效模式的研究少之甚少，多是基于特定失效模式下的少量实验研究。中山大学 Zhang Huajie 等人基于应力波理论首次分析了18650 锂离子动力电池的动态行为，通过实验对锂离子动力电池破碎动态行为进行了机理及失效分析，研究在很大破碎速度范围内（最高 45μm/s）的破碎动态响应，并获得了与破碎速度相关的电池失效准则，证明了电池的故障位移和短路位置取决于破碎速度的范围。瑞士联邦材料科学技术研究 M. Held 等人基于 FMFMA和 FTA 方法分析电池故障并设计了电池系统级的实验，重点分析了电池内部短路的行为及其对电池系统和车辆的影响。布鲁塞尔市政大学 Foad H. Gandoman 等人介绍了用于评估影响电动汽车锂离子动力电池可靠性和安全性的各种电池故障的作用、机理和结果，研究了锂离子动力电池在五种主要故障模式和容量/功率衰减下的退化规律，并提出了应对现有挑战的可靠性评估模型。中国机电产品研究所王宏伟等人针对商用锰酸锂（$LiMn_2O_4$）动力电池，研究了其各种常见的失效模式及失效原因，结果表明温度是造成锰酸锂离子动力电池容量衰减、热失控、泄气或漏液的重要应力，集流体腐蚀行为主要受电解质盐的影响。加利福尼亚大学 Dandan Lyu 等人回顾了锂离子动力电池的失效机理及其可能的解决方案，针对锂离子动力电池故障分析提出了在实验方向和计算模型方面的未来研究方向和挑战。天津力神电池的邹玉峰等人对锂离子动力电池模块的一种失效模式提出了理论分析，并根据实际使用状况对 3 块不同 SOC 状态的串联电池进行大电流放电测试，通过对失效电池的失效状态模拟和分析，对电池的分选配组以及电池管理系统提出了相应的延长电池使用寿命的建议。北京航空航天大学 Binghe Liu 等人通过回顾在机械滥用负荷下每个电池演化阶段的实验、理论和建模研究，描述了锂离子动力电池完整的机械 – 电化学 – 热耦合行为，并概述了动力电池系统多物理场特性的最新建模框架。

从动力电池系统失效模式的角度来说，其诱发的主要因素包括过热、过充电、过放电、短路以及机械破坏等几种方式，其中热失控是动力电池系统失效所引起的电池安全问题的终极表现形式。因此，从动力电池系统热失控现象分析和研究入手，可以更加深入地探究动力电池系统的失效模式和故障机理。动力电池系统热失控通常由机械（如针刺、挤压等）、电（如过充电、短路等）和热（如过热、火烧等）等滥用情况或者异常的电池老化所引发，内部因素方面主要是由强烈内短路引起。此外，动力电池系统的封装形式（钢壳、铝塑膜等）、几何形状（圆柱、方形等）、成组连接方式（串联、并联）、固定连接结构、动力电池系统参数（容量、电压）以及使用工况、环境等因素也都会对动力电池系统热失控产生一定影响。

国内外学者在热失控以及热失控引发的着火爆炸过程中，对动力电池内部材料的化学、物理变化及外部参数特征变化等方面开展了丰富的研究工作。日本长冈工业大学 Mendoza – Hernandez 等人研究了正极材料分别为 $LiCoO_2$ 和 $LiMn_2O_4$ 的 18650 电池在不同充电状态下的热失控行为，结果显示 $LiMn_2O_4$ 的热稳定性要优于 $LiCoO_2$。利用加速量热仪提供绝热环境，清华大学冯旭宁等人研究了过高温度下 NCM 三元材料电池在热失控前的失效机理以及热失控发生时的温度特征。中国科学技术大学崔志仙等人针对导致锂离子动力电池热失控的内短路行为，采用有限元数值模拟方法对机械撞击、集流体边缘毛刺和锂枝晶生长等可能通过刺穿隔膜导致电池内短路的行为进行了仿真研究，比较分析了不同锂枝晶半径、数量和中心距情况下电池的热响应。中国科学技术大学 Fu Yangyang 等人通过对 18650 电池热失控过程的观察研究，分析了其物质流失速率、起火爆炸时间、热释放速率、表面温度以及产气组分，发现不同 SOC 和热通量会对电池的着火和爆炸时间产生影响。在热失控实验和模型研究方面，清华大学冯旭宁等人通过锂离子动力电池模块穿刺实验，测试了热失控触发时间、触发顺序、温度场分布、热量传播途径等，发现了热失控过程中电池电压骤降和电池温度骤升的特性。美国国家可再生能源实验室 Donal Finegan 等人采用计算机断层扫描和 X 线摄影技术，观察到了电池热失控过程中气体引起的电池材料分层、电极层塌陷和结构退化的传播等关键退化模式。美国可再生能源实验室 Gi-Heon Kim 等人建立了锂离子动力电池热失控三维模型，并对电池热失控情况下的热传导进行了模拟，如图 1-7a 所示。中国民航大学罗星娜和张青松等人提出了锂离子动力电池热失控传递的多米诺效应模型，并通过实验和仿真证明了通过在电池间加放阻燃隔板延缓热失控及实际工程应用的可行性，如图 1-7b 所示。北京交通大学 An Zhoujian 等人开发了一种热失控分析模型，以预测由于外部短路或超高放电速率导致的方形和软包电池的热失控。美国北卡罗来纳大学 Yikai Jia 等人研究了两个电池之间的热失控传播行为，通过 3D 热失控模型与电-热传导模型相结合，通过实验构建了机械滥用负载触发的

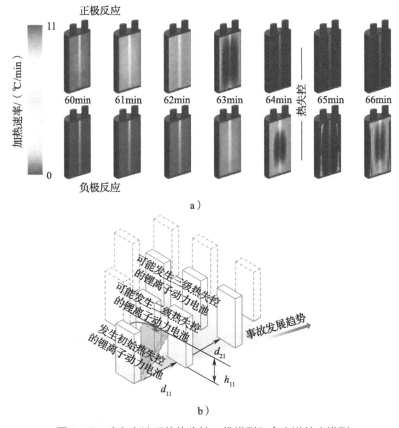

图1-7　动力电池系统热失控三维模型和多米诺效应模型

电池热失控模型；然后根据不同的电池间距观察不同的热失控传播模式，并从仿真结果中进行总结得出较高的总体温度和局部过热是热失控传播的两种主要方式，同时 SOC 也是决定传播概率和传播速度的关键因素；研究同时提供了简化的热失控传播数学模型，为开发高效的电池模块安全设计计算框架奠定了基础。

热失控和热扩散防控技术可分为本征安全技术、主动安全技术和被动安全技术。本征安全技术从电池材料层面出发，旨在从根本上解决热失控的问题。主动安全技术从系统控制角度出发，利用电池管理系统，对电池的使用边界进行严格控制，并对可能存在的电池鼓胀进行预警。被动安全技术则针对电池发生热失控后，基于电池系统设计将热失控电池热量释放进行管理和控制，达到电池系统不起火的目的。

近期，电池的本征安全技术取得了重大突破。首先在高浓度电解液方面有了新的进展。高浓度电解液在高温下发生剧烈的还原反应、产生大量的热是触发电池热失控的重要机理之一（图 1-8）。一直以来，高浓度电解液因其具备低可燃性和不可燃性以及良好的电化学性质而被认为是锂离子动力电池最具潜力的安全性电解液之一。在以往的研究中，主要影响电池电解液安全的因素被聚焦于电解液

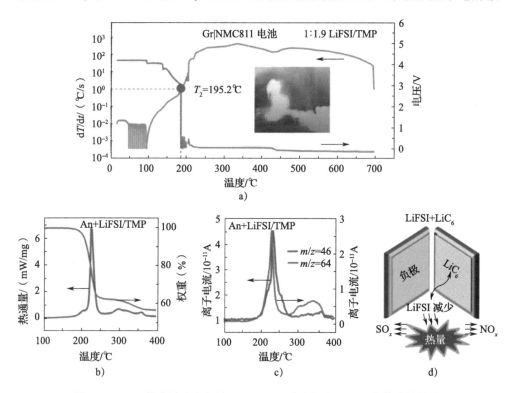

图 1-8　不可燃高浓度电解液 LiFSI/TMP（摩尔比 1∶1.9）热失控特性

的可燃性论证中。最新的研究认为，可燃性仅代表电解液被氧化的能力，对于电池电解液高安全性而言，电池内部活性材料（满电态正极、负极、电解液）之间的相互作用更值得关注。研究表明，高浓度电解液可以调控电池内部关键化学反应时序，截断正极相变释氧引发的电解液氧化反应路径。然而，电解液中的锂盐（LiFSI）与具有强还原性的嵌锂态负极会发生剧烈的放热反应（LiC_6 + LiFSI），使反应时序提前，由此触发电池热失控。此外，即使将阻燃剂作为不可燃高浓度电池电解液的溶剂，电池仍然会发生热失控。通过热量计算，热失控主放热反应源自正负极之间的物质串扰。因此，对于高浓度电解液体系，热失控的触发和主放热反应均与电解液的可燃性无关，在电池安全性评估中，应系统考虑充电态下的正、负极与电解液之间的相互作用。这些发现为有机体系以及水系高浓度电解液热失控机理提供了有价值的见解。

此外，最新研究表明，含有 TiO_2 涂层 NCM523 正极的电池具有更好的安全性和快充性能（图 1-9）。TiO_2 涂层将活性物质与电解质隔离，减慢了寄生氧化和

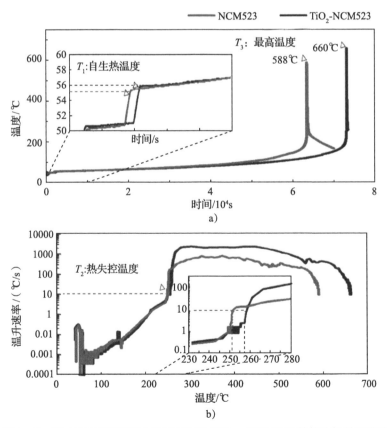

图1-9 由 ARC 测量得到 NCM523 和 TiO_2-NCM523 的热失控特征曲线

动力电池运行安全大数据分析与应用

TM（NiF_4^-、CoF_4^- 和 MnF_4^-）的溶解，推迟了加热过程中的相变，大大提高了电池的安全性。电化学交流阻抗谱分析表明，TiO_2 包覆的 NCM523 正极使电池具有更加稳定的电荷转移阻抗。透射电镜表明，TiO_2 涂层减少了颗粒表面上正极电解质界面层的积累。飞行时间二次离子质谱分析表明，TiO_2 涂层显著提高了正极颗粒的界面稳定性，并保护了颗粒免受电解质的严重腐蚀。加速量热法显示，以 TiO_2 包覆的 NCM523 作为正极材料的电池热失控触发温度为 257℃，高于未包覆 NCM523 正极的温度。加热过程中的原位 X – 射线衍射表明，这种增强的安全性归因于涂覆的正极材料抑制了相变。

高镍 NCM 正极材料的安全性机理也有了进一步深入研究。在 NCM 正极中，通常认为 Ni 是造成稳定性差的原因，但 Mn 和 Co 对 NCM 正极结构的作用却一直处于争议中。近期，研究表明 Co 主导着深度去锂化 NCM 正极的化学和结构稳定性。受热时，深度去锂化的富锰样品相对于富钴样品表现出更低的稳定性。通过调整次要 TM 阳离子（Co、Mn）的含量可以调节 NCM 正极降解过程中的氧释放行为，进而改善电池的安全性。在高镍 NCM 正极中，主要的 Ni^{4+} 的还原最为强烈，并释放大部分的氧气。由于 Co^{4+} 的还原发生在 Ni^{4+} 之前，并通过占据四面体位点延长了 Ni 的迁移过程，因此可以抑制氧气的释放，而 Mn 本身虽然稳定，但并未明显地稳定或延缓 Ni^{4+} 的还原。这一结果颠覆了长久以来的研究认知，对设计高比能且安全的高镍无钴 NCM 正极具有重要意义。

2017 年后，由于三元电池材料创新出现瓶颈，电池的比能量提升缓慢，系统比能量的提升依赖于电池系统的结构设计。因此，电池系统的结构创新自 2018 年如雨后春笋般涌现，如大众的德国汽车工业协会（VDA）、模块化电气化工具套件（MEB）模组的推出。2019 年起，中国企业发挥电芯制造优势，厚积薄发，在电芯结构上连续推出单体到电池包（Cell to Pack，CTP）、刀片电池、卷芯到模组（Jellyroll to Module，J2M）等技术，超越大众的 VDA、MEB 电芯尺寸标准，引领了电池系统结构技术创新，如图 1 – 10 所示。CTP 与刀片电池均能显著提升电池系统的体积/质量成组效率，尤其是刀片电池，提升成组效率可达 50%，两种成组方式均能同时降低电池系统制造成本 20% ~ 30%。但是，新结构的出现也带来了热蔓延抑制手段的新挑战。

在电池系统中，当一节电池发生热失控时，系统内的热蔓延失效模式并非单一地按照顺序依次蔓延，而是存在"顺序蔓延""同步蔓延""乱序蔓延"三种模式。图 1 – 11 所示为电池系统三种热蔓延失效模式。顺序蔓延，顾名思义，是模组在热蔓延过程中符合依次的顺序；同步蔓延多发生在系统内模型间热蔓延，表现为多节电池在极短时间内同时发生热失控；而乱序蔓延大多数发生在系统热蔓延后期，其主要特征是模组内电池热蔓延顺序无规律。在上述三种蔓延模式中，同步蔓延的危害最大，多个电池的热失控能量在极短的时间内同时被释放出，会加速整个电池系统的热蔓延，因此在系统热蔓延抑制中需要被重视。

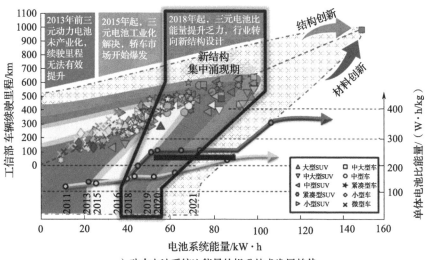

a）动力电池系统比能量的提升技术发展趋势

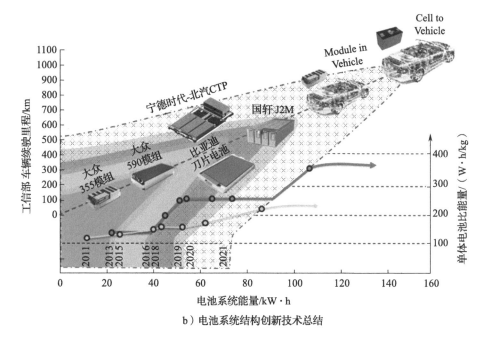

b）电池系统结构创新技术总结

图1-10　电池系统发展趋势

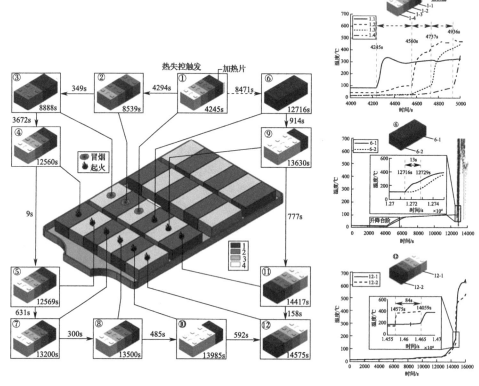

图 1-11　电池系统三种热蔓延失效模式

在热蔓延抑制手段上，研究表明仅靠纯隔热材料已经不能解决高比能量三元电池系统的热失控蔓延问题，必须进行液冷和隔热协同才有可能达到热蔓延抑制效果。如图 1-12 所示，随着散热的减少，仅依靠隔热材料进行热蔓延抑制，材料

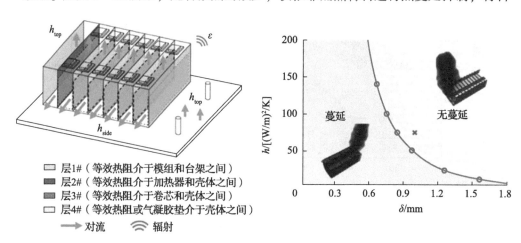

图 1-12　电池系统"隔热 + 液冷"热蔓延抑制边界

的厚度呈现趋于无穷大的趋势，很难满足模组的设计要求。此时需要提出新型的复合隔热材料，如结合 PCM 材料开发包含"隔热＋降温"多重抑制功效的热蔓延抑制材料，如图 1-13 所示。在实际实验验证中发现，结合 PCM 材料的复合抑制材料能够很好地实现"隔热＋降温"的功效，对比传统的气凝胶隔热材料具有显著优势。

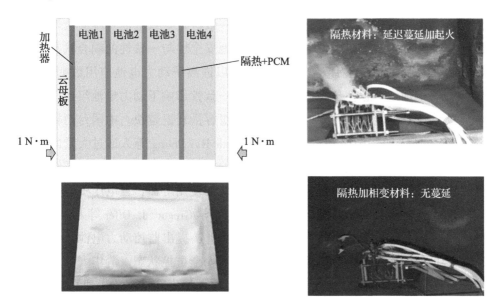

图 1-13　"隔热＋降温"多重热蔓延抑制功效材料

　　因此，对电池系统进行热失控蔓延防控，依然需要从电池材料的本征安全、电池系统的被动安全，以及电池管理的主动安全三个层面触发，才能设计安全、可靠的动力电池系统。

　　综上所述，国内外学者基于动力电池结构总结了动力电池系统的失效模式及故障机理。目前动力电池系统失效模式和失效特性研究同样多是基于特定失效模式下的少量实验研究所得，尤其是针对电池失效的终极表现形式——热失控方面的研究开展日益丰富；在故障机理研究方面主要是基于多年来对电池可靠性的实验、结构拆解及失效分析研究开展起来的；在热失控机理分析、热失控特性模拟仿真、实验测试以及数学建模四个方面开展了大量的动力电池系统热失控特性研究工作，对于更加深入地探究电池故障机理与验证电池失效的影响起到了重要的理论和实验支撑意义。电池虽小，但它所涉及的各个方面却极其复杂，在动力电池系统失效模式分析中，还应该根据实际情况全面考察电池的材料、工艺、工作环境、使用情况及宿主设备等信息，并从动力电池系统外在失效模式和后果进行分析并提出相应处理措施，在进行动力电池系统设计时应同时考虑各种失效模式以提高动力电池系统的安全性和可靠性。因此，本书拟根据实车运行大数据平台的实际运行监控数据对动力电池系统的安全性特征进行综合分析。

1.3.2 动力电池安全性与一致性耦合

电池成组后及实际工作过程中的单体不一致性是导致电池系统安全性问题的根源之一，因此近年来国内外学者在动力电池安全性与一致性的耦合机制方面开展了广泛的研究。北京理工大学王震坡等人以锂离子动力电池应用数据为基础，建立了动力电池组一致性分布概率模型以及一致性影响下动力电池组使用寿命数学模型，实验数据验证了一致性越差，电池组容量衰退越快。中国台湾辅仁大学 Yuang-Shung Lee 和法国格勒诺布尔大学 Thanh Hai Phung 等人通过大量的实验研究，证明了一致性会直接影响动力电池系统的使用寿命，将动力电池系统电压一致性控制在一定范围内可有效地延长电池系统的使用寿命，且电压极差是动力电池系统安全性的重要影响因素。伦敦帝国理工大学 Gregory J. Offer 等人分析了动力电池在正常运行和发生故障时电压一致性的差异，提出监控动力电池系统的电压极差和温度极差可保证动力电池系统始终处于安全可控状态。清华大学郑岳久针对电池组寿命远小于单体寿命的问题，研究了电池组寿命的演化机理及影响因素，并针对电动汽车的恒流充电工况和动态运行工况，分别提出了电池组一致性辨识及相应的均衡算法和故障诊断方法。山东大学 Shang Yunlong 等人针对锂离子动力电池的绝对不一致性和复杂非线性特征，提出了一种基于改进的样本熵的电池早期故障实时多故障诊断方法。通过检测移动窗口中电池电压序列的修改后的样本熵，该诊断方法可以诊断和预测不同的早期电池故障，包括短路和开路故障，还可以准确预测发生故障的时间。北京理工大学刘鹏以理论分析为基础，以实验数据为依据，根据加速寿命实验的理论方法，建立了动力电池单体的动态应力退化模型。在此基础上，基于不一致性的分析，对串联、并联以及混联动力电池组的充放电过程进行分析，建立了相应的电池退化模型，揭示了并联电池组寿命优于串联电池组的机理。

综上所述，国内外学者在动力电池安全性与一致性耦合关系方面开展了广泛的研究，但是这些研究中的绝大部分仍是基于工程实践经验和少量实验数据进行开展的，因此用于研究的数据量对于实际工程应用来说还远远不足；此外，受制于实验工况下电池电压、电流、温度等参数的人为可控性，研究结果对于复杂多变的实车行驶工况的复现效果不佳。

1.3.3　动力电池系统安全状态预测

动力电池系统安全状态（SOS）的精确估计或预测对电动汽车的安全性和可靠性具有非常重要的意义。新加坡 TUM-CREATE 公司 Eliud Cabrera Castillo 和慕尼黑工业大学 AndreasJossen 等人基于安全与滥用成反比的概念，定义和描述了动力电池系统 SOS 的关联参数或属性，包括电池电压、温度、电流、内阻、SOC、SOH、机械形变以及其他一些衍生参数。本节以更易于实车动力电池系统研究的电压、温度、SOC、SOH 等安全状态参数为研究对象，分别对其研究现状和研究进展进行概述。

（1）电池电压预测

由于通过当前物理实验和数学模型对动力电池系统的电压进行精确预测是非常困难的，在过去的几十年中很少有研究涉及电池电压的预测。由于电池寿命会在电池电压降至某个临界值以下时结束，因此对电压 – 电流关系进行建模对于延长电池寿命非常重要，于是加拿大维多利亚大学 Daler Rakhmatov 等人早在 2005 年便提出了一种可以利用给定的放电电流准确预测电池电压的预测模型，该模型可以准确地预测给定电流随时间变化的电池电压。智利大学 Felipe Tobar 等人提出了一种新颖的适用于多个输人的核心自适应滤波器进行电池电压预测，并使用标准线性滤波器和自适应线性滤波器作为实际电池电压数据的短期和长期预测的基准进行了对比验证。新加坡南洋理工大学 Li Kaiyuan 等人将电池模型与分析模型结合起来准确预测电池端电压特性、能量状态（State of Energy，SOE）和剩余运行时间。实验室规模的实验测试结果表明，在动态负载和电池老化条件下，用于估算电池 SOE 和端电压的电池模型具有极高的准确性和可靠性。伊朗沙希德·贝赫什提大学 Farid Karbalaei 等人基于电压跳变点和稳定状态两种状态提出了一种预测电压轨迹的新方法，并在某总线电源系统的案例研究中证实了该方法可以在保持系统精度的同时显著提高计算速度。北京理工大学王震坡等人提出了一种基于修正的香农熵的电池电压故障实时诊断方法，设置的异常系数可以对电压异常状态进行实时评估和预测，但是不能预测实际的电池电压的值。近年来，随着机器学习的逐步深入发展，基于机器学习的电池状态研究也被逐渐开展。然而，这些文献中提出的方法大多是基于实验数据开展的，对于实车运行过程中复杂多变的天气、道路条件和驾驶员驾驶行为都难以考虑进去，因此将这些方法应用于实际运行的电动汽车动力电池系统仍然存在许多困难。为此本书部分工作利用长短时记忆神经网络（Long Short-term Memory，LSTM）对实车行驶过程中的电池电压、温度和

SOC 开展了多步联合预测研究，以大量的车辆历史运行数据作为训练数据集，测试结果显示提出的 LSTM 模型可以对未来一段时间内的电池电压、温度和 SOC 进行精确预测。

（2）电池温度预测

近年来，在防止动力电池系统热失控方面的热点研究进一步促进了对电池热管理系统（Battery Thermal Management System，BTMS）和温度预测的有关研究。通常情况下，电池系统的安全性和耐久性对于车辆的实际环境温度有强烈的依赖性，例如过高的电池温度和过大的电池温差将显著影响电动汽车的行驶安全性，因此一个稳定高效的 BTMS 对于一个高安全性的动力电池系统来说是必不可少的。为了准确预测电池温度的变化趋势以减轻潜在的热安全性风险，本书提出了一种基于修正的香农熵算法的电池温度故障实时预警方法，动力电池系统温度异常和潜在温度故障可以通过实时的温度异常评价被准确地诊断出来，从而有效地防止动力电池系统热失控并保障车辆和驾乘人员的人身安全。哈尔滨工业大学 Sun Jinlei 等人提出了一种基于简化热模型的卡尔曼滤波器对电池内部温度进行在线估计的方法。作为改进，他们定量分析了熵变和超电势对电池生热的影响，并通过电流脉冲测试识别模型参数，在同一电池上进行了不同电流速率下的充电/放电实验，验证结果显示电池温度的最大估计误差大约为 1K。然而，上述方法是基于历史电池温度来评估已知的当前电池温度或者未来的温度变化趋势，但无法获得未来一个时间点或者时间段的未知电池温度值。新加坡南洋理工大学 Feng Xue 等人提出了一种考虑温度预测的商用锂离子动力电池的系统级仿真模型，基于典型的电池等效电路推导出了四个方程式以表征电池放电行为，由于在热动力学描述中考虑了内部电阻变化和熵热变量，因此该模型能够预测电池温度，从而避免因不希望的温度升高而引起的电池安全隐患。东北大学陈泽宇等人研究了由外短路引起的锂离子动力电池温升特性，并提出了一种最大温升的在线预测方法；通过在变化的环境温度下进行电池外短路滥用测试，发现锂离子动力电池的发热主要表现为两种模式：焦耳热模式和反应热/焦耳热混合模式，电池热失控时的漏气是后者的外部表现；然后提出了一种基于支持向量机的最大温升的两步预测方法，通过实验数据验证了所提出的方法可以提前 22.3s 预测到最大温升，其中八个测试单元的平均预测误差为 3.05%。为了对电池系统进行准确的温度预测，人们已经做了非常多的努力，但这些研究大多仍是在实验室环境中进行的，因此它们在实际车辆应用中的效果还有待验证，目前还鲜有人尝试根据实际车辆运行数据进行实时的温度预测和相关热故障预警。

(3) 电池 SOC 的估计/预测

SOC 是动力电池系统最为关键的状态参数之一，因为它与电池的剩余容量和剩余能量直接相关。精确的电池 SOC 估计或者预测是一项烦琐的任务，因为电池系统在实际运行时处于复杂且难以预测的车辆运行环境，并且 SOC 与其他电池参数（如电压、电流、电池内阻等）之间的不确定非线性关系还没有得到明确的答案，因此到目前为止，除了采用一些估计算法之外，还没有任何有效的方法可以通过测量来获得真实的电池 SOC。目前关于 SOC 估计已经发表了相当数量的研究，其中基于表征参数的开路电压法（Open Circuit Voltage，OCV）和基于安时积分法的库仑计数法是最初被广泛使用的两种估计技术。然而，由于它们在 SOC 估计方面的自身局限性，更多更有效的基于数据驱动的和模型的方法被逐渐开发，例如马来西亚国立能源大学 M. A. Hannan 等人对各种 SOC 估计方法的优缺点进行了详细的阐述，并得出结论：尽管下一代 BMS 需要发展基于电池机理的电化学模型的 SOC 估计方法，但是基于等效电路模型等电池模型的 SOC 估计仍是当前和下一步的研究热点。美国科罗拉多大学 Gregory L. Plett 教授等人针对他提出的状态滞后模型及自修正模型，提出一种基于卡尔曼滤波（Kalman Filter，KF）的 SOC 估计方法，并继续对该方法进行扩展得到扩展卡尔曼滤波（Extended Kalman Filter，EKF）。此后，杭州电子科技大学 He Zhiwei 等人还尝试采用 Sigma-KF 算法进行电池 SOC 估计，为后续动力电池 SOC 估计搭建了一套基础理论框架。根据 KF 理论，KF 和 EKF 一般仅适用于线性或非线性较弱的模型，但是动力电池系统是一种强时变强非线性的系统。为了实现基于 KF 的电池 SOC 精确估计，清华大学 Tian Yong 和美国马里兰大学 He Zhigang 等人采用无迹卡尔曼滤波（Unscented Kalman Filter，UKF）算法开展了动力电池 SOC 估计研究，由于 UKF 可以通过无迹变换来传播状态的均值和协方差而无需对模型进行雅克比矩阵求解，因此会比标准 KF 和 EKF 模型的线性化更加精确。在这之后，也有一些研究对 UKF 进行了进一步的改进，提出了平方根 UKF、平方根球形 UKF 等算法，但各种基于 UKF 的电池 SOC 估计器只是近似的非线性估计器，对于低温低 SOC 区间放电时的强非线性特征的估计结果仍不理想。除了 KF 之外，粒子滤波（Particle Filter，PF）、贝叶斯滤波（Bayes Filter，BF）等其他滤波算法也被用于锂离子动力电池 SOC 的估计研究中来。为了提高 PF 的估计精度，智利大学 David E. Acuña 等人基于 PF 算法提出了一种可以正确表征非线性动力系统随时间演化的不确定性的方法，并使用实验数据测试和验证了该算法对锂离子动力电池 SOC 的预测效果。长安大学叶敏等人提出了基于双尺度和自适应 PF 的锂离子动力电池在线 SOC 估计方法，SOC 的估计精度普遍要比未考虑噪声自适应的结果要好。中国科学技术大学 Dong Guangzhong 等人揭示了基于 BF 的现有 SOC 估计方案在考虑状态约束方面存在根本缺陷，为了提高估计的准确性和鲁棒性，设计了用于 SOC 估计的约束贝叶斯双重滤波框架，并通过广泛的比较实验验证了所提出的方法在 SOC 估计的准确性和鲁棒性方面优于现有方法。西北工业大学 Hou Jing 等人提出了一种基于变分 BF 和胡贝尔 M 估计（Huber M-Estimation，HME）的自适应滤波器，同时估计测量噪声协方差和电池 SOC，变分贝叶斯近似可以提高适应性，HME 可以增强针对电流、电压测量异常值的鲁棒性。

基于各种观测器的电池 SOC 估计研究近年来方兴未艾，如龙伯格观测器（Luenberger Observer，LO）、滑模观测器（Sliding Mode Observer，SMO）、H 无穷观测器（H-infinity Observer，HIO）和比例积分观测器（Proportional Integral Observer，PIO）等。例如，重庆大学胡晓松、青岛理工大学贠海涛和清华大学 He Ting 等人分别采用 LO 和自适应 LO 算法开展了大量的电池 SOC 估计研究并得到了较高的估计精度。德国巴登 – 符腾堡州太阳能与氢能研究中心 Li JiA·hao 等人对比了 LO、EKF 其他一些方法的 SOC 估计精度，发现 LO 的估计精度要比 EKF 更低一些。与 LO 不同的是，SMO 使用非线性高增益反馈来减小估计误差，韩国国立交通大学 Il-Song Kim 等人基于标准 SMO 和双滑模观察器（Dual-Sliding-Mode Observer，DSMO）提出了一种锂离子动力电池 SOC 估计和健康状态评估的新技术。电子科技大学 Zhong Fuli 等人和澳大利亚斯威本科技大学 Chen Xiaopeng 等人引入自适应理论，提出了基于自适应滑模观测器（Adaptive Sliding Mode Observer，ASMO）和分数阶等效电路模型结合的锂离子动力电池 SOC 联合估计方法，并通过自适应地调整开关增益以补偿建模误差，从而最大限度地提高估计精度。针对单一等效电路模型（Equivalent Circuit Model，ECM）无法在整个放电期间提供准确的 SOC 问题，中南大学 Chen Ning 等人提出了多种多模型融合的锂离子动力电池 SOC 估计算法，以提高 SOC 估计结果的实际应用性能。湖南大学 Yang Xiaolong 和西安交通大学徐俊等人使用改进的 PIO 进行电池 SOC 的精确估计，所提出方法的 SOC 估计误差小于 1%。

根据滤波理论，各种基于滤波器的估计算法除了对估计的 SOC 进行重构外，还对噪声进行了滤波，但各种基于观测器的方法却并未对噪声建模，所以目前电池系统采用最多的 SOC 估计方法仍是基于滤波器的方法。然而，上述这些方法通常都是计算密集型的，并且通常需要额外的电池参数或需要通过多个模型融合来适应不同的电池工作环境，这也阻碍了现有 SOC 估计方法在实际运行车辆上的应用。近年来，随着面向实际运行大数据的各类研究逐渐增多，针对 SOC 估计的机器学习技术也已经取得了很大进步，例如 Zheng Lichuan 等人考虑到电池的强耦合、多变量和非线性特性，采用支持向量机（Support Vector Machines，SVM）方法预测电池 SOC, 在 MATLAB 上的仿真结果表明估计误差可控制在 5% 以内。法国雷诺技术中心 Akram EddA·hech 等人应用人工神经网络 (Artificial Neural Networks, ANN) 开发了一种考虑了电池运行条件的自适应 SOC 预测器, 可以进行非常精确的 SOC 估算, 从而车辆控制器可以放心地使用电池组的整个工作范围而不必担心电池过度充电或充电不足的问题。然而, 上述基于单向多层结构的前向传播神经网络 (Forward-propagation Neural Networks, FNN) 无法学习和记忆长期的历史信息, 更无法进行前向的多步 SOC 预测, 所以只能实现当前 SOC 的估计。为此, RNN 可能是对 SOC 多步预测进行建模的更理想的候选者, 例如具有记忆功能的 LSTM-RNN 神经网络。加拿大麦克马斯特大学 Ephrem Chemali 等人引入了 LSTM-RNN 对锂离子动力电池执行准确的 SOC 估算, 无需使用任何电池模型或滤波器之类的推理系统, 建立了一个可以正确估计不同环境温度条件下 SOC 的 LSTM-RNN 模型, 在固定的环境温度下实现了 0.573% 的平均绝对误差, 在环境温度从 10℃ 升高到 25℃ 的数据集上实现了 1.606% 的平均绝对误差。谷歌科技 (深圳) 有限公司 Song Xiangbao 提出了一种组合了卷积神经网络 (Convolutional Neural Network, CNN) 和 LSTM 的 CNN-LSTM 神经网络用于 SOC 估计, 其同时具有 CNN 和 LSTM 网络的优点, 并且可以从输入参数数据 (电流、电压和温度等可测量数据) 中提取空间和时间特征来推断电池的 SOC。实验结果表明, 两种网络能够很好地捕获 SOC 与可测量变量之间的非线性关系, 并且比 LSTM 和 CNN 网络具有更好的跟踪性能, 在初始 SOC 未知的情况下, 所提出的网络快速收敛到真实的 SOC, 然后呈现出平滑准确的结果, 最大均方根误差在 2% 以下。然而, 上述这些方法都是在实验条件基于预设的脉冲充放电工况下实现的, 模型在复杂多变的实际车辆运行环境下的预测能力仍有待验证。

(4) 电池 SOH 的估计/预测

动力电池系统的工作性能在长期使用期间会随着电池老化不断下降, 各种已知/未知因素如环境温度、路况、天气、驾驶行为等状态的恶劣变化都有可能降低电池的可用容量, 加速电池寿命老化, 甚至引起安全隐患如热失控的发生。因此, 对动力电池系统 SOH 进行精确的估计或预测是非常重要且十分必要的。尽管电池老化的详细机理仍在持续探索中, 但是目前的研究普遍认为电池老化的原因是电池固-液相界面 (Solid Electrolyte Iterphase, SEI) 膜的分解、活性材料的损失和锂枝晶的形成造成的。通常情况下, 锂离子动力电池的 SOH 由某个直接测量或间接计算的电池性能参数在使用后的当前实际值与使用之前的初始值之比确定, 如电池的容量、OCV、内阻 (Internal Resistance, IR) 等。丹麦奥尔堡大学 Daniel-Ioan Stroe 和哈尔滨工业大学的 Zhang Lingling 等人通过大量实验室日历老化测试, 研究发现电池容量的衰退和内阻/阻抗的上升是电池老化过程中通常会伴随的状态变化，并根据获得的实验室结果提出并验证了半经验电池寿命模型，可以高精度地预测锂离子动力电池在宽温度范围的容量降低和内阻增加。动力电池内阻与 SOC、温度和电流等其他电池状态参数密切相关，虽然可以通过算法实时计算或辨识得到，但在经常会加速或制动的实车车载动力电池系统上进行相关的 SOH 实时评估仍是不太现实的，因为准确的电池阻抗谱（Electrochemical Impedance Spectroscopy，EIS）的测量需要借助电化学工作站的帮助且实时测量难度较大。因此当前常用的电池 SOH 表征参数指标是电池容量、剩余可用容量或剩余可用寿命（Remaining Useful Life，RUL）。不过想要得到准确的电池容量，需要对电池在某一稳定环境下进行恒流恒压测试（Constant Current and Constant Voltage，CCCV）才能获取，这对于一辆运行环境非常复杂的实际行驶的车辆来说也是非常困难的，因此动力电池 SOH 估计问题目前普遍转换为了电池容量或者 RUL 的估计问题。

近年来，国内外已经有大量的关于电池 SOH 估计或者预测方法的研究。例如，北京理工大学熊瑞等人将电池 SOH 估算方法分为基于实验的和基于经验模型的估算方法两大分支，其中近年来主要流行的方法是间接分析方法、电化学模型、经验模型和数据驱动方法。澳大利亚悉尼科技大学 Zheng Linfeng 等人开发了一种用于车载电池容量估计的容量增量分析（Incremental Capacity Analysis，ICA）和差分电压分析（Differential Voltage Analysis，DVA）方法，解决了电池老化过程中对电池电阻和极化变化的敏感问题，对于电池容量估计可以实现 2% 的相对误差。此外，美国夏威夷大学 Matthieu Dubarry 和美国密歇根安娜堡大学 CaihaoWeng 等人，清华大学的 Liu Guangming 和德国亚琛工业大学 Meiner Lewerenz 等人分别采用了 ICA 方法和 DVA 方法开展了电池 SOH 估计研究。但是，ICA 和 DVA 方法虽然能够在一定程度上反映动力电池的老化机理且精度较好，但是实验要求一般是小倍率的恒流电流，实验的耗时较长且对电压传感器的采集精度要求较高。英国华威大学 Liu Kailong 和北京科技大学 Zheng Yong 等人研究了电池充电和放电对于电池容量损失的影响，基于提出的电池建模和多目标约束非线性优化技术得出适合锂离子动力电池的充电模式，并发现固体电解质界面的溶解和破坏是导致锂离子动力电池在过放电/低压条件下容量损失的主要原因。现有的这些电池电化学模型研究需要对电池的电化学结构有深入的了解，并且及时结合间接分析方法也仍需要在实验过程中用特定的实验设备来获取电池的内部结构或参数变化，检测时间较长、效率较低，因此很难满足实时的快速 SOH 估算的要求。

利用实验数据总结或计算各种电池状态参数（如温度、循环次数、充电/放电电流等）与电池 SOH 之间的关系，然后通过数据拟合可以获得电池 SOH 估算的经验模型。与其他电池模型相比，经验模型具有更简洁的模型结构和更灵活的实际应用，但是它们仍然需要通过实验手段获得数据，估计结果通常过于依赖工作条件的设置。清华大学 Han Xuebing 等人分析了不同类型的锂离子动力电池的老化机理，并提出了一种基于在线模型和常规校准相结合的电池 SOH 估算方法。德国宝马 - 标致雪铁龙电气公司 Sebastian Paul 等人测试了由 96 个 LiFePO$_4$ 单体电池组成的动力电池系统，以研究循环寿命测试期间的容量衰减。结果表明，电池系统内单体电池老化的差异是电池系统内温度和 SOC 不均匀性以及其他不同电池负载导致的结果。电池寿命受温度、使用时间和 SOC 的影响，并且三个参数遵循著名的阿雷尼乌斯（Arrhenius）规则。近年来，基于电池老化是一个稳定的随机过程的假设，已经有很多针对电池可靠性和 RUL 估计的基于数据驱动方法的研究。数据驱动的建模方法更多地关注输入激励与目标响应之间的关系，而不是电池系统的衰减机制，因此无需深入了解内部机制就可以建立电池 SOH 与输入参数之间的关系。数据驱动的 SOH 估算方法通常以收集的数据为基础，然后使用各种数据分析方法来研究隐藏的有效信息，例如 SVM、相关性向量机（Related Vector Machine, RVM）、灰色系统、PF 和 BF 算法等。然而，上述方法中仍然存在其一些缺陷：首先，大多数用于电池 SOH 或 RUL 估计的算法或模型仍然需要大量计算，并且估计结果的准确性因为受实验数据的限制而通常较差。其次，以上所有使用电化学模型或数学模型对锂离子动力电池 SOH 或 RUL 进行估计的研究都是在恒定的或者预设的电流/温度实验条件下进行的，这对于复杂的电动汽车实际运行工况很难起到复现的效果，因此它们在实际运行的车辆上的有效性和实用性尚待验证。

1.3.4 动力电池故障诊断与风险预警

"故障"通常被认为是面向目标系统行为的一种未预见或不期望的变化，而这种变化使系统的性能劣化或者影响了系统的正常运行，通常前一种效应称作潜在故障，而后一种故障是系统的失效。在故障早期的"潜在故障"阶段，如果能将劣化系统的原因和劣化的位置诊断出来，也称为故障的预警，则能一定程度上避免出现系统失效；系统失效通常是由于未能预警早期故障，从而系统演化到比较恶劣的程度并可能导致危险的情形。对于一个系统而言，故障可以分为执行器故障、部件故障、传感器故障及控制器故障。目前已经高度电子化的控制器出现故障的概率较小，部件和传感器发生故障的概率较高。对于动力电池系统而言，主要部件是动力电池和电池间的连接板/片。因为部件故障（尤其是电池本体故障）要比传感器故障造成的危害更直接，所以在传感器故障诊断时应先判断是否是电池发生了故障。

动力电池系统的故障诊断主要是为了保证动力电池在复杂的车辆运行环境下的可靠性以及安全性。近年来，国内外学者在动力电池故障诊断及故障预警方法方面已经开展了比较深入的研究，大体上可以从基于电化学机理、基于模型和基于数据驱动三种方向进行展开并进行阐述。例如，哈尔滨工业大学 Wu Chao 等人综述了近年来锂离子动力电池老化机理的研究和发展，总结了锂离子动力电池故障的成因和表现形式，以及相关故障诊断技术的最新研究成果以及它们的优缺点；提出了在电池的老化试验中的电池性能与老化因素之间的关系，发现老化因素之间的交叉依赖关系是可以被量化的。美国韦恩州立大学 Chen When 等人利用经典的 LO 观测器，设计了一种可以实现对具有不确定性的串联电池组中的单个故障进行诊断和隔离的方法；该方法利用经典的 LO 观测器产生故障检测残差实现故障隔离，同时建立了一批学习观察因子实现对孤立故障的估计，然后通过实验和对电池组模型的仿真研究证明了该设计的有效性。北京理工大学刘真通等人提出了一种基于模型的锂离子动力电池单体和电池组的传感器故障诊断方法；依据电流或不同电压传感器故障下的单体电池电压间的差异，通过实时以及长时间尺度的离线监控不同的单体电池，基于等效电路模型和自适应 KF 算法建立了电池模型，如图 1 - 14a 所示，最后实现了串联式动力电池组内电流传感器和多个电压传感器故障的在线检测及分离。美国加利福尼亚大学伯克利分校 Satadru Dey 等人基于两态热模型提出了一种锂离子动力电池的热故障诊断算法，采用非线性观测器测量得到的表面温度以及重构的核心温度产生反馈残差信号以检测故障；为了避免模型不确定性导致的无效诊断，采用了自适应阈值与观测器相结合的方法来设计诊断方案，如图 1 - 14b 所示；采用了热放射模型并在此基础上构建了基于李雅普诺夫分析观测器（Lyapunov Analysis Observer，LAR）模型，并将观测器的残差与自适应阈值进行比较以提高故障检测系统的鲁棒性。上海大学 Yang Sheng 等人提出了一种锂离子动力电池组的状态监控和故障诊断系统，该系统通过 CAN 总线与 PC 机进行交流，同时为电池管理系统提供大量的重要信息；实验结果表明该系统可有效地判断故障类型和故障水平，同时还能够及时采取相关的保护措施，从而提升动力电池组的可靠性和安全性。北京理工大学赵洋等人提出了一种新型的基于大数据统计方法的动力电池系统故障诊断方法。根据机器学习算法和 3σ 多级筛选策略，电池组中的端电压的异常变化可以被检测出来并以概率的形式计算，然后采用神经网络算法将故障诊断结果与大数据统计规律相结合，建立了一个完整的电池系统故障诊断模型。郑州轻工业学院姚雷等人以动力电池系统在不同振动频率情况下的电压波动为输入量，采用整体香农熵（Overall Shannon Entropy，OSE）算法准确地检测出电池虚接发生的时间和位置，实现了锂离子动力电池连接方式失效的实时预测；随后，他们提出了一种基于小波神经网络的锂离子动力电池故障检测方法，通过分解和重构离散小波变换（Discrete Wavelet Transform，DWT）消除了电压信号噪声，将电压、电压差、协方差矩阵和方差矩阵等参数用作通用回归神经网络的输入值，显著提高了电池故障程度分类的效率和精度。

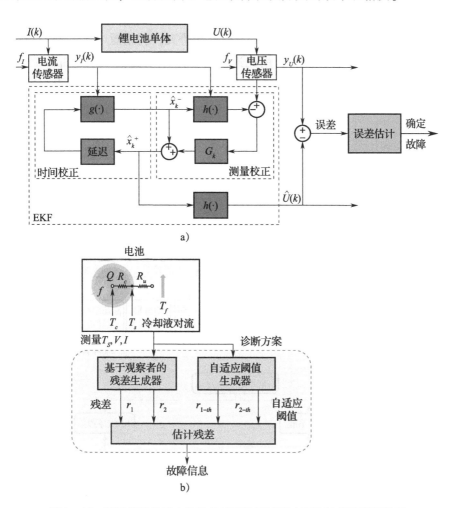

a)

b)

图 1-14　基于模型的动力电池传感器故障诊断方案和热故障诊断机制

为了防止严重故障的发生并优化电池维护周期，现阶段除了需要能够对动力电池系统故障进行准确诊断之外，必须在动力电池系统的风险预测方面有所突破，对可能发生的电池安全性风险进行准确的提前预测和预警对于保证车辆行驶安全和驾乘人员人身安全极为重要。美国辛辛那提大学 Seyed Mohammad Rezvanizaniani 和 Zhang Jingliang 等人对动力电池的健康监控和风险预测技术的研究进展进行了回顾，重点讨论了电池制造商、汽车设计师和电动汽车驾驶员在这一领域尚未满足的需求，并总结了目前国际上有关监测和预警电池健康性能的 SOC 估计、电流/电压估计、容量估计和 RUL 预测等技术、算法和模型。北京工业大学卢明哲分别基于实验室数据和电池在线运行数据，采用数据驱动方法中的 SVM 方法估计电池 SOH，基于知识的方法得到电池内阻等参数的变化趋势，然后基于经验的方法预测出了电池可能出现的安全风险并给出电池的实时健康状态。重庆大学胡晓松等人开展了机器学习型动力电池系统安全风险预测研究，利用短电压序列的样本熵作为电池容量损失的有效特征，采用先进的稀疏贝叶斯预测模型（Sparse Bayesian Prediction Model，SBPM）获取容量损失和样本熵之间的基本对应关系，通过引导采样概念和 SBPM 相结合，可以对电池恶劣安全状态进行预测和预警。广东工业大学时玉帅等人从短期安全预警与长期健康预警两个层面详细分析了动力电池 SOC 跳变、单体过电压、单体欠电压、单体过温、压差过大、温差过大等常见故障风险，给出了如图 1-15 所示的单体过电压、单体过温和 SOC 跳变的故障树，同时分析了这类安全风险产生的根本原因及预警方法。

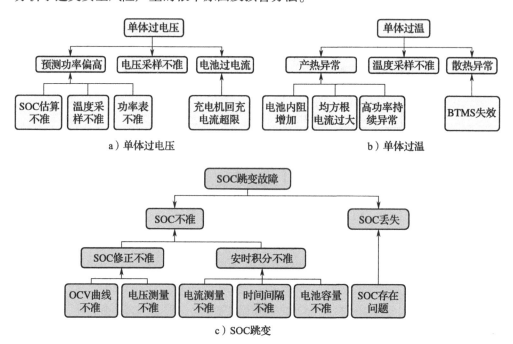

图 1-15　几种典型电池故障的故障树

1.3.5　动力电池系统安全控制管理

随着世界各国在电动汽车各大重大专项课题研究的深入，国内外学者及企业机构在安全事故预报警机制、安全控制策略、高安全结构设计等方面开展了研究工作并取得了一定成果。在动力电池系统安全控制管理方面，本书部分研究成果基于实车运行大数据平台的电动汽车监控大数据，在利用改进的香农熵和 $Z-score$ 方法实现了对动力电池的电压和温度故障实时监控与预警的同时，利用异常系数多级评价方法制定了相应的动力电池系统安全管理策略。周旸针对北京市电动汽车规模应用对可靠性和故障快速识别和诊断的需求，分析了电动汽车电气系统故障类型、表征形式、故障机理等，重点对动力电池系统故障的诊断方法开展了研究，并采用模糊理论建立了动力电池故障预警模型，为动力电池系统的安全控制策略的设计提供了理论支撑。北京理工大学孙逢春、武汉理工大学胡瑶、吉林大学吴建荣等人都相继开展了大量的纯电动汽车远程监控系统的设计及故障诊断方法研究，目前基于新能源汽车大数据平台制定了动力电池系统三级预报警机制并设定了相应的触发阈值，现已成功应用于全国电动汽车运行监控系统。山东电力科学研究院袁弘等人通过车载终端实时采集电动汽车动力电池参数，采用云计算进行数据分析，实现了对电动汽车动力电池系统早期故障的预警。在高安全性动力电池系统结构设计方面，特斯拉公司采用动力电池模块间隔板隔断、动力电池箱上隔板与车辆乘员舱增加隔离层、火焰方向引导等方法实现了高安全性电池箱设计。北京理工大学王震坡等人采用内外箱异常情况可快速分离、上盖板喷涂高温防火涂料等方式实现了商用电动汽车安全电池箱设计。聊城师范学院 Zhang Haiyan 等人利用电压敏感隔膜高压绝缘、正常电压导电的性能，设计了动力电池系统过电压自动保护系统，并取得了较好的应用效果。近几年在电池安全管理控制相关技术的研究上也有了一些进展和突破，例如美国劳伦斯·利弗莫尔国家安全公司 James M. Zumstein 和瑞萨电子公司 Tetsuo Sato 等人设计了一种电池安全管理方法和装置，使用内部传感器可以有效地监视和检测电池中的各种故障，并通过无线传输将信号从传感器传输到控制和数据采集模块。重庆大学胡晓松和瑞典查尔姆斯理工大学 Zou Changfu 等人调查了电池技术的主要角色、类型和管理需求，并提出了一种基于模型的控制方法来管理电池系统的充电操作。基于完全耦合的电热模型，快速充电策略首次被公式化为线性时变模型预测控制问题，依据规定的约束条件可以防止电池过度充电和过热；同时使用电流、电压和表面温度的噪声测量值，通过非线性观测器估算包括充电状态和核心温度在内的无法测量的电池内部安全状态。

1.4　当前研究存在的问题与不足

通过上述调研与分析结果可知，国内外对动力电池系统的 SOS 预测、故障诊断、风险预测以及安全控制管理方面已经开展了比较深入的研究,并取得了丰硕的理论与实践成果,但是针对实际车辆运行大数据的动力电池系统安全控制管理研究才刚刚起步且尚不完善,可以归纳为以下几点问题与不足。

(1) 动力电池系统安全性与一致性耦合关系

国内外学者在动力电池系统安全性与一致性耦合关系和演变规律方面开展了广泛的研究,但是这些研究中的绝大部分仍是基于工程实践经验和少量实验中电压、电流、温度等可直接测量电信号开展,难以将环境、路况、充电行为、驾驶行为等实际车辆行驶过程中的复杂影响因素考虑在内,因此现有研究方法对于复杂多变的实车行驶工况的复现效果不佳,动力电池系统安全性与一致性耦合机制研究尚不完善。

(2) 动力电池系统 SOS 预测

动力电池系统 SOS 精确预测对电动汽车运行的安全性、可靠性和耐久性具有非常重要的意义。现有基于物理实验和数学模型的相关研究可以在一定程度上实现对未来 SOS 参数变化趋势进行合理的推测,但却难以对它们未来一段时间的数值变化进行精准预测,目前面向实车动力电池系统的在线 SOS 预测还鲜有研究。现有动力电池系统 SOS 预测模型对模型参数的精度要求较高且往往计算比较复杂,各种状态观测器和滤波器对环境噪声建模效果不佳且难以对动力电池系统实际运行环境进行有效复现。

(3) 动力电池系统 SOH 估计

为了实现电池 SOH 的精确估计,现有基于实验的研究完成一套完整的电池容量或者内阻测试通常需要一个稳定的实验环境、预设好的充放电工况、较小的采样间隔和较长的测试时间。但是对于实车动力电池系统来说,复杂的运行环境和充放电深度的动态变化均不利于在统一标准下提取准确的电池内阻、充电容量、放电容量等常规 SOH 特征值;在复杂的实际运行环境下,现有的等效电路模型等电池建模方法的建模效果和电池阻抗特性的辨识效果都大打折扣,因此现有的 SOH 估计方法大多局限于实验室研究,仍然难以在实际运行的车辆上发挥作用。

(4) 动力电池系统故障诊断

近年来,基于电池电化学机理、物理实验、数学模型和数据驱动等方法,国内外学者在动力电池系统故障诊断方法方面已经开展了比较深入的研究,但是这些研究大多是基于少量实验开展的,且算法结构复杂、计算量较大且对电池故障的实时诊断效果较差。此外,由于现有故障诊断模型研究难以将实际运行车辆的复杂工作环境考虑在内，模型的实车诊断精度较低，如何能够实现动力电池系统故障诊断对于系统噪声、环境噪声等未知初始值以及系统不确定性的鲁棒性分析，并在较小计算量的基础上完成较高准确率的实时在线故障诊断仍是该方面研究的重点和难点。

（5）动力电池系统风险预测

为了防止严重故障发生并优化动力电池系统的维护周期，对可能发生的动力电池系统安全性风险进行准确的提前预测对于保障其在复杂工况下的安全性和可靠性极为重要。但是动力电池系统"机 – 电 – 热"各类安全风险特征复杂多变，多种因素互为前提，早期异常信号提取难度较大。现有动力电池系统风险预测方法对早期异常信号的在线识别和定位能力较差，实车运行环境下的预测效果的鲁棒性应用效果欠佳，面向实车动力电池系统的多级风险预测策略尚待完善。

（6）动力电池系统安全管理策略

国内外学者及企业机构在动力电池系统安全控制策略方面已经开展了广泛的研究，主要集中于电池故障在线诊断、安全事故预报警机制及高安全结构设计等方面。但是现有 BMS 集成的各种电池安全风险预测/预警模型在动力电池系统实际运行过程中的预测准确率较低，通用性较差；动力电池系统 SOS 状态实时监测和事故原因的反向追踪效果不佳；面向实车动力电池系统全寿命周期的高安全性、高可靠性和高稳定性的动力电池系统安全控制策略尚待开发。

1.5　本书主要研究内容

本书以提高动力电池系统安全控制管理能力为目标，在考虑实车运行环境的动态复杂多变性的基础上，基于实车运行大数据，针对当前研究中存在的问题与不足，从动力电池系统的安全性与一致性耦合机制、安全状态预测、故障诊断、风险预测及安全控制策略等方面进行系统研究。

第 2 章
动力电池系统安全性与一致性耦合机制研究

 概述

近年来频发的电动汽车动力电池系统着火和爆炸事故证明动力电池系统的使用安全性及可靠性极为重要。本章通过对动力电池系统结构与工作原理的分析，总结动力电池系统的安全隐患，然后通过实车运行数据和实践经验分析动力电池系统安全性与一致性耦合关系。从电芯失效、BMS 失效和电池包系统集成失效三个层面阐述动力电池系统的失效模式及机理，在此基础上展开动力电池系统故障机理及诊断技术研究，并对各类电池失效模式和故障的严重程度及处理措施进行初步判定，为未来高可靠性的动力电池系统故障诊断方案设计及 BMS 的故障诊断策略提升提供理论基础。本章内容如图 2-1 所示。

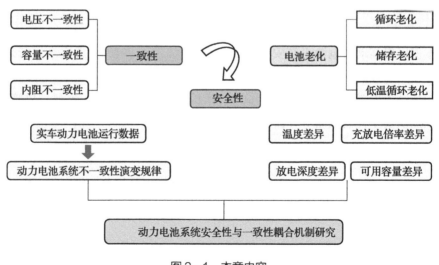

图 2-1　本章内容

2.2　动力电池系统结构及工作原理

目前市场上主流动力电池技术以铅酸电池、镍氢电池、燃料电池和锂电池技术为主，其中锂离子动力电池是基于一次性锂电池技术高速发展起来的，具有高比能量、高比功率、低污染、低放电率等诸多优点，是目前最受科研机构、电池厂商及汽车厂商青睐的车载动力电池系统，同时也是目前纯电动汽车动力电池系统研发的主要方向。下面我们以锂离子动力电池为例详细阐述其工作原理及安全问题。

锂离子动力电池的结构组成及工作原理图如图 2-2 所示，主要由正极、负极、电解液、隔膜、包装部件以及外部连接构成，其中正极、负极均匀涂布于铜箔和铝箔集流体上。由于正极电位较高，所以正极材料常为嵌锂过渡金属氧化物或者聚阴离子化合物，如图 2-2 中所示的钴酸锂（$LiCoO_2$），还有锰酸锂（$LiMn_2O_4$）、三元（$Li(NiCoMn)O_2$）、磷酸铁锂（$LiFePO_4$）等；负极通常为石墨和非石墨化碳等碳素材料；电解液主要是由有机混合溶剂和锂盐构成的非水溶液，溶剂多为碳酸之类的有机溶剂，锂盐多为单价聚阴离子锂盐，如六氟磷酸锂（$LiPF_6$）等；电池隔膜多为聚乙烯（$(C_2H_4)_n$）或者聚丙稀（$(C_3H_6)_n$）微孔膜，主要起到隔离正、负极物质的作用，隔膜只允许电解液中的离子通过，但是会阻止电子穿过。

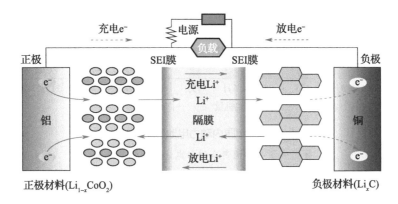

图 2-2　锂离子动力电池的结构组成及工作原理

在电池充、放电过程中，锂离子在电池间往返迁移。充电过程中，电池内部的锂离子从正极脱出，由电解液穿过隔膜并嵌入负极中；电池外部的电子通过外部电路迁移到负极。放电过程中，电池内部的锂离子从负极脱出、穿过隔膜嵌入正极中；电池外部的电子通过外电路迁移到正极。

2.2.1 动力电池的发展背景

在中国、美国、日本和欧盟等主要国家和地区大力推动发展新能源汽车的背景下，近年来全球锂离子动力电池市场保持高速增长的趋势。SNE Research 预测，2025 年动力电池在新能源汽车领域的配套量将达到 1.1TW·h 以上，2030 年将达到 2.9TW·h 以上；动力电池出货量预计将在 2025 年达到 1.4TW·h，2030 年达到 3.5TW·h。

2021 年，全球动力电池累计装机量为 296.8GW·h（数据来源：韩国市场研究机构 SNE Research）。2021 年，国内新能源汽车销量约 352.1 万辆，同比增长 157.5%，市场占有率提升至 13.4%，说明新能源汽车市场已经从政策驱动转向市场拉动；我国动力电池累计产量为 219.7GW·h，同比增长 163.4%；我国动力电池累计销量达 186.0GW·h，同比增长 182.3%；我国动力电池累计装机量 154.5GW·h，同比增长 142.8%（图 2-3）。2021 年，我国动力电池装机量约占全球的 52%。

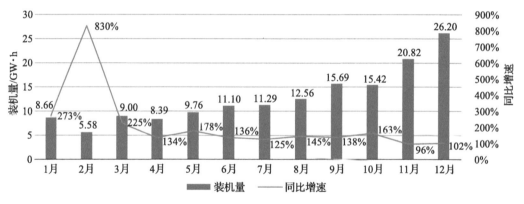

图 2-3　2021 年国内动力电池装机量及同比增速

数据来源：中国汽车动力电池产业创新联盟。

2021 年国内电池企业装机量及市场份额如图 2-4 所示。2021 年全年，我国新能源汽车市场共计 58 家动力电池企业实现装车配套，较去年同期减少 13 家，排名前 3 家、前 5 家、前 10 家动力电池企业动力电池装机量分别为 114.6GW·h、128.9GW·h 和 142.5GW·h，占总装机量比分别为 74.2%、83.4% 和 92.3%。宁德时代以 52% 的国内市场占有率位居第一；比亚迪 16% 的占有率居于第二；分别排第三、第四、第五的是中创新航、国轩高科和 LG 新能源。

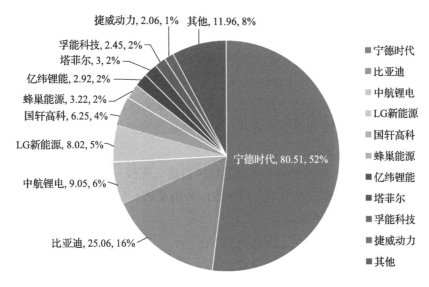

捷威动力, 2.06, 1%　其他, 11.96, 8%
孚能科技, 2.45, 2%
塔菲尔, 3, 2%
亿纬锂能, 2.92, 2%
蜂巢能源, 3.22, 2%
国轩高科, 6.25, 4%
LG新能源, 8.02, 5%
中航锂电, 9.05, 6%
比亚迪, 25.06, 16%
宁德时代, 80.51, 52%

- 宁德时代
- 比亚迪
- 中航锂电
- LG新能源
- 国轩高科
- 蜂巢能源
- 亿纬锂能
- 塔菲尔
- 孚能科技
- 捷威动力
- 其他

图 2-4　2021 年国内电池企业装机量（GW·h）及市场份额

数据来源：中国汽车动力电池产业创新联盟。

2.2.2　动力电池原理与分类

动力电池作为新能源汽车能量存储与转换装置的基础单元，其电性能、安全可靠性和使用寿命等对整车设计、开发、运营以及维护至关重要，直接影响新能源汽车的市场应用和普通消费者的接受度，其技术发展水平是全球汽车产业电动化转型的关键支撑。

从新能源汽车的成本构成来看，动力电池系统成本约占整车成本 30%~40%，动力电池系统已经成为新能源汽车的核心零部件，动力电池技术已成为体现各企业研发实力和主打优势的核心技术。为提高新能源汽车的推广应用程度，动力电池应具备以下关键特性：高能量密度、高功率密度、长循环寿命、宽工作温度范围、低成本、高安全性。

从整体上看，目前动力电池技术路线多样，且呈现多元化趋势。除了已经成熟量产的磷酸铁锂电池、三元材料电池、无钴电池、四元材料电池外，还有钠离子电池、固态电池、锂金属电池等已形成样品即将量产的电池技术，也存在锂硫电池、锂空气电池等尚处于实验室阶段的新体系电池技术。

1）磷酸铁锂电池：诞生于 1996 年，美国和日本率先研发了磷酸铁锂电池。目前其比能量为 180~190W·h/g，优势企业可达到 200~210W·h/kg。磷酸铁锂电池目前广泛使用在中低端新能源汽车及小部分高端车型中。

2）三元材料电池：三元材料可以分为 NCM（镍钴锰酸锂）和 NCA（镍钴铝酸锂）两种。NCM 三元材料电池发明于 2008 年，现已成为新能源汽车动力电池主要类型之一。NCA 三元材料电池发明于 1999 年，应用企业较少，主要是松下。目前两种电池比能量均能达到 300W·h/kg，且呈现两种技术趋势，一种是往高比能发展的高镍/超高镍三元电池，目前已量产 811（镍钴锰比例）三元电池，90 系及更高的 95 系超高镍产品正逐渐产业化；另一种是兼顾高安全与高比能的中镍三元电池，如 523 三元电池。

3）无钴电池：狭义的无钴电池指层状镍锰两元正极材料的电池。其发明时间为 2019 年，蜂巢能源率先在全球实现了该电池的量产。目前其比能量达到 240W·h/kg，与中镍三元电池相当。

4）四元材料电池：是指正极材料为 NCMA 的动力电池，发明时间为 2019 年。其在 NCM 材料的基础上增加了铝元素，可以降低正极材料的成本，目前比能量可达到 300W·h/kg。

5）钠离子电池：钠离子电池研究起源于 20 世纪 80 年代，但电性能较差。2010 年以来，随着电池材料技术的进步，钠离子电池性能获得明显进步。目前已达到比能量 160W·h/kg，且具备良好的快充能力和低温性能。目前，第一代钠离子电池已实现量产。

6）固态电池：固态电池研究起源于 20 世纪 70 年代，到目前已形成了固液混合电池的研发及产业化，即将量产的固液混合电池比能量可达 360W·h/kg。但全固态电池还存在明显缺陷尚未解决，距离产业化还有较长时间。

7）锂金属电池：即负极材料为锂金属的电池，其研究可追溯到 20 世纪 70 年代。但由于锂金属电池在充电时存在安全风险，一直没能实现商业化。直到最近，才陆续有锂金属电池的产品逐渐推出，其比能量可达到 550W·h/kg。

8）锂硫电池：锂硫电池是以硫元素作为电池正极，金属锂作为负极的一种锂电池，它的反应机理不同于锂离子动力电池的离子脱嵌机理，而是电化学机理。目前其尚处于实验室阶段，比能量可达到 609W·h/kg。

9）锂空气电池：锂空气电池的负极材料为锂，使用氧气作为正极多孔碳电极，具有高能量密度的潜力。目前其尚处于实验室阶段，理论能量密度上限达到 11000W·h/kg。

2.2.3　磷酸铁锂电池

磷酸铁锂电池是一种使用磷酸铁锂（$LiFePO_4$）作为正极材料，石墨作为负极材料的锂离子动力电池，单体额定电压为 3.2V，充电截止电压为 3.6 ~ 3.65V。充电过程中，磷酸铁锂中的部分锂离子脱出，经电解质传递到负极，嵌入负极材料；同时从正极释放出电子，自外电路到达负极，维持化学反应的平衡。放电过程中，锂离子自负极脱出，经电解质到达正极，同时负极释放电子，自外电路到达正极，为外界提供能量。

磷酸铁锂电池具有工作电压高、能量密度大、循环寿命长、安全性能好、自放电率小、无记忆效应的优点。

目前，我国磷酸铁锂电池的性能处于全球先进水平，比能量普遍达到 180～190W·h/kg，部分厂家能实现 200W·h/kg 以上。磷酸铁锂正极材料的克容量能达到 160mA·h/g，其理论比容量是 170mA·h/g。

同时磷酸铁锂循环寿命长，磷酸铁锂电池 1C 循环寿命普遍达 3000 次以上，能够保证 8～10 年的使用寿命。磷酸铁锂电池安全性能好，其正极材料电化学性能比较稳定，即使在短路、过充电、挤压、针刺等特殊条件下，仍是较安全的。

目前，国内磷酸铁锂电池的优势企业有宁德时代、比亚迪、国轩高科、中创新航、力神、亿纬锂能等，磷酸铁锂材料的优势企业有湖南裕能、德方纳米、湖北万润、龙蟠科技等。比亚迪研发并量产的"刀片电池"，进一步提高了磷酸铁锂电池的比能量与安全性，促进了磷酸铁锂电池的技术进步。

国外动力电池企业，包括 LG 新能源、SKI、三星 SDI 和松下电池，过去主要以三元电池为主要侧重技术路线和方向。不过随着磷酸铁锂能量密度不断提升且经济性更高，在特斯拉、大众等国际头部车企相继采用磷酸铁锂电池后，LG 新能源和 SKI 也将切入磷酸铁锂电池技术领域，目前正在进行磷酸铁锂电池的研发，预计 2022—2023 年完成试生产。

2021 年全年，我国动力电池累计产量 219.7GW·h，累计同比增长 163.4%。其中，磷酸铁锂电池累计产量 125.4GW·h，占总产量的 57.1%，累计同比增长 262.9%。可以看到，磷酸铁锂电池由于成本较低，近年来在新能源汽车的搭载比例逐渐升高，短期内会维持广大的市场规模。

2.2.4　三元锂电池

三元材料电池是指正极材料使用镍钴锰酸锂（$Li(NiCoMn)O_2$）或者镍钴铝酸锂的三元正极材料的锂电池，三元复合正极材料是以镍盐、钴盐、锰盐为原料，镍钴锰添加的比例可以根据实际需要调整，三元材料做正极的电池相对于钴酸锂电池安全性高。三元材料电池是在容量与安全性方面比较均衡的电池，循环性能好于正常钴酸锂电池，前期由于技术原因其标称电压只有 3.5～3.6V，在使用范围方面有所限制，随着配方的不断改进和结构完善，电池的标称电压已达到 3.7V，在容量上已经达到或超过钴酸锂电池水平。

当前，我国三元材料电池的性能处于全球先进水平，比能量普遍达到250W·h/kg，部分厂家能实现300W·h/kg以上。目前，三元材料的克容量能达到210mA·h/g，不同组分的三元材料理论比容量有差异，大致为280mA·h/g左右。

国内三元材料电池的优势企业有宁德时代、中创新航、国轩高科、力神、亿纬锂能等，三元材料的优势企业有容百科技、当升科技、中伟新材料、华友、长远锂科等。

国外动力电池企业主要以三元材料电池为主，包括日本的松下，韩国的LG新能源、SK on、三星SDI。但松下的三元材料不同于NCM，而是采用了NCA材料。

目前行业内主要通过采用高镍/超高镍三元正极材料，以及采用硅基负极材料，进一步提升三元材料电池的比能量，后期将以实现比能量350W·h/kg甚至400W·h/kg为长期目标。

2021年，三元电池累计产量93.9GW·h，占全国动力电池总产量的42.7%，累计同比增长93.6%。在未来一段时间内，高端车型基本还是以三元材料电池为主，市场规模保持良好前景。

2.3　实车动力电池运行大数据特征分析

2.3.1　大数据平台介绍

作为近几年最热门的研究领域之一，大数据已经得到了全世界科技界和学术界的广泛关注。大数据并不仅仅是指规模庞大的数据集合，其通常具有数据规模（Volume）、数据处理时效性（Velocity）、数据多样性（Variety）、结果准确性（Veracity）和价值深度（Value）的"5V"特征。基于各领域海量多维异构数据，利用先进的大数据分析技术挖掘海量数据特征的内在价值，可以极大地推动各个行业的发展和变革。伴随新能源汽车车载信息系统的逐渐完善和信息化程度的日益提高，大数据技术在新能源汽车领域也展现出良好的应用前景，新能源汽车和大数据的融合业已成为我国汽车行业转型升级的国家战略发展方向之一。

在新能源汽车领域，各大企业已经建立了大数据平台，通过新能源汽车大数据的采集、处理、存储和深度挖掘，充分发挥数据的价值。为保障居民日常出行安全和推动新能源汽车产业发展，工业和信息化部于2016年在北京建立新能源汽车国家监测与管理平台（National Energy Vehicle Monitoring and Management National Platform，NMMP-NEV）平台（以下简称国家平台），其监控与管理机制如图2-5

所示。截至 2022 年 7 月，国家平台接入车辆突破 900 万辆，国家平台的建立为政府部门加强新能源企业及车辆的安全监管起到重要支撑作用。国家平台接收海量新能源汽车实时运行数据，配合车辆档案数据、气象数据、道路建设数据等形成新能源汽车多源异构数据库，并结合数据资源和大数据分析技术，挖掘数据背后蕴藏的丰富价值，以改善当前新能源汽车安全问题和促进新能源汽车产业发展。

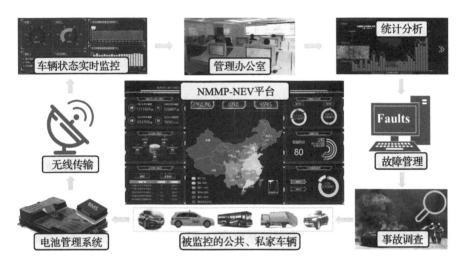

图 2-5　NMMP - NEV 的监控与管理机制

2.3.2　动力电池系统大数据特征分析

目前，我国已经建立了国家、地方政府和企业的三级新能源汽车监管体系，并强调企业作为安全的第一责任人需要承担起安全监管的主体责任。为了实现动力电池系统的有效监管和安全运行，需要对动力电池系统的运行数据进行实时监控和统计分析，并对其安全性进行实时评价和风险预测。

1. 运行统计特征

针对新能源汽车动力电池系统运行大数据的统计主要包括电耗统计、行驶充电分析、健康状态监控、故障与事故统计等方面。

当前，我国新能源汽车已从培育期进入了快速成长期，市场迎来爆发式增长。2021 年，全国新能源汽车产销分别为 354.5 万辆和 352.1 万辆，同比分别增长 1.6 倍。截至 2021 年底，全国新能源汽车保有量 784 万辆，占汽车总量的 2.6%。随着保有量的快速增长，新能源汽车召回及安全事故不断面临新的挑战。

2021 年，我国实施新能源汽车召回 59 次，涉及车辆 83 万辆，召回次数和召回数量比 2020 年增长了 31.1% 和 75.9%，52.5% 的新能源汽车缺陷线索反映动力电池、电机、电控系统问题；分析近几年发生的新能源汽车着火事故发现，既有充电设施不合格、用户使用不当、维修保养不规范等外部因素，也有早期产品动力电池及高压部件老化、整车和电池质量等内部因素，同时还面临着交通事故碰撞后的电池安全问题。

为减少新能源汽车安全事故，目前国家平台全面落实了 7×24 小时全天值班反馈制度，向企业实时推送 3 级报警信息，每周定时反馈 1 级和 2 级报警信息，并定时上报工信部。另外，国家平台充分发挥技术优势，建立了动力电池系统事故预警模型并开发了相应的预警软件模块，目前已在多家整车企业开展试用。

2. 安全性特征分析

动力电池大数据安全性特征分析主要包括以下几个研究方向：不一致性分析与故障诊断、热失控预警以及健康状态估计。例如，本书部分研究阐述了一种基于修正的香农熵的电压故障诊断方法，根据实际车辆运行数据，成功地诊断出了电动出租车上的电压异常单体，并实现了热故障的早期预警。在动力电池健康状态估计方面，瑞典林雪平大学 Frisk Erik 等人基于车载铅酸电池的更换记录，利用随机生存森林方法实现了对动力电池系统剩余使用寿命进行预估，基于欧洲 5 个国家的 33603 辆车运行数据，提取了 291 个变量，数据类型包括温度、压力等结构化数据，以及电流、电压概率分布直方图等非结构化数据，在大数据的应用上极具创新性。当前大数据分析技术在动力电池系统故障诊断、安全风险预测和容量衰退分析等方面得到了广泛应用，但由于实车监控数据的稀疏特征、多应力参数耦合、动力电池运行参数非线性强等问题的制约，在基于实车运行大数据的安全性风险预测及实车验证方面还需要进一步深入研究。

此外，运行大数据在车辆运行状况监控、关键零部件检测、新能源汽车用户研究、基础设施建设布局分析等方面也有一定的应用基础。例如，驾驶行为对能耗和动力电池寿命的影响分析，新能源汽车整车可靠性及故障规律统计分析，电动出租车充电站选址方法研究，以及对新能源汽车充电需求与电网负荷预测研究等。

在实验室层面的动力电池系统安全性研究通常以若干组循环充放电测得的电池运行参数作为电池安全性表征参数，例如以测得的单体电压极差、均值、方差分布等作为单体电压一致性的衡量指标。但该方法在基于实车运行大数据平台采集的海量数据场景下并不适用，原因主要可以归结为以下四点：

（1）采样精度不同

大数据平台采集的动力电池系统数据精度较实验室环境下采集得到的数据精

度偏低，同时动力电池系统在实际车辆行驶条件下容易受振动、高温、雨水、极端路况等复杂环境因素的影响，系统噪声、环境噪声等实车动力电池系统鲁棒噪声分析仍不完善，因此实车动力电池系统采样数据的误差尚且难以估计。

（2）采样频率不同

相较于相对稳定且可以人为控制的实验室环境，大数据平台的采样频率更低、采样间隔更长（如 NMMP – NEV 平台通常为 10s 或者更长的采样间隔），此外采样时刻通常是不连续的，相邻时刻采样数据点对应的电池状态也是不连续的，因此无法达到如实验室条件下的稳定地对动力电池系统状态进行不间断测量。

（3）采样时间不同

相较于能够进行动力电池系统性能加速实验的实验室环境，大数据平台采集数据时间跨度较大，例如对同一动力电池系统进行全生命周期容量衰退数据进行采集，通过加速寿命实验在较大充放电倍率下最短可以在一个月之内完成，通过大数据平台的正常监控则可能需要 5 年以上的时间。不过，大数据平台监控下的实车运行工况的真实性也是难以通过实验手段进行复现的，动力电池系统安全性机理研究可以通过加速寿命实验完成，但是其工程应用价值仍然需要基于实车运行大数据进行验证。

（4）采样样本不同

在实验室条件下，往往只能对一组或者多组动力电池组做连续的充放电状态监控。相比之下，大数据平台覆盖的样本数量更大，由于监控对象为公共车型和市售乘用车型，因此对同一车型同一型号动力电池系统的采样样本数量众多，即便在同一时刻也可得到多组不同运行状态的动力电池系统运行数据。

为了有效地发挥实车大数据平台海量运行数据的作用，充分发掘数据的潜在应用价值，避免由于采样噪声或预处理算法缺陷而导致的采样数据质量下降，需要选择合适的统计学模型和分组理论将采集到的海量数据做整合，提取其中的有效信息，并对动力电池系统单体样本进行筛选，降低数据采集时系统噪声和环境噪声的影响。然后，可以利用自适应参数辨识方法对动力电池系统的一致性进行拟合描述，进行动力电池系统一致性和安全性分析。

2.4 动力电池系统不一致性分析

2.4.1 动力电池系统不一致性的表现形式

动力电池系统的不一致性是指相同规格型号的单体电池在组成电池组后，其电压、SOC、RUL、温度、容量衰退速率、内阻及其变化率、自放电率等参数存在一定的差别。动力电池系统的不一致性在其制造出厂时主要表现在以下两个方面：①制造过程引起的单体原始差异，制作工艺上的误差和电池材质的不均匀，会使电池极板活性物质的活化程度、厚度、微孔率等存在微小差别，这种电池内部结构和材质上的不一致性会使同一型号同一批次电池的容量、内阻等参数在出厂时就具有一定的不一致性；②装车使用时的环境差异造成的单体退化差异，由于各单体电池的储存温度、通风条件、自放电程度和电解液密度等都会具有一定的差别，这在一定程度上也加剧了电压、内阻及容量等电池参数的不一致性。

根据动力电池系统在使用过程中的不一致性扩大原因和对电池性能的影响方式，可以将电池的不一致性分为电压不一致性、容量不一致性和内阻不一致性。

1. 电压不一致性

电池电压不一致的主要原因是由于并联电池组中单体电池之间的互充电，当并联电池组中某一节电池电压较低时，其他电池将会给该电池充电。并联电池电压的不一致性如图 2-6 所示，假设 1 号电池的端电压 U_1 低于 2 号电池的端电压 U_2，则两个电池之间就如同形成了一个充电电路，使 2 号电池给 1 号电池进行小幅度充电。这种并联连接方式会使低压电池容量小幅增加的同时，使高压电池容量急剧降低，并且在这个互充电过程中产生能量损耗令电池达不到预期的对外输出效果。如果低压电池和正常电池一起使用，将会成为电池组的负载并影响其他电池工作，进而加快整个电池组的寿命衰减。

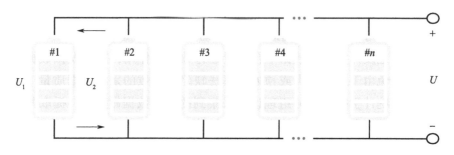

图 2-6　并联电池电压的不一致性

此外，由于电池 SOC 在一定范围内与 OCV 呈线性关系，因此电池在静态工况（一般指电池静止 1h 以上）下 OCV 的不一致性也能从一定程度上体现电池能量状态的不一致性。

2. 容量不一致性

动力电池系统在实际工作过程中的容量不一致主要是由起始容量不一致和放

电电流不一致综合引起的。初始容量的一致性一般可以通过出厂前的分选实验得到较好的保证，即便在电池的使用过程中，通过不一致单体的独立充放电也能将初始容量的差异性变得更小，因此初始容量不一致并不是动力电池系统成组应用的主要矛盾。

容量的不一致性会对动力电池系统的健康状态直接造成不良影响，致使其可用容量降低。根据木桶效应原理，一个串联电池组的最高可用容量由其中容量最低的电池决定，所以容量不一致会使整个电池组的实际可用容量降低。此外，由于各自容量不同，不同电池在相同充放电条件下的充放电情况也会不同，过充电或过放电现象会在容量较小的电池上发生并对其造成不可逆的损害，因此容量不一致在循环使用过程中会对动力电池系统的健康状况造成严重影响。

3. 内阻不一致性

电池内阻不一致会使放电过程中各个单体的热损失量不同，进而影响单体电池的能量状态。内阻不一致可以分为串联和并联两种情况。

由于串联特性的关系，串联电池组在放电过程中使各单体的放电电流相同，内阻的不一致会使各单体的分压有所不同，内阻较大的单体分压较高，对应的电池内部能量消耗和产热量较大，温升较快；但是，电池内阻会随温度升高而继续增加，电池温度将持续升高，一旦散热达不到要求就会引起电池热失控甚至爆炸。在充电过程中，由于内阻的不一致性，内阻较大的单体电池将会被提前充到最高截止电压（Cut-Off Voltage，COV），如果此时为了保证安全性停止充电，则其余电池单体将无法充满；反之，如果继续充电，则会引起电池过充电并存在安全隐患，因此为了防止过充电需要对充电过程折中控制方法。

由于并联特性的原因，并联电池组在放电过程中使各单体的放电电压相同，内阻的不一致使各单体的电流有所不同，内阻较大的单体放电电流较小，内阻较小的单体放电电流较大，从而使各个单体工作在不同的放电倍率。在放电倍率不同的情况下，各个单体电池的放电深度也会不同，这会对电池的健康状况造成不严重影响。在充电过程中，各个并联支路的电流由于内阻的不一致而各不相同，所以各个单体在相同充电时间的情况下达不到相同的充电效果，各个单体被充到COV 的时间也各不相同，为了防止过充电也需要对充电过程采取折中控制方法。

2.4.2　动力电池系统不一致性的发展规律

动力电池系统各种不一致参数之间并非相互独立，而是相互影响、互为因果关系的，其中最直接的表现形式就是电池电压的不一致性，电压的不一致性可以从一定程度上反映动力电池系统其他各种参数的不一致性。随使用时间和行驶里程的增加，动力电池系统不一致程度也会逐渐增加，最直观的反应为单体电压的不一致水平逐渐增加。下面以在北京市区内运行的某纯电动出租车的动力电池系统为例，探索其在车辆实际运行过程中电压不一致性的分布规律。

被研究动力电池系统在一年内不同时间段的单体电压频次分布如图 2-7 所示。从图中可以看出，1 月份单体电压在 3.273V 出现的频次最高，随着时间的推移，3 月份以后出现频次最高的电压上升为 3.28V，这很可能跟北京市 1 月的环境气温较低有关；前 3 个月频次分布基本呈现出 3.25~3.3V 和 3.35~3.4V 两个区间的峰值，这可能由初始低温工作区和行驶一段时间后的正常温度工作区两个最常用工作区域形成的现象。随着使用时间的增加，3 月份之后单体电压的频次分布逐渐集中形成一个峰值，且峰值两端基本呈对称分布且呈逐步下降趋势，分布状态与正态分布相似。

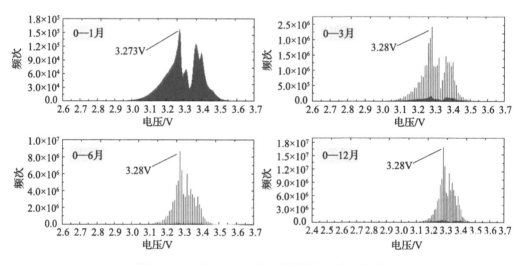

图 2-7　一年内不同时间段的单体电压频次分布

考虑到车辆行驶状态的复杂性，动力电池系统在行驶状态和充电状态下的性能特征是完全不同的。图 2-8 所示为被研究动力电池系统某日的实际行驶车速和单体电压曲线，从图中可以看出，单体电压的波动受到车速的直接影响且呈负相关关系。将被研究车辆的充电和行驶数据分开分析，得到两种状态下的单体电压概率分布和平均方差，如图 2-9 所示。由于使用时间的增加和复杂多变的运行环境，行驶状态下的单体电压分散程度比充电状态更明显，表现为行驶状态下的概率峰值（24.01%）比充电状态下的概率峰值（19.17%）大很多；单体电压的不一致性逐渐增大，表现为反映单体电压不一致性的平均方差随时间的推移在充电和行驶两种状态下都逐步升高；另外，行驶状态下的单体电压不一致性程度要远远高于充电状态，例如全年 12 个月的行驶状态平均方差 0.009776 明显大于充电状态下的平均方差 0.007038。

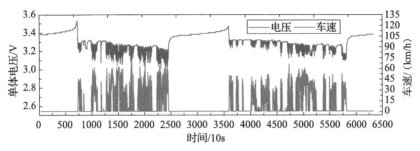

图2-8　单体电压与车速曲线

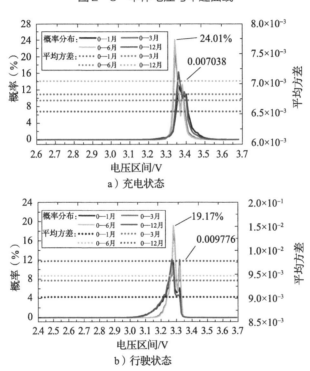

a）充电状态

b）行驶状态

图2-9　充电和行驶状态下的单体电压概率分布和平均方差

2.5　动力电池系统安全性与一致性的耦合机制

2.5.1　动力电池一致性和安全性的耦合关系

由上文可知，动力电池系统的不一致性可从电压、容量和内阻三个角度进行展开，分析结果显示电池不一致性直接影响电池的寿命衰减和老化速度，而当电池不断老化时，电池内部的副反应（如 SEI 膜增厚、负极析锂、电解液氧化等）会引起电池容量的衰减和内阻的增加，进而导致电池的安全性能变差。

现有研究发现，在常温/高温循环老化条件下，由于电池内阻的上升，电池在充放电下焦耳热不断增加，耐电滥用性能不断下降，电池的热稳定性也会有一定程度的变化，变化规律与电池的材料体系和工艺水平相关；在常温/高温储存老化条件下，电池的耐电滥用性能会逐渐降低；在低温循环老化条件下，由于负极析锂，电池的热稳定性会急剧下降，析出的锂金属在低温下与电解液发生反应，致使电池自产热速率剧增，从而对电池安全性造成严重危害。

综上，动力电池系统的一致性和安全性之间通常不会直接发生关联，而是通过电池寿命的加速衰减间接联系在一起，动力电池系统的安全性也会随着电池寿命的逐渐老化而变差。因此，研究电池一致性与的安全性的耦合关系，首先需要弄明白电池一致性与电池寿命之间的关联关系。动力电池系统的 RUL 或可用容量与单体电池之间的一致性水平有很大关系，在实际车辆应用过程中，主要体现在以下方面：

1. 温度差异

不同车型电动汽车对动力电池系统的电池包布置和安装位置的要求各不相同。单体电池所处的热环境会存在一定的固有差异，比如某些单体电池或模块可能更靠近电机等热源，而另一些电池可能处于通风更好的位置；另外，同一位置区域的单体电池由于热源位置和通风条件的差异，也会存在一定的单体温差，进而影响动力电池系统的整体工作性能和使用寿命。

2. 充放电倍率差异

通常情况下，每一种电池都有其对应的最佳充放电倍率，电池的容量若不相同，其最佳充放电电流自然也就不同。串联电池组中电流相同，由于电池的不一致性，有的单体电池在其最佳充放电电流工作，而有的电池可能达不到或超过了其最佳充放电电流，造成工作过程中的充放电倍率差异；充放电倍率的不同会造成单体间的能量消耗和产热速率差异，加速电池寿命衰减的同时也容易引发电池热失控。

3. 放电深度差异

如果电池容量存在差异，在电动汽车行驶相同里程后的放电深度也会存在不同。这时在大多数单体电池仍然属于浅放电的情况下，低容量的单体电池已经进入深放电阶段；当其他单体电池开始深放电时，低容量单体电池已经处于过放电状态，并且没有剩余电量可以放出，便成为电路中的负载，加速电池的能量损耗和老化。

4. 可用容量差异

如果电池的可用容量存在差异，在充电过程中，低容量单体电池必将提前充满，为了充满其他单体电池，这些低容量电池必将发生过充电；在充电后期充电电压持续升高，过充电发生时甚至超出最高 COV，过充电将严重影响充电过程和电池使用寿命，极易引发过充电安全隐患如热失控的发生。

2.5.2　动力电池系统不一致性的改进措施

通常情况下，动力电池系统的不一致性在其生产阶段就已经产生了，因此动力电池系统的一致性是相对的，不一致性是绝对存在的。在实际应用过程中，我们需要做的是采取有效措施减缓这种不一致性扩大的趋势或速度。为了提高动力电池系统的一致性，延缓电池组寿命衰减速度，根据大量的动力电池系统应用经验和试验研究，可总结如下几项措施：

1. 分选

电池分选的目的是把参数邻近的单体电池选择出来。因为理论上不同批次的单体电池不应该被放在一起使用，即便是相同批次，也需要通过选择把参数集中的单体电池放在同一个电池包里。电池分选的办法主要分为静态分选、动态分选及动静结合三大类。静态分选是通过引进统计算法，设定选择标准，针对电芯的开路电压、内阻、容量等特征参数进行选择；动态分选是基于电池在充放电进程中体现出来的特性，或者通过对比自身充电与放电曲线之间的联系进行选择；动静结合分选一般是指利用静态选择的初步分组进行进一步的动态选择，从而提高电池分选的准确性，但是成本也会相应上升。

2. 均衡

为了应对单体电池的不一致性问题，BMS 通常都会集成电池均衡的功能。例如，当某些单体率先到达充电 COV 而其他单体明显滞后时，BMS 会启动充电均衡功能，一般是通过接入电阻放掉高电压单体部分电量或者将能量转移到低压单体的形式；当充电截止条件被免除，充电进程在重新开始时会使动力电池系统充入更多电量。

3. 热处理

针对动力电池系统的内阻不一致引起单体发生热量不同的问题，引入热处理系统可以有效调节整个电池系统的温差,使之维持在一个安全阈值范围里;发热量较多的单体电池温升可能依然偏高,但不会与其他单体拉开很大距离,单体间的劣化水平也不会出现明显的差距。

4. 使用维护

在动力电池系统实际使用过程中的使用维护是保持单体电池一致性最直接有效的措施,例如:保证电池良好的使用环境,尽量保证环境温度场均匀、减小电池振动、避免水和尘土对极柱的污染等;避免电池过充电和深度放电;使用过程中定期对动力电池系统,尤其是容量偏低的单体电池进行小电流维护性充电,促进电池自身的均衡和性能恢复;检测单体电池参数,尤其是动、静态情况下(车辆充电或行驶过程)的电压分布情况,对出现极端异常参数的单体及时进行调整或更换。

2.6 动力电池一致性及剩余价值评估技术

2.6.1 动力电池梯次应用性能检测现状

由于电池在品牌、型号、参数以及剩余寿命等方面不尽相同,每年退役1百万数量级的电池包如何快速分类、检测是能否顺利进行梯次利用的关键。

如果采用传统现场检测的方式,从运送到检测机构→拆卸电池包→分类检测,检测周期很长,100万个电池包将浪费大量的时间,随着退役数量继续增长,这个难度会进一步加大。因此,大规模的检测需要速度快、效率高。另外,传统检测手段需要投入大量人力、设备和场地,投资费用高且回报慢。因此,大规模的检测需要成本低、投入少(图2-10)。

综合来看,动力电池的梯次利用能否规模化发展,关键就在于能否有一种大规模、快速、低成本的检测方案。因此,为了推进梯次利用市场的发展,需要能够解决当前问题的快速检测方案。

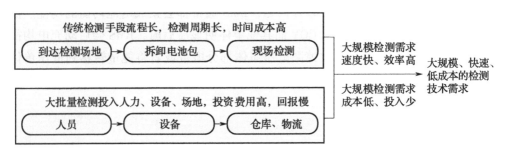

图2-10 动力电池一致性及剩余价值现状及趋势

目前，线上大数据动力电池评估服务结合了大量线上 + 少量线下检测方式，可以实现批量高效的检测手段。

本方案分为线上评估系统及线下检测系统。首先，线上评估系统获取平台实时上传的动力电池和车辆运行数据，通过电池多维度性能评估算法和大数据智能分析技术，快速准确完成线上评估部分，并输出评估结果传输到线下检测系统。90% 的电池包可以直接通过线上评估的方式判断为梯次利用或者报废回收，这样就可以直接降低相当于传统检测手段 90% 的时间成本和费用投入。因此，线上系统的优势在于能够大规模、快速、低成本、准确地评估。

对于另外大约 10% 的电池包，会给出建议线下检测的结果，并全部转入线下检测系统。线下检测系统通过三种检测设备（包括大型综合式检测设备、小型一站式检测设备和移动便携式检测设备）获取电池数据。对于获取的关键数据，使用线下电池健康分析模型，对来料电池进行更加精准的健康度分析，给出梯次利用或报废回收的检测结果。线下检测的优势在于高达 99% 的精度，并且可以定位到问题模组或单体。

线上评估 + 线下检测的全新模式可以在保证高检测精度的同时，达到大规模、快速、低成本的（多、快、好、省）检测目标。

未来，针对具体电池的价格评估，平台将规划提供线上电池评估算法，可以快速了解电池的剩余价值，通过引入此评估机制，结合行业价格标准、历史交易数据和电池分类应用场景，可以建立一套大数据评估算法以实现退役电池价值的评估。

目前，线上评估是利用动力电池大数据健康度评估服务来提供检测服务，线下则有全国各类动力电池检测实验室来提供相应的服务。二者结合实现了线上评估 + 线下检测的全新模式。以下分别介绍线上线下的检测原理。

2.6.2　动力电池大数据健康度评估原理

基于大数据的开发经验，自行研发了电池健康度评估算法。从整个线上评估模块来看，只需要提交电池编码，即可通过电池运行的历史大数据结合大数据智能分析技术、健康度分析评估技术、容量衰减监测评估技术以及电池安全性能分析评估技术，快速对整批电池进行评估，最终给出一份评估报告，包括电池性能的详细评估结果以及性能分级，对于优质电池，建议进行梯次利用，对于性能下降严重的电池，建议再生回收；同时针对一批存在异常情况的电池，给出线下检测的建议，从而提醒用户进行进一步的检测确认利用价值。

健康度评估方法是通过针对电池在正常状况下的衰减数据的捕捉，了解从单体到整包的各项指标的衰减数据，从而建立电池在不同车辆种类、电化学体系、充电截止条件等情况下的衰减特征数据库。

在为不同车辆进行评估时，需要采集车辆实时运行数据，通过预处理模块的数据清洗，把评估目标车辆需要监测的指标值与特征标准数据库对应的衰减曲线进行比对，并通过一套电池健康评估算法与评价体系，得出当前车辆电池的健康度情况，最终实现大数据评估电池健康度的能力。

1. 理论说明

关于健康度评估的理论基础，通过两个维度来进行研究：

1）从单体层面，通过实验室的研究发现电池衰退机理，并寻找对应衰退的原因、找出对应衰退的特征现象，从而针对单体发现可以针对衰退特征，设定对应的表现特征目标，在监测单体过程中，可以根据特征目标的变化了解到单体目前的衰退情况，并预测未来的趋势。

2）从整包层面，由于单体的衰退，会造成整包不一致性的发送。故可通过采集单体的数据发现整包的不一致性，通过热管理和均衡措施改善整包的不一致性，从而提升和检测整个电池包的健康度。

3）电芯初始条件不一致性包括容量不一致和内阻不一致；使用环境不一致包括温度不一致和应力不一致等，如图 2-11 所示。

图 2-11　电池不一致性因素

4）由于木桶效应的存在，放电最大可用容量取决于整包最小容量电芯；充电最大可充容量取决于整包最小可充容量的电芯。

$$放电最大可用容量\ C_{\max(\mathrm{dis})}^{\mathrm{B}} = \min\{C_1^{\mathrm{dis}},\ \cdots,\ C_i^{\mathrm{dis}},\ \cdots,\ C_n^{\mathrm{dis}}\}$$

$$充电最大可充容量\ C_{\max(\mathrm{ch})}^{\mathrm{B}} = \min\{C_1^{\mathrm{ch}},\ \cdots,\ C_i^{\mathrm{ch}},\ \cdots,\ C_n^{\mathrm{ch}}\}$$

5）初始条件已不可改变，但是可以通过优秀的热管理和均衡措施改善整包不一致性（整包特征：均衡效果特征、电压一致性、温度一致性）。

2. 技术方案

整个方案针对目前新能源汽车动力电池健康状态检测手段的长周期、高费用，导致无法准确快速大规模地完成运行车辆动力电池健康状态的评估与检测问题。在技术路线上拟解决新能源汽车动力电池健康度的快速准确大规模评估的关键技术与算法模型，从而实现动力电池回收利用的安全隐患和风险的预先评估。技术方案实施路线分为 3 个部分，分别为数据预处理模块、特征标准数据库模块和电池健康评估算法模块。具体实施路线是首先基于动力蓄电池历史运行大数据，通过针对电池在正常状况下的衰减数据的捕捉，了解从单体到整包的各项指标的衰减数据，结合动力电池衰退理论基础，利用数据预处理模块对历史数据进行处理，分类后完成电芯特征标准数据库和电池特征标准数据库的建立。其次提取电池运行数据，经过数据预处理模块的数据清洗后，把评估目标电池需要监测的指标值与特征标准数据库对应的衰减曲线进行比对，并通过一套电池健康评估算法与评价体系，计算出当前车辆动力电池健康状态，同时输出评估分析报告或作为 API 给到商业化服务平台应用。

（1）方案实施

基于上面的理论研究技术，建设特征表征数据库：

1）通过车辆种类或电化学体系等对电池包进行分类。

2）基于 5000km 为一个阶段划分各阶段内无报警记录的电池运行数据，建立充电截止电压分类统计标准。

3）基于上述无报警记录、正常运行的汽车采集的数据，构建特征工程。

4）应用机器学习算法技术，建立模型训练并持续更新迭代，从而形成一系列电池健康度特征数据库。

5）在形成特征表征数据库后，可以通过把需要评估的车辆运行数据提取出来，根据车型和电化学体系等分类划分类别，通过计算相同的特征项数值，与特征表征数据库进行比对获得初步分析结果，再结合车辆故障信息等风险数据进行综合评价，从而获取健康度综合评分结果。

用于评价电池一致性及剩余价值的指标如下：

1）极化内阻：车辆充满电时刻电压减去车辆再次上电时的电压差值，以这个差值压降来表征极化内阻。

2）电压一致性：车辆停车熄火时刻单体电压的极值与 SOC 的对应关系。

3）温度一致性：行车过程中温度差最大值；车辆满充结束时温度差值。

4）容量衰退（熄火时刻）：车辆停车熄火时刻单体电压极值与 SOC 的对应关系。

5）容量衰退（停车时刻）：停车 n 小时后，车辆再次点火时刻单体电压极值与 SOC 的对应关系。

6）自放电率（最大电压）：车辆停车 n 天后，车辆再次点火时刻单体电压最大值相对车辆停车熄火时刻的单体电压最大值电压下降的值。

7）自放电率（最小电压）：车辆停车 n 天后，车辆再次点火时刻单体电压最小值相对车辆停车熄火时刻的单体电压最小值电压下降的值。

（2）成果展示

线上评估系统可以形成详细的电池容量、内阻、电压电流、一致性等条目，并且包含电池在服役初期和评估时的实时动态滚动信息。根据检测评估条目的综合评分，最终输出批量化的电池线上评估报告。以线上评估报告为基础，进行后续线下检测。

评估结果的分数定义：

1）90～100 分：车用级别，建议车载使用，性能较好。

2）80～90 分：回收级别，建议梯次利用，价值较高。

3）70～80 分：回收级别，建议梯次利用，价值一般。

4）60～70 分：回收级别，建议线下检测确认，估算梯次利用价值较低。

5）60 分以下：回收级别，无梯次利用价值，建议再生回收。

2.7 本章小结

本章从锂离子动力电池系统的结构与工作原理出发，阐明了现阶段技术背景下动力电池系统存在的安全隐患，基于 NMMP – NEV 平台的实车运行大数据和大量实验数据，深入分析了动力电池系统不一致性表现形式、发展规律及故障模式，并基于 MSNE 算法开展了多种不一致性故障在线诊断的案例分析，阐明了动力电池系统安全性随不一致性非线性扩展的劣化趋势，揭示了安全性与一致性之间的耦合机制，为动力电池系统安全性评估和开发高准确率、高可靠性故障诊断技术提供了数据和理论支撑。

第 3 章
动力电池 SOH 估计与预测

3.1 概述

电动汽车实际运行对电池状态估计的实时性要求较高，如何快速准确地估计动力电池系统的 SOH，并将相应的估计方法进行工程上的推广应用是目前面向实车运行中的动力电池系统健康状态估计亟需解决的一大难题。想要实现面向实车应用的动力电池系统健康状态的精确估计，首先需要解决两个最主要的问题：一是找到一种能够准确评价实车运行中的电池健康状态的评价算法或者健康状态特征值；二是探索一种可以准确适用于实车运行的健康状态估计算法。这两个问题相互关联和促进，共同决定着最终电池健康状态的估计精度。本章概述如图 3-1 所示。

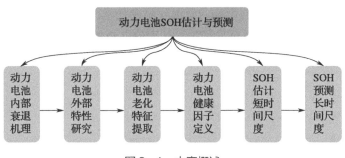

图 3-1　本章概述

3.2 动力电池衰退机理及外特性研究

3.2.1 动力电池衰退机理

虽然动力电池状态估计相关研究已取得了大量的研究成果，并在车载电池管理系统中逐步得到了应用，但是如何实现实车运行过程中高精确度、高稳定性和高可靠性的动力电池系统状态估计仍然是世界范围内的研究热点和难点问题。目前，市场上大多数动力电池管理系统主要是根据其物理模型实现特征状态下以及部分电池状态的估计，比如通过对电池电压和电流的采集实现对电池 SOC 的估计。但是这类方法难以考虑到复杂的动力电池实际运行环境，因此也很难对动力电池系统的整体状态健康状况给予准确的评估。

动力电池系统的 SOH 与其使用时的衰退机理是密不可分的，当锂离子动力电池进行充放电时，其内部时刻发生着一系列复杂的物理化学反应，这些反应会造成电池温度的上升以及电池活性物质的不可逆性的耗损，从而逐渐使电池的充放电效率降低，并最终导致电池容量的快速衰减直至电池失效。近年来，国内外已经有很多学者从电池的衰退机理入手开展了大量的电池 SOH 估计研究，发现影响电池衰退的主要因素可以归结为 SEI 膜（电池充放电过程中的锂离子迁移运动在电池负极表面形成的一层钝化膜）的形成、电池材料内部结构的恶化及环境温度的影响。其中电池材料恶化会随着电池反应不断循环进行，正负极活性物质逐渐脱离电池集流体，同时电解液自身发生氧化并促使电池容量衰减。

3.2.2 动力电池外特性参数及表征方法

在所有的环境因素中，温度对电池的充放电性能影响最大，对电池容量衰退的影响也非常明显。电极/电解液界面被视为锂离子动力电池的心脏，而电池电极/电解液界面上的电化学反应与环境温度密切有关。温度过高或者过低对于实际电池容量的输出都有着非常大的影响。低温环境会使电池内部电极材料的活性降低、电解液的黏度增大、离子扩散难度增加，从而使电池的充放电难度增加。例如，镍镉、镍氢、锂离子动力电池的放电效率在低温环境下会有显著的降低（如低于 $-15℃$），而在 $-20℃$ 时，碱液将达到其凝固点，电池的充电速度也将大大降低。高温环境会使电池的产热速度和产热量增加，从而会破坏电池内的化学平衡，导致副反应加速发生，并最终造成电池有效容量的降低。例如，当锂离子动力电池进行充电、温度升到 $45℃$ 以上时，其材料性能会发生退化，进而导致其循环寿命大大缩短。

此外，影响实车运行中的动力电池系统衰退的因素还有：

1）放电深度与可充电次数。可充电次数和放电深度是相关联的，电池放电深度越深，可充电次数就越少。可充电次数 × 放电深度 = 总充电周期完成次数，而总充电周期完成次数越高，代表电池的 SOH 越好，其寿命也就越高，即可充电次数 × 放电深度 = 实际电池寿命（忽略其他因素的前提下）。

2）过充电、过放电以及大电流充电/放电。任何形式的电池过充电都会严重破坏电池性能，甚至造成电池的热失控甚至爆炸。以锂离子动力电池为例，应尽量避免低于 2V 或 2.5V 的深度放电，否则会使锂离子动力电池发生迅速的不可逆的损坏，可能会引发内部金属镀敷，从而造成电池短路、电池失效或者热失控。

3）车辆长时间停放并处于满电或无电状态。一些笔记本计算机上的锂离子动力电池实验数据表明，经常让电池电压超过标准电压 0.1V，电池的寿命将会减半；提高 0.2V，则寿命缩短至原来的 1/3。同理，对于车用锂离子动力电池，电池充电越满，电池 SOH 的损耗就会越大。此外，电动汽车长期低电量或者无电量的状态则会使动力电池内部电子移动的阻力越来越大，导致电池容量逐渐变小。因此，在车辆需要长时间停放时，锂离子动力电池最好是处于既不满电也不欠电的中间状态，这样才能尽量延长其使用寿命。

3.3　SOH 定义

3.3.1　SOH 定义

目前，电池寿命的测试方案主要基于国际公认的 USABC 和 FreedomCAR 测试手册进行，测试过程基于特定的环境和工作条件进行。混合脉冲功率特性（Hybrid Pulse Power Characteristic，HPPC）测试是目前测试包含欧姆内阻和极化内阻的电池直流电阻的最常用的方法。电池的 SOH 是表征动力电池 SOH 的物理量。当电池的 SOH 不能满足使用要求时，我们认为电池寿命终止，即电池失效。电池 SOH 的标准定义是放电容量与标称容量的比值，从剩余容量的角度定义可以表示为

$$\text{SOH} = \frac{C_{\text{实际}} - C_{\text{终止}}}{C_{\text{标称}} - C_{\text{终止}}} \times 100\% \qquad (3-1)$$

式中，$C_{\text{实际}}$ 为电池的实际容量；$C_{\text{标称}}$ 为标称容量；$C_{\text{终止}}$ 为电池失效时的终止容量，通常为 $C_{\text{标称}}$ 的 80%。

因此，SOH 值越大，表示电池健康状况越好。

3.3.2　SOH 估计与 SOH 预测

电池的老化与多种因素有关，包含内部因素和外部因素，例如电化学特性、制造工艺、使用工况和外部环境。电池老化可以通过容量和内阻两个指标进行表征。剩余使用寿命是指从当前时刻开始，至电池性能无法满足使用要求时所经历的时间或循环周期数。SOH 估计和 SOH 预测都是对电池的老化程度进行表征。二者常用的方法可以大致分为两大类，即基于模型的方法和数据驱动的方法。前者包含有等效电路模型和电化学模型；后者主要有支持向量回归、高斯过程回归、

长短时记忆网络等。区别在于 SOH 估计是使用现有参数对电池当前的老化状态进行表征，而 SOH 预测则通过现有的参数对未来一段时期的老化情况进行预测。

3.4 实车动力电池 SOH 估计

3.4.1 SOH 特征值提取方法

容量增量（Increased Capacity, IC）分析是电池 SOH 估算中必不可少的方法，具有无损和低成本的优点，它是指恒流充放电过程中容量变化与相应电压范围的比值：

$$IC = \frac{dQ}{dV} \tag{3-2}$$

在充放电过程中，电极内部的平衡状态发生变化，这在充电曲线中反映为一个变化柔和的电压平台区域。电压平台区域的特性可以反映电池老化的程度。IC 曲线可以将平坦的曲线转换为易于识别的 IC 峰，并且峰值位置曲线特征已被证明与电池老化相关，而电池老化对于不同类型的电池并不相同。因此，采用 IC 分析进一步分析确定的充电段。

计算 IC 曲线涉及容量和电压。电压可直接从大数据平台获取，容量可通过库仑计数法计算。

$$Q = \int_0^T i(t)\,dt \tag{3-3}$$

式中，Q 为时间间隔内的容量变化；$i(t)$ 为充电/放电电流；T 为时间间隔。

然而，在实际采样过程中，数据是离散的，不能直接计算容量变化。通过将式（3-3）转换，即可计算容量。

$$Q = \sum_0^T \Delta Q = \sum_0^T I\Delta t \tag{3-4}$$

式中，ΔQ 为采样区间内的容量变化；I 为采样区间内的充电电流；Δt 为采样区间。

对于每个充电段，将第一个采样点的初始容量视为零，采样间隔恒定为 10s，则可以通过计算两个采样区间之间的容量变化进而计算总容量。但是由于数据噪声的存在，两个相邻采样点之间的电压变化可能显示为零或负，这将导致计算精确度降低。

为了获得精确的 IC 曲线，对电压曲线进行重采样。将第一采样点的电压设置为初始值，然后沿时间进行遍历，当某采样点与第一采样点之间的电压差大于或等于 0.1V（即大数据平台最高精度）时，将此电压设置为第二值。根据该方法，遍历所有数据以获得重新采样的数据集。图 3-2 显示了一个充电段的电压重采样，可以看出，重新采样后可用点的数量减少，导致 IC 曲线产生波动。因此，通过插值方法进一步平滑 IC 曲线，如图 3-3 所示。

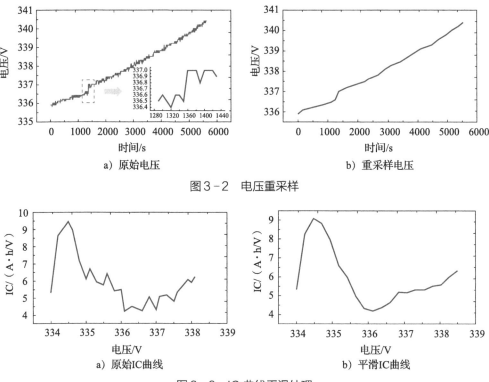

图 3-2　电压重采样

图 3-3　IC 曲线平滑处理

3.4.2　SOH 损耗量提取技术

为了提取老化特性，图 3-4 中以累积里程绘制了所有 IC 曲线。随着里程的增加，每条 IC 曲线的峰值位置在 331～338V 的范围内周期性地移动。此外，峰值在 120000km 后显著下降，这反映了电池容量下降。峰值下降与电池容量下降密切相关，主要反映锂离子流失，这是早期容量下降的主要原因，对应容量范围从 100% 到 85% 或 80%。因此，确定峰值位置周围的间隔以计算区间容量，这可以充分反映电池的健康状况。

$$\begin{cases} \Delta V = V_{t_2} - V_{t_1} \\ V_{t_1} = V_p - \Delta V/2 \\ V_{t_2} = V_p + \Delta V/2 \end{cases} \tag{3-5}$$

式中，ΔV 为峰值位置周围的电压间隔；V_{t_1} 和 V_{t_2} 为电压间隔边界；V_p 为峰值位置的电压值；t_1 和 t_2 是边界的时间。

通过搜索 $331 \sim 338\text{V}$ 范围内每条 IC 曲线的最大值，从而得到峰值，并确定峰值位置。此外，如前所述，ΔV 的测定应覆盖整个 IC 峰值，因为峰值与容量衰减密切相关，最终确定电压间隔为 2V。

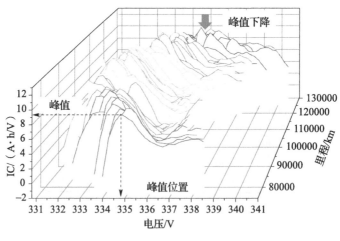

图 3 - 4　IC 曲线

3.4.3　SOH 损耗量估计

基于 Catboost 的 SOH 估计模型，其结构位于梯度提升决策树（GBDT）框架中，优点是可以有效地处理分类特征。基本的 GBDT 模型可以表示为

$$\Pi(x) = \sum_{m=1}^{M} f(x,t) \tag{3-6}$$

式中，x 为预测自变量的集；$f(x, t)$ 为决策树；M 为决策树的数量。

每轮迭代后，将生成一个新的决策树，预测函数表示为

$$L(x,t) = \sum_{m=1}^{M} \beta_m f(x,\alpha_m) \tag{3-7}$$

式中，$L(x, t)$ 为因变量的预测函数；β_m 为分类器的权重；α_m 为分类器的计算因子；$f(x, \alpha_m)$ 为独立的决策树。

此外，梯度的损失函数为

$$L_m(x) = L_{m-1}(x) + \beta_m f(x,\alpha_m) = L_{m-1}(x) + \sum_{j=1}^{J} \gamma_{jm} I \tag{3-8}$$

式中，γ_{jm} 为具有 j 维空间的输入值；$L_m(x)$ 为 $L_{m-1}(x)$ 梯度方向上的损失函数。

基于 GBDT 框架的 Catboost 改进了三个关键点，包括分类特征处理、有序提升和分类特征组合。分类特征通常存在于字符串中，机器学习算法无法使用。在 Catboost 中应用目标统计以将分类特征转换为数值特征。

$$\sigma_{p,k} = \frac{\sum_{j}^{p-1} \left[x_{\sigma_{j,k}} = x_{\sigma_{i,k}} \right] Y_{\sigma_j} + \alpha p_1}{\sum_{j}^{p-1} \left[x_{\sigma_{j,k}} = x_{\sigma_{i,k}} \right] + \alpha} \tag{3-9}$$

式中，α 为大于零的权重。

里程、温度和 SOC 是具有不同单位的不同输入，但模型读取的值是数值形式。因此，不需要特征变换。在 Catboost 中应用有序提升来解决梯度偏差引起的预测偏移问题。该过程包括三个步骤：

1）随机排序训练数据集，并将新集命名为 σ。

2）为每个样本初始化模型 M_i，$M_i = 0$，$i = 0，1，\cdots，n$。

3）对于每个样本 $i = 0，1，\cdots，n$，使用原始训练数据集 $(x_j，y_j)$ 训练下一个决策树 ΔM：$\sigma(j) \leqslant i$，并将结果更新为新模型。

此外，采用均值绝对百分比误差（MAPE）和均方根误差（RMSE）来评估估计精度：

$$\mathrm{MAPE} = \frac{100\%}{n} \sum_{i=1}^{n} \left| \frac{\hat{y}_i - y_i}{y_i} \right| \tag{3-10}$$

$$\mathrm{RMSE} = \sqrt{\frac{1}{n} \sum_{i=1}^{n} (\hat{y}_i - y_i)^2} \tag{3-11}$$

式中，y_i 为实际值；$\hat{y}_i$ 为估计值。

通过上述分析可以计算出在确定的电压范围内区间容量的老化特征。然后，对区间容量与各类车辆运行数据进行相关性分析，确定模型输入。通常，具有高相关性的输入将提高数据驱动模型的准确性。相关分析不涉及车速、电机速度和制动踏板行程值，因为在充电过程中所有这些参数均为零。

此外，所确定的充电段的 SOC 范围导出为开始充电 SOC 和结束充电 SOC。图 3-5 显示了区间容量与每个参数之间的相关结果。最后，根据相关系数选择开始充电 SOC、结束充电 SOC、里程、探头温度和电流。

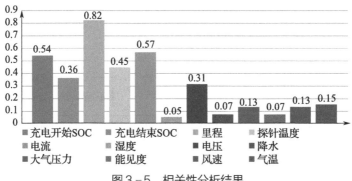

图 3-5　相关性分析结果

3.4.4　SOH 估计结果分析

基于 Catboost 的 SOH 估计模型，讨论了两个关键超参数，包括深度和学习率（LER）。前者决定拟合精度，后者决定收敛速度。基于 Catboost 的 SOH 估计模型的结构位于遗忘树中，深度表示遗忘树的层数。LER 是模型训练中的基本参数，用于确定目标函数是否以及何时收敛到最优值。较小的 LER 会导致模型优化缓慢，较大的 LER 会导致模型在最初快速优化。但是，它会在训练完成时产生较大的波动，从而阻止预测结果接近实际值。根据实证分析，常用和推荐的深度范围为 4 ~ 10，学习率为 1。

本研究采用前 70%（66709.1 ~ 118150km）的充电段来训练模型，最后 30%（118150 ~ 131515km）用于测试估计性能。图 3 - 6 显示了一年中确定的区间容量，可以获得显著的递减趋势，并且递减趋势呈线性拟合。图 3 - 7 显示了在不同深度和 LER 下的估计性能。当深度小于 6 时，模型精度随着深度增加而显著提高；当深度为 6 时，该模型达到最佳精度，MAPE 为 2.75%，RMSE 为 1.15%；当深度超过 6 时，会发生不稳定的变化，表明过度拟合。然后，将深度设置为 6，以分析不同的 LER。当 LER 小于 0.7 时，可以获得显著的改善趋势，并且在 0.7 时达到最佳估计精度，MAPE 为 2.74%，RMSE 为 1.12%。当 LER 为 0.9 时，精度显著降低，表明单步梯度减少太多，模型无法收敛到最优值。最终基于 Catboost 的 SOH 估计模型结果如图 3 - 8 所示。

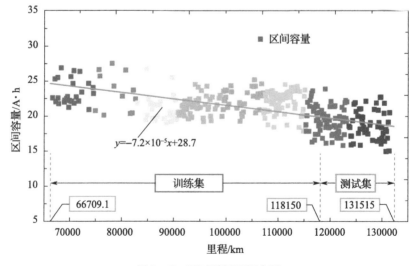

图 3-6　测试数据区间容量

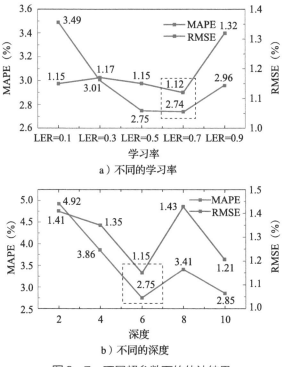

a）不同的学习率

b）不同的深度

图 3-7 不同超参数下的估计结果

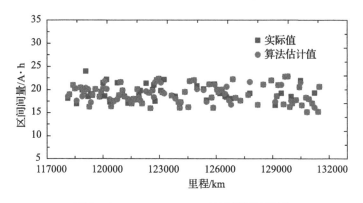

图 3-8 Catboost SOH 估计模型的结果

在本节中，对 Catboost SOH 估计模型与其他常用的机器学习方法进行比较，以评估模型性能，包括线性回归（LR）、支持向量机（SVM）、随机森林（RF）、Adaboost、GBDT 和光梯度增强机（LGBM），如图 3-9 所示。这些方法的训练和测试数据集与基于 Catboost 的 SOH 估计模型相同，以便在相同的条件下进行比较，估计精度结果见表 3-1。Catboost SOH 估计模型的准确性远高于其他机器学习方法。此外，除本文提出的模型外，只有 RF 和 LGBM 实现了 95% 以上（MAPE 分别为 4.29% 和 4.18%）的精确度。

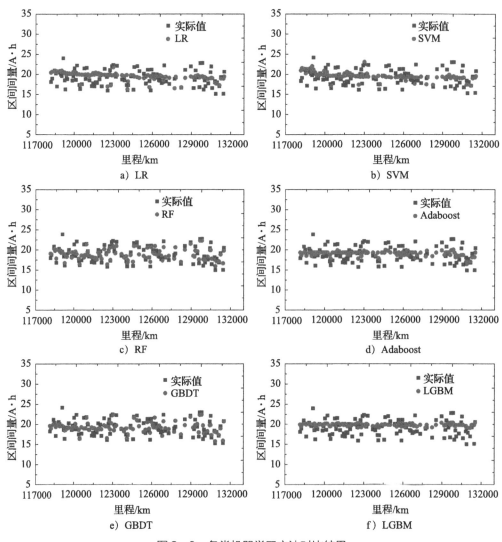

图 3-9　各类机器学习方法对比结果

表 3-1　不同方法的 SOH 估计精度

方法	RMSE（％）	MAPE（％）
Catboost	1. 12	2. 74
LR	1. 85	8. 22
SVM	2. 22	10. 46
RF	1. 26	4. 29
Adaboost	2. 88	7. 53
GBDT	1. 32	5. 25
LGBM	1. 36	4. 18

考虑到采集的数据仅为所研究电动汽车一年的运行数据，第一个确定的里程最少的充电段的区间容量被认为是 100% 的最佳 SOH，然后使用与初始区间容量进行比较的区间容量来评估 SOH。

$$
\begin{cases}
SOH = \dfrac{Q_r}{Q_{ini}} \times 100\% \\[2mm]
Q_r = aQ_{ini}
\end{cases}
\tag{3-12}
$$

式中，Q_r 为实时区间容量；Q_{ini} 为本节初始区间容量；a 为一个评估值，意味着当 Q_r 与 Q_{ini} 相比降低到特定值时，电池不能使用，并且对于新电池，它通常设置为 0.8。

由于保密要求，本研究只能使用一年的操作数据。操作数据不会限制所提出的方法和评估策略，进一步的研究计划如图 3-10 所示。未来，将基于大数据平台构建一个充足的数据库，涉及不同电动汽车的海量全寿命数据。充电子库将根据不同电动汽车的充电功能进一步建设。然后，构建不同的数据驱动的 SOH 估计模型，形成模型库。在出厂测试中，可以获得不同的区间容量，作为新电动汽车的主要参考。早期的充电数据（0 ~ 5000km 或第一年）将被累积起来，以便与数据库进行进一步分析。然后，通过对早期数据和初始测试区间容量的综合分析，确定最终的初始区间容量。

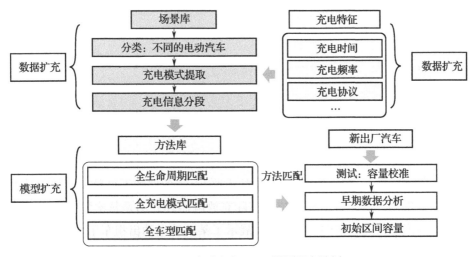

图 3-10　电动汽车 SOH 预测研究计划

3.5　实车动力电池 SOH 预测

3.5.1　老化特征提取

电池寿命的现有测试方案都是基于特定的实验室环境进行的，并且由于实车运行环境的复杂性和强鲁棒性，目前尚未有实现实车运行中电池 SOH 或剩余容量实时精确评价的方法。图 3 - 11 展示了一个 120A·h 锂离子动力电池的容量循环测试结果，当两组新/旧电池在一个周期内以 1C 倍率同时充放电时，旧电池充放电明显快于新电池，且比新电池更早地完全放电；当三节电池分别以 1C 倍率充满并分别以 1C、2/3C 和 2.5C 放电时，放电倍率较高的电池放电较快。此外，电池的容量衰减曲线非常接近于一条稳定下降的直线。

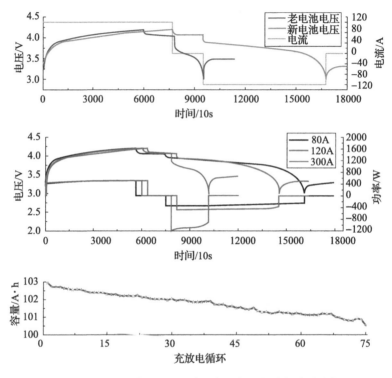

图 3 - 11　基于实验的锂离子动力电池容量衰减实验测试结果

　　然而，实际运行的车辆会受到复杂的道路/天气条件和不可预知的驾驶员驾驶行为的严重影响，且动力电池系统的实际充放电循环并不是每次均满充满放或以固定放电深度进行充放电的。图 3 - 12 展示了某辆纯电动出租车于 2016 年 3 月 26 日全天的电池 SOC、电流和总电压曲线。从图中可以看出，本车当天共有三段行驶阶段和两段充电阶段，充电时既有 16A 的慢充也有 40A 的快充，且充放电深度也各不相同。

　　完成一套完整的电池容量测试或者 HPPC 内阻测试通常需要稳定的实验环境、设定好的充放电工况、较小的采样间隔（通常小于或等于 1s）和较长的测试时间。这些固有因素和实车运行中多种不可忽略的因素共同决定了已有电池 SOH 测试方法无法在一辆实际行驶的车辆上实现：①不同实际行驶/充电循环的动态环境和变

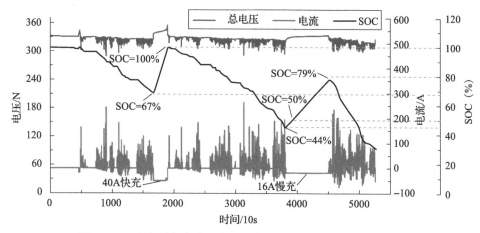

图 3-12 实车动力电池系统一天中的 SOC、电流和总电压曲线

充放电深度均不利于在一个统一标准下获得准确的电池内阻、充电容量或者放电容量。②现有的等效电路模型等电池模型可以完成在实验环境下的电池参数辨识和 SOH 估计，但是在复杂的实际运行环境中，这些模型的建模效果和电池阻抗特性的辨识效果都将大打折扣，使其仍无法在实车上进行应用。③为了减少存储负担，现有的电动汽车运行监控平台通常使用较大的采样间隔，例如本研究中采样间隔是 10s，且今后可能将采样间隔延长至 30s 甚至 1min。实际运行时，电池电流的瞬时变化非常快，即便是在 10s 之内，电池极化电阻也会发生大幅度的波动，因此 10s 或者更大的实际采样间隔使我们难以获得准确的电池内阻值。④在实际的车辆运行过程中，电池 SOH 会受到天气条件、道路条件和驾驶员驾驶行为的严重影响，让现有的基于实验的 SOH 估计算法综合考虑这些因素是不现实的。总之，在实际运行的车辆上难以得到稳定的运行环境，也难以获取如实验研究中的优良数据特征，因此现有的 SOH 估计方法大多局限于实验室研究，仍然难以在实际运行的车辆上发挥作用。

虽然目前已经出现了大量的基于模型和数据驱动的方法，但是基于模型的方法难以准确辨识实际车辆中的电池参数特征，基于数据驱动的方法需要大量的历史数据建模。目前还没有可以实现对实车运行中动力电池 SOH 精确估计的电池老化模型及关键的 SOH 特征参数。基于国家级电动汽车监控管理平台的平台优势，我们可以获得大量的实车运行数据，这就为我们提供了强大的数据支撑和未来开展基于数据驱动的电池 SOH 预测研究的可行性。

针对上述问题，考虑到车辆实际运行数据的复杂性，本节尝试提取出 8 种在实车充电状态下的电池 SOH 特征值，并进行对比分析，以期找到一种潜在的面向实车运行的动力电池系统 SOH 评价方法。

（1）每次充电时的容量增量分析（Capacity Increment Analysis，CIA）

$$SOH_{CIA} = \frac{\int_{SOC_{sc}}^{SOC_{fc}} Idt}{SOC_{fc} - SOC_{sc}} \times 100\% \ (SOC_{fc} > SOC_{sc}) \qquad (3-13)$$

式中，SOC_{sc} 为车辆开始充电时的电池 SOC；SOC_{fc} 为车辆终止充电时的电池 SOC；I 为实时充电电流。

在充电接近 100% SOC 时的恒压阶段，电流衰减和 SOC 校正会造成一定的计算误差，为了过滤掉这些误差，我们采用 80% SOC 作为计算 SOH_{CIA} 所需的最大充电 SOC，并且只取充电 SOC 区间为 50%~80% 的 SOH_{CIA} 作为最终的 SOH_{CIA} 取值。

（2）每次行驶的里程增量分析（Mileage Increment Analysis，MIA）

$$SOH_{MIA} = \frac{行驶里程}{SOC_{ed} - SOC_{sd}} \times 100\% \ (SOC_{ed} > SOC_{sd}) \qquad (3-14)$$

式中，SOC_{sd} 为车辆开始行驶时的电池 SOC；SOC_{ed} 为车辆结束行驶时的电池 SOC。

（3）充电前开路电压（Open-circuit-voltage Before Charging，OBC）

$$SOH_{OBC} = OCV_{bc} \qquad (3-15)$$

式中，OCV_{bc} 为电池开始充电时的开路电压。

（4）充电开始前的电池总内阻（Internal Resistance Before Charging，RBC）

$$SOH_{RBC} = R_{bc} \qquad (3-16)$$

$$R_{bc} = \frac{U_{bc} - U_{bc-1}}{I_{bc} - I_{bc-1}} \times 100\% \qquad (3-17)$$

式中，R_{bc} 为充电开始前最后一帧采样的电池总内阻；U_{bc} 和 I_{bc} 为充电开始前最后一帧采样的总电压和总电流；U_{bc-1} 和 I_{bc-1} 为对应上一帧采样点的总电压和总电流。

（5）充电结束时的开路电压（Open-circuit-voltage After Charging，OAC）

$$SOH_{OAC} = OCV_{ac} \qquad (3-18)$$

式中，OCV_{ac} 为电池充电结束时的开路电压。

（6）充电结束时的电池总内阻（Internal Resistance After Charging，RAC）

$$SOH_{RAC} = R_{ac} \qquad (3-19)$$

$$R_{ac} = \frac{U_{ac} - U_{ac-1}}{I_{ac} - I_{ac-1}} \times 100\% \qquad (3-20)$$

式中，R_{ac} 为充电结束时的电池总内阻；U_{ac} 和 I_{ac} 为充电结束时的总电压和总电流；U_{ac-1} 和 I_{ac-1} 为充电结束时间点的上一个采样点的总电压和总电流。

（7）充电至 SOC = 50% 时的开路电压（OFT）

$$\mathrm{SOH_{OFT}} = \mathrm{OCV_{ft}} \qquad (3-21)$$

式中，$\mathrm{OCV_{ft}}$ 为充电至 SOC = 50% 时的开路电压。

（8）充入 10% SOC 电量所需时间（TTS）

$$\mathrm{SOH_{TTS}} = T_{\Delta 10} - T_{fc} \qquad (3-22)$$

式中，T_{fc} 为开始充电的采样时间；$T_{\Delta 10}$ 为充入 10% SOC 电量时的采样时间。

经过一系列复杂的数据预处理过程，我们从被研究车辆（某款纯电动出租车）的 2016 年全年运行数据中提取了 775 个完整的行驶/充电循环。图 3-13 显示了这些行驶/充电循环中的一些主要参数曲线。

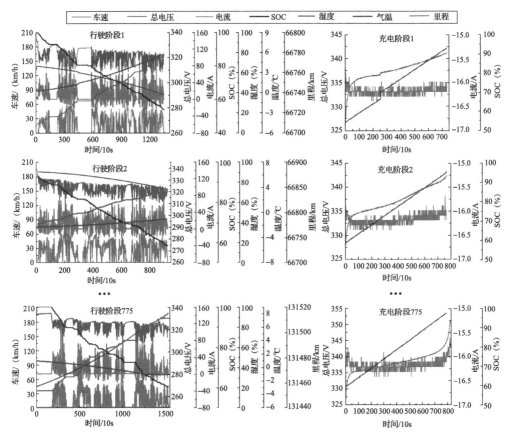

图 3-13　实车行驶/充电循环中的一些主要参数曲线

基于上述 8 种电池 SOH 特征值，图 3-14 展示了被研究车辆 2016 年全部行驶/充电循环的 8 种 SOH 曲线。为了便于观察数据特征的变化趋势，我们同时对 8 条曲线进行了线性拟合，拟合后的趋势线和线性方程式也在图中一并展示。

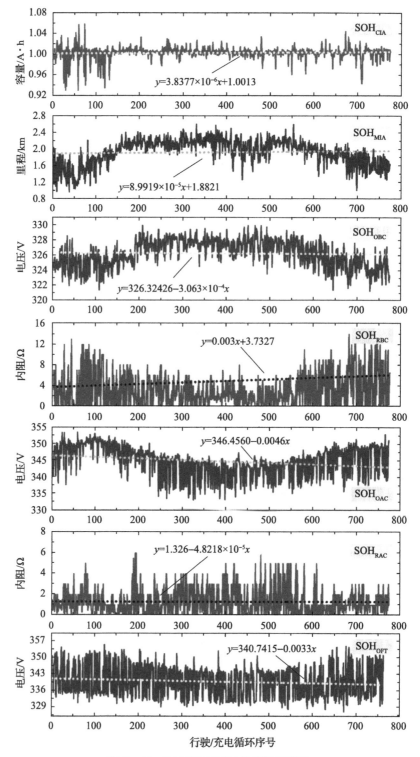

图 3-14　8 种潜在 SOH 曲线及趋势线

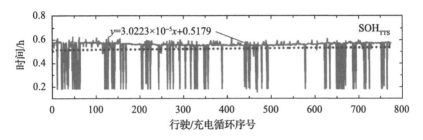

图 3-14　8 种潜在 SOH 曲线及趋势线 (续)

图 3-14 显示，8 种 SOH 曲线都不是光滑渐变的，而是比较剧烈地上下波动，这与车辆实际行驶过程中的实际路况、天气以及行驶特征的复杂性和多变性都密不可分。除了 SOH_{CIA} 曲线和 SOH_{TTS} 曲线之外，其他 6 种 SOH 曲线都有明显的季节特征，冬季与夏季的 SOH 有明显的区别，这种现象应该主要是由环境温度的差别造成的。

图 3-14 中的 SOH_{CIA}、SOH_{MIA}、SOH_{OBC}、SOH_{RAC}、SOH_{OFT} 和 SOH_{TTS} 均没有表现出明显的上升或者下降趋势，其线性趋势线的斜率较小，这与一辆正常的纯电动出租车一年内行驶时间长、SOH 下降快的特征是不相符的。SOH_{RBC} 和 SOH_{OAC} 的线性趋势线分别显示了充电开始前的电池总内阻逐渐上升和充电结束时的开路电压逐渐下降的明显趋势。因此，本节从这二者中选取特征比较明显且目前常用来反映电池 SOH 的电池内阻表征电池的 SOH，以充电开始前的电池内阻 SOH_{RBC} 作为下文中的电池 SOH 衰减特性研究的特征值。

3.5.2　SOH 预测模型

美国国家航空航天局（National Aeronautics and Space Administration，NASA）针对执行长期太空任务需要长寿命电源的问题，在不依靠加速手段的情况下研究了锂离子动力电池的存储日历寿命。因为仿真模拟结果的可靠性相对于太空探索的成本来说要低得多，该测试真正将锂离子动力电池放置在指定温度下搁置了几十个月的时间，并通过定期采集数据观察电池的老化过程，如图 3-15 所示。得出的基本结论是，锂离子动力电池的存储温度越高，电池的容量衰减越快，温度对锂离子动力电池的日历寿命有明显影响。在 20℃ 室温及更低温度储存被测电池时，经历 54 个月后，电池仍然可以获得 90% 以上剩余容量；在 40℃ 和 55℃ 的高温环境存储时，其剩余容量衰减至标称容量的 80% 分别需要大约 8 年和 6 年时间。

动力电池运行安全大数据分析与应用

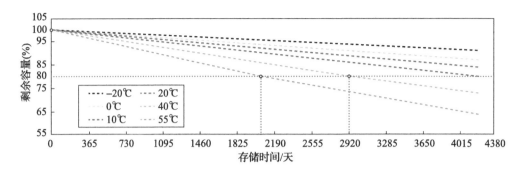

图3-15　锂离子动力电池的存储温度对老化速度的影响

目前大量研究已经表明电池 SOH 与内阻有极强的线性相关关系，并基于此特征开展了大量的电池 SOH 估计研究。面向实车行驶的动力电池系统的 SOH 估计面临着以下难以解决的难题：首先，因为电池的化学反应会随着车辆状态和运行环境发生变化，所以电池容量在车辆的运行过程中是不守恒的，这对我们定量研究电池容量的衰减规律是一个难以克服的难题；其次，环境温度对电池容量的实际表征有着巨大的影响，有时高温环境对电池表征容量上升的刺激效果大于电池自身的老化对电池表征容量的恶化效果，这会使原本一直在衰减的电池 SOH 反而会在表征容量上出现变大的情况。对于本节拟开展的面向实车运行的电池 SOH 衰减规律与车辆使用参数之间的耦合关系研究来说，这一条暂时无法得到的可以准确反应电池 SOH 实际衰减规律的曲线是当前最大的挑战。

为了验证本节提出的 LSTM 方法对于实车行驶的电池 SOH 的估计效果，尝试通过估算得到一条被研究电池的 SOH 近似衰退曲线。从图中可以知道，SOH_{RBC} 的拟合结果可以反映电池的内阻上升和 SOH 衰减，但是由于数据的失真和运行环境的影响，直接使用常用的拟合方法对被研究电池的 2016 年全年的 SOH_{RBC} 数据进行拟合反而不能得到其准确的 SOH 衰减规律，这是由于拟合过程忽略掉了车辆运行过程中的众多使用参数对电池 SOH 的影响导致的。为了使本节估算的 SOH 衰退曲线尽可能接近被研究电池在真实的运行环境下的老化特性，对数据进行如下处理：

1. 估计实车动力电池系统的 SOH 损耗量

为了规避对电池影响力较大的环境温度的影响，将 2016 年 1 月 1 日第一次充电阶段的 SOH_{RBC} 值（3.6532Ω）和 2016 年 12 月 31 日最后一次充电阶段的 SOH_{RBC} 值（6.5247Ω）作为 2016 年全部 775 个行驶/充电循环的充电 SOH 计算的起始点和终止点。这两次充电时的环境温度都是在 -3℃附近（2016 年 1 月 1 日第一次充电阶段平均温度为 -3.14℃，2016 年 12 月 31 日最后一次充电阶段的平均气温为 -3.38℃），如图 3-16 所示。根据控制变量法思想，可以近似认为这两次充电的车辆外界环境是一致的，并且可以忽略气温等环境因素对电池 SOH 表征量的影响。因此，可以得到 2016 年全年共 775 个行驶/充电循环的 SOH_{RBC} 增长量为 2.8715Ω。

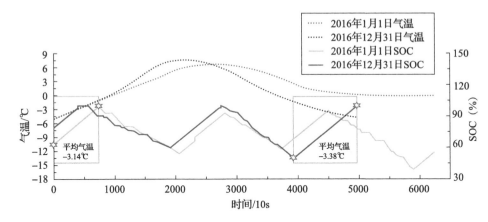

图 3-16 2016 年 1 月 1 日和 12 月 31 日两天的气温和 SOC 曲线

基于上述 SOH_{RBC} 的起始值、终止值以及 2016 年全年的 SOH_{RBC} 增长量，根据对应关系，接下来只需要知道被研究车辆动力电池系统在 2016 年 1 月 1 日的起始 SOH 值，就能够推算出 2016 年 12 月 31 日的终止 SOH 值和这一年时间的 SOH 损耗量。由于目前缺乏能够准确反映实车运行中的电池真实 SOH 的关键特征参数和计算方法，因此本节根据被研究车辆的同车型车辆的大量实际使用数据寻找一种最接近的评价方法。目前纯电动汽车工况续驶里程已经普遍超过 400km，三元锂电池的寿命可达到 10 年及 24 万 km 以上，如北汽 2018 款北汽 EU5 纯电动汽车公开的全生命周期使用寿命为 10 年及 15 万~20 万 km 的总行驶里程。中国汽车技术研究中心有限公司数据资源中心在工信部节能司的指导下，在 2018 年 12 月联合行业企业、有关机构和科研院在天津发布的"中国汽车低碳行动计划"上发布了五款纯电动乘用车车型全生命周期节能环保效果（长安奔奔 EV 2018 款 EV260 豪华型、上汽荣威 Ei5 的 2018 款互联网旗舰版、帝豪新能源 2018 款 EV450 尊贵型、特斯拉 Model3 单电机版和腾势 400 的 2017 款荣耀版），该成果中的五辆车的全生命周期的行驶里程均按 15 万 km 计算。同时，结合本节被研究车型大量实车行驶历史数据，将被研究车辆的动力电池全生命周期内的总行驶里程确定为 15 万 km。该车在 2016 年的起始里程为 64709.1km，因此动力电池的起始 SOH 和基于 SOH_{RBC} 增长的 2016 年电池 SOH 损耗量为

$$SOH_{起始} = 100\% - 64709.1/150000 \times (100\% - 80\%) \tag{3-23}$$

$$\approx 91.37\%$$

$$\Delta SOH = 91.37\% \times 3.6532 \times \left(\frac{1}{3.6532} - \frac{1}{6.5247}\right) \times 100\% \qquad (3-24)$$

$$\approx 40.21\%$$

被研究车型为早期纯电动微型轿车版本，续驶里程较短，且该车型被作为北京市内的纯电动短途出租车的早期试用车型，每天的行驶里程及行驶时间都比私家车要长得多，因此动力电池系统寿命衰减速度较快。此外，通过对照该车型其他已经报废车辆的历史使用周期数据，可以认为 SOH 损耗量的估计值是合理的。

2. 估算环境温度对电池 SOH 衰减速率的影响

根据 NASA 完成的锂离子动力电池存储温度对电池老化的影响研究结果，拟合出锂离子动力电池 SOH 衰减与环境温度的函数关系。根据锂离子动力电池的不同存储温度对老化速度的影响结果，拟合出不同环境温度下电池容量随着存储天数的近似衰减方程。大量统计结果显示，被研究车型平均每天的充电次数大约等于 2 次。因此，根据控制变量思想，在其他参数变量相同的情况下，电池容量随着行驶/充电循环次数衰减的速率近似为其随着存储天数衰减速率的一半，因此可以得出不同恒定环境温度下电池容量随着行驶/充电循环次数的近似衰减方程，如下所示：

$$C_{-20} \approx 100\% - 0.001457n \qquad (3-25)$$

$$C_0 \approx 100\% - 0.001743n \qquad (3-26)$$

$$C_{10} \approx 100\% - 0.001868n \qquad (3-27)$$

$$C_{20} \approx 100\% - 0.002715n \qquad (3-28)$$

$$C_{40} \approx 100\% - 0.003885n \qquad (3-29)$$

$$C_{55} \approx 100\% - 0.004359n \qquad (3-30)$$

式中，C_{-20}、C_0、C_{10}、C_{20}、C_{40}、C_{55} 分别对应环境温度为 $-20℃$、$0℃$、$10℃$、$20℃$、$40℃$ 和 $55℃$ 时的电池容量；n 为行驶/充电循环序号。

然后，对不同环境温度的容量衰减速率分别进行线性拟合和多项式拟合，如图 3-17 所示。通过优化拟合参数，最终得到了一个电池容量衰减速率和环境温度的近似相关关系，近似方程可以表达为

$$\Delta C_T = -2.8545E-10T^4 + 4.5626E-9T^3 +$$

$$1.1093E-6T^2 + 2.6447E-5T + 0.0017 \qquad (3-31)$$

式中，T 为环境温度；ΔC_T 为指在当前环境温度下的容量衰减速率。

从图 3-17 可以看出，电池容量在 $0 \sim 45℃$ 之间的衰减速率较快，而在 $0℃$ 以下低温环境和 $45℃$ 以上的高温环境中的衰减速率都比较低。然而即便如此，面向

实车行驶应用的动力电池系统也不能长时间在这两类容量衰减速率较低的温度环境下工作，因为低温环境下电池材料活性较低，可用容量较低，电池性能较差；高温环境下，电池的安全性无法得到保障。

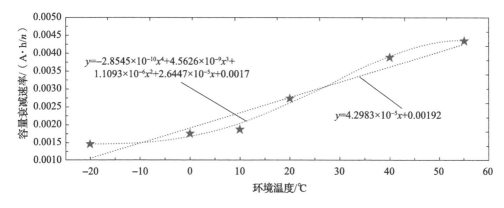

图 3-17　电池容量衰减速率与环境温度拟合曲线

3. 建立面向实车运行的电池 SOH 衰减模型

根据控制变量法，在忽略环境温度影响的前提下，每段行驶阶段的电池 SOH 损耗量与电池运行工况的关系可以由"SOH 损耗量 = 电池实际运行状态 × 电池实际运行时长"来表示。其中，电池运行状态变量众多，而车速是反映驾驶员驾驶行为和电池工作状态的最有效的特征值，因此本节选取平均车速作为一个完整的行驶阶段中的电池平均运行状态的特征参数，从而"电池实际运行状态 × 电池实际运行时长"也可以近似用行驶阶段的行驶里程表示。

基于上述分析，可以得到一个面向实车运行的电池 SOH 衰减模型：

$$\Delta SOH_n = \alpha \Delta M_n \Delta C_T + \sigma_n \tag{3-32}$$

式中，ΔSOH_n 为第 n 个行驶/充电循环的 SOH 损耗量；α 为行驶里程对 SOH 衰减的影响因子；ΔM_n 为第 n 个行驶/充电循环的行驶里程；σ_n 为第 n 个行驶/充电循环的其他车辆运行参数的影响因子，比如最高车速、加速/制踏板开度、放电深度、平均 SOC 及其他一些天气因素等。

由于车辆实际运行过程中影响电池容量衰减的主要因素就是环境温度，为了简化分析，取其他车辆运行参数的影响因子 $\sigma_n \approx 0$。因此，第 n 个行驶/充电循环的 SOH 损耗量 ΔSOH_n 就只与行驶阶段的行驶里程和充电阶段的环境温度有关且成正比关系。虽然对 SOH 衰减的影响因子 α 的真实值尚且未知，但是因为其是一个常数，所以仅通过行驶阶段的行驶里程和充电阶段的环境温度就可以得到所有行驶/充电循环的 SOH 损耗量的相互之间的比例关系。因此，可以得到每一个行驶/

充电循环的 SOH 损耗量的估计值，如下所示：

$$\Delta SOH_n = \frac{\Delta M_n \Delta C_{\bar{T}_n}}{\sum\limits_{i=1}^{775} (\Delta M_i \Delta C_{\bar{T}_i})} \Delta SOH \qquad (3-33)$$

式中，$\bar{T}_n$ 为第 n 个充电阶段的平均气温。

根据上述分析结果，2016 年的 SOH 总损耗量为 $\Delta SOH = 40.21\%$。所有行驶/充电循环的行驶里程和充电阶段平均气温如图 3 - 18 所示。2016 全年平均气温均在 $-20 \sim 40℃$ 之间，行驶里程大多集中在 $40 \sim 150km$ 之内，有少量低于 20km 的短途行驶后充电。

通过计算，得到了 2016 年中所有 775 个行驶/充电循环的 SOH 拟合值和后面 774 个行驶/充电循环所分别对应的 SOH 损耗量的估算值，如图 3 - 19 所示。从图中可以看出，SOH 损耗量和衰减速度较快的点主要集中在气温较高的夏季，相反，冬季的 SOH 衰减速度比较缓慢。这与前文动力电池 SOH 衰退性能与环境温度的相关关系分析结果相吻合。

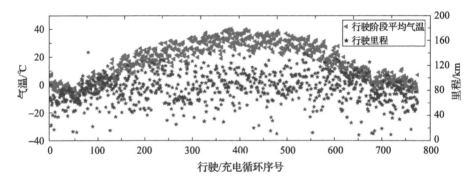

图 3 - 18　所有行驶/充电循环的行驶里程和充电阶段平均气温

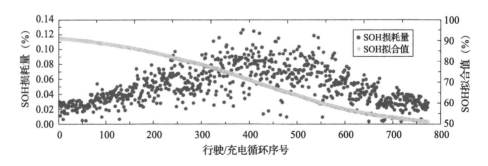

图 3 - 19　行驶/充电循环的 SOH 拟合值和损耗量

3.5.3　使用实车数据的模型验证

目前对于电池 SOH 的评估和预测已经有许多方法，但是这些方法都无法真正地在实际运行的车辆上进行应用，主要有以下几条不可抗拒的难题和挑战：

1）现有的在实验室环境下所开展的动力电池 SOH 的估计研究对于实验环境稳定性有很强的依赖性，且实验结果在实车上的应用效果也尚且没有可实现的技术进行验证。更为重要的是，现在几乎还没有一种有效的 SOH 估计方法能够在实际行驶的车辆上对动力电池系统的 SOH 状态进行精确的实时在线估计。

2）针对电动汽车在实际行驶过程当中的容量估计也是目前亟需解决的一大难题，在实车行驶过程当中无法将车随时停下进行一个类似实验环境的容量测试。其中最重要的一个原因是气温等外界环境因素对于动力电池的 SOH 有很大的影响，但是目前还不知道电池容量与环境温度的准确的函数关系，也无法在实车行驶过程中得到一个稳定的环境温度，因此目前无法在实车行驶过程中实时获取电池系统的 SOH 实际值。

3）外界环境如行驶路况、天气、驾驶员的驾驶行为等因素在车辆实际行驶过程中，对动力电池的 SOH 也具有一定的影响，且这些影响因素在实验环境下是不太可能通过仿真得到的。因此，开发一种考虑到多种外界因素的动态应力影响的面向实车应用的动力电池系统 SOH 实时估计算法，是未来动力电池系统安全管理领域的一个重要课题。

4）现有的常规应用于电池 SOH 估计的方法，尤其是基于机器学习的算法，对输入尺寸的要求一般都是固定的，这也是由网络的结构和参数共同决定的。但是实车的行驶和充电过程不可能像实验室环境中的充放电实验工步那么有可操作性。实车行驶的实际时间和放电深度都是动态多变的，且行驶阶段的天气、路况、驾驶行为也是复杂难测的。因此，要实现某辆车实际的行驶/充电循环的 SOH 损耗量的精确估计，就要先解决行驶阶段和充电阶段的不定长问题。常用的解决方法有两个途径：

①从数据层面进行操作，比如数据对齐。最简单的就是制定一个合适的长度，超出部分截取，不足部分填充。

②从网络结构处理。其实需要真正固定长度输入参数的都是全连接网络，CNN 和 RNN 采用了层间共享参数的设置，可以处理不同长度输入，只是输出长度受输入长度控制。但是我们可以把输出处理成为固定长度以后再送去全连接中训练，全局平均池化层和图像金字塔方法都可以实现这一功能。

方法一比较容易实现，但是可能会损失数据特征；方法二需要自适应网络结构，但是网络结构处理比较复杂，其批次训练也比较麻烦。

目前可变长度输入已经广泛应用于基于机器学习的图像识别、情感识别和医疗领域的疾病诊断等，但是在工程领域的潜在应用价值还没有被有效地开发出来。近年来频发的电动汽车热失控事故使动力电池故障预警的研究迫在眉睫，且复杂多变的行驶状况正是符合变输入长度的变时间尺度特征，因此本节将致力于探索电动汽车动力电池利用变输入长度方式进行 SOH 估计和预测研究。

基于上述分析，本节已经可以得到被研究车辆每个行驶/充电循环的 SOH 损耗量，而实车使用数据及运行环境数据也可以从监控历史数据中获取，因此本节将继续使用 LSTM 神经网络算法来训练和学习每个循环的车辆运行状态与 SOH 损耗量的相关关系。由于 LSTM 神经网络算法具有强大的学习和记忆能力，本节计划以每个行驶/充电循环的 SOH 损耗量为输出、以相应循环中的多种车辆使用参数和运行环境参数为输入进行训练并建立模型。这样就能够实现基于实车行驶环境和行驶特征的 SOH 精准在线估计。

此外，本研究中使用的 LSTM 算法的一大优势就是其能够处理变长序列。在使用 Keras 搭建 LSTM 模型时，如果直接使用 LSTM 层作为网络输入的第一层，需要指定一个输入的大小。如果需要使用变长序列，那么，只需要在 LSTM 层前加一个掩蔽层（Masking 层）或者嵌入层（Embedding 层）即可。使用方法为：首先将序列转换为定长序列，比如选取一个序列最大长度，不足这个长度的序列补 0。然后在掩蔽层中的掩码值中指定过滤字符。在进入 LSTM 层时序列中补的 0 会全部被过滤掉。此外，虽然嵌入层也有过滤的功能，但与掩蔽层不同的是，它除了 0 之外不能指定其他字符进行过滤，并且因为是嵌入式的层，它会将序列映射到一个固定维度的空间中。因此，如果诉求仅仅是如本研究中的让 Keras 中 LSTM 能够处理变长度序列，使用掩蔽层会比使用潜入层更加适合。

本节设计了一种基于 LSTM 的动力电池 SOH 估算器，其原理如图 3－20 所示。

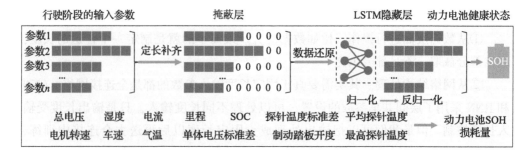

图 3－20　基于 LSTM 的动力电池 SOH 估算器原理

为了实现面向实车运行动力电池系统的 SOH 估计，电池充放电循环就对应为实际车辆的行驶/充电循环，类似于已有的基于实验电池 SOH 估计研究，稳定的充电过程中的 SOH 损耗可以忽略不计并可以用于计算或者提取其所在行驶/充电循环的 SOH 特征值。对于机器学习算法，每段行驶数据就是每次训练和测试的输入，而对应的行驶/充电循环中的 SOH 损耗量就是输出。但是在建立模型之前，首先要面对和解决两个问题：

1）行驶中的 SOH 关联参数众多，如天气因素（气温、气压、降水量、湿度等）和驾驶员驾驶行为因素（车速、加速度等）等。

2）神经网络算法的常规用法是定长度输入进行连续训练或者迭代训练，但是实车运行中每个行驶/充电循环的行驶时间都是不相同的，这也就造成了每次训练的输入长度是不同的，LSTM 算法是无法识别的。

第一个问题在上述的动力电池系统多参数预测中已经描述到了，LSTM 算法可以很好地学习图 3-20 所示的输入参数。针对第二个问题，在对实际行驶/充电数据进行相应的预处理后，可以对 LSTM 进行改进，在 LSTM 层之前加入一个掩蔽层以将序列转换为定长序列，选取一个序列最大长度（根据大量实车数据分析，每两次充电之间，车辆的累积行驶时间不会超过 20h，因此这里的最大长度就定为 20h），不足这个长度的序列补 0。然后在掩蔽层中的掩码值中指定过滤字符 0。在进入 LSTM 层时序列中补的 0 会全部被过滤掉。

3.5.4　SOH 预测结果分析

根据电池多参数预测研究，初选了一组超参数为 Batch size = 16、Epoch = 50，LSTM 网络由 7 层组成：1 个 Masking 层（以 0 补齐），3 个 LSTM 隐藏层（每层 100 个神经元），1 个具有线性激活的密集隐藏 Dense 层，1 个输入层和 1 个输出层。因为这部分对于 SOH 损耗量的训练样本要比上文中的参数预测小得多，因此 Batch size 的取值更小时训练效果可能会更好。当 Epoch = 50 时，将 Batch size 分别定为 5、8、16 时的 SOH 损耗量的估计的平均相对误差分别为 0.2686、0.1503 和 0.1903，因此 Batch size 取值为 8 更为合适。然后，对 Batch size = 8、Epoch = 20 的模型进行训练，最后 50 个循环的 SOH 损耗量预测的平均相对误差为 0.3057，即训练效果不如 Epoch = 50 时好。4 种 Batch size 和 Epoch 组合的 SOH 损耗量的训练效果如图 3-21 所示，最终选择 Batch size = 8 和 Epoch = 50，其 SOH 的训练效果如图 3-22 所示，SOH 预测的平均相对误差为 0.0546%。各种 SOH/RUL 估计研究的对比结果见表 3-2。

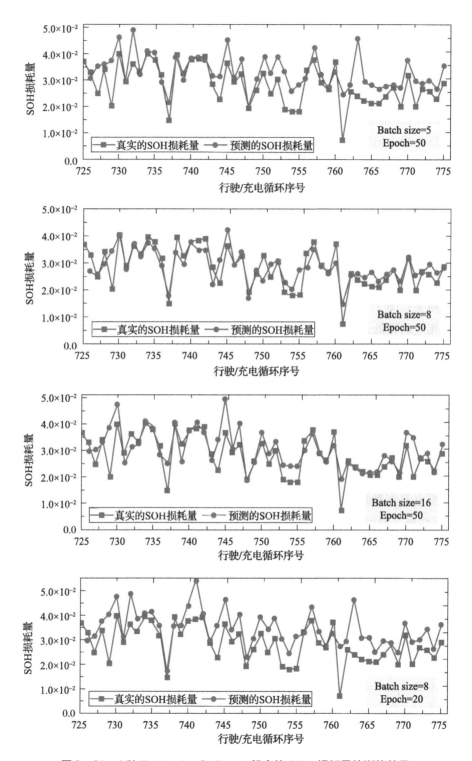

图 3-21 4 种 Batch size 和 Epoch 组合的 SOH 损耗量的训练效果

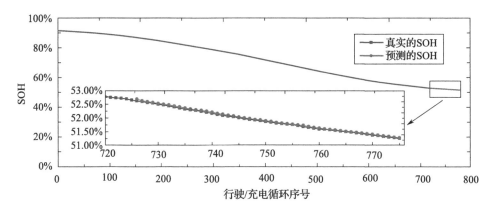

图 3 - 22　SOH 训练效果

表 3 - 2　各种 SOH/RUL 估计研究的对比结果

方法	电池材料	估计目标	处理模式	研究环境	精度
库伦计数	Li-ion	SOH	在线	实验室实验	MRE≤1/%
开路电压	Li-ion	SOH	在线	实验室实验	RMSE≤4
卡尔曼滤波	Li-ion	SOH	离线	实验室实验	MAX = 8.3/%
无迹卡尔曼滤波	Li-ion	SOH	离线	实验室实验	MRE < 0.0161/%
支持向量机	LiFePO$_4$	SOH	在线	实验室实验	MRE < 0.89/%
迭代卡尔曼滤波	Li-ion	RUL	在线	实验室实验	RMSE≤0.14
粒子滤波	Li-ion	RUL	在线	实验室实验	RMSE≤1.857
模糊逻辑	Li-ion	SOH	在线	实验室实验	MAX = 5/%
阻抗谱	Li-ion	SOH + RUL	离线	实验室实验	MRE = 2.1/%
复合高斯回归	Li-ion	SOH	离线	实验室实验	RMSE≤1.5
维纳处理法	Li-ion	RUL	在线	实验室实验	MSE < 1
贝叶斯	Li-ion	RUL	在线	实验室实验	MRE < 2/%
容量增量分析	Li-ion	RUL	离线	电动公交车	MRE = 4/%
LSTM + 粒子群	Li-ion	RUL	离线	实验室实验	RMSE < 3.62
扩展卡尔曼滤波	VRLA	SOH	在线	实验室实验	MAX = 2/%
埃尔曼神经网络	Li-ion	SOH	在线	实验室实验	MAX = 2.3/%
本文中的 LSTM	Li-ion 适用所有电池类型	SOH	在线 动态行驶 为输入	实际行驶车辆	MAX≤0.1323%
					MRE≤0.0546%
				全气候 全状态应用	RMSE≤0.232%
					MSE≤0.0538

本研究提出了一种新的基于变长输入短期记忆神经网络的实际电动汽车电池 SOH 估计方法。回顾了实际电池系统的 8 种 SOH 评估方案,并通过比较分析讨论了它们的可行性,确定了将充电前的内阻作为 SOH 特征值。在此基础上,通过拟合电池 SOH 与气温、里程等相关参数的关系,首次探索并建立了适用于实车运行的近似电池 SOH 退化模型。该模型能够准确估算每个行驶/充电周期的电池 SOH 退化。

3.6 本章小结

通过拟合电池 SOH 与气温、里程等相关参数的关系,探索并建立了适用于实车运行的近似电池 SOH 退化模型,该模型能够准确估算每个行驶/充电周期的电池 SOH 退化。为了得到一个全气候、全状态的模型,推导了一辆电动出租车长达一年的真实运行数据。结果表明,离线训练的模型可以对研究车辆上集成的电池系统进行准确的 SOH 估计。除了可直接测量的电池参数外,一些与天气和驾驶行为有关的参数,以及电池电压和探头温度的不一致,都被添加到输入中,以进行协作培训。在给定足够的输入样本的情况下,训练后的模型不仅可以进行实时的 SOH 估计,而且可以实现驱动/充电循环,从而获得电池的容量退化轨迹。

诚然,要建立一个完善的电池 SOH 在线估计模型,本研究中长达一年的数据集是远远不够的,预处理后的数据可能还会由于采集噪声的影响而存在顽固的误差。此外,面向逐步积累的车辆运行大数据,需要进一步探索电池 SOH 退化近似模型,对各参数的各项系数进行优化,建立的 LSTM 模型的超参数也需要手动/自动优化。因此,我们进一步制定了电动汽车中电池 SOH 在线估计的多阶段研究方案。通过数据扩展和精度优化,可以得到一个全能的通用模型,在实际作业车辆上进行全阶段、全状态、全气候的应用。因此,该方法对实际电动汽车中的电池系统具有更广阔的现实应用前景。

第 4 章
动力电池安全状态预测

 概述

当前，电动汽车动力电池的安全风险是阻碍电动汽车大规模推广应用的重要原因。通过电池管理系统（Battery Management System，BMS）监测动力电池关键参数、提前预警安全风险并采取相应管控措施是提高动力电池安全性的关键手段。安全状态（State of Safety，SOS）预测是 BMS 实现安全功能的基础。SOS 预测所涉及的参数包括温度、电压、SOC、SOP、SOE 等。SOS 预测所使用的参数能够反映动力电池的状态，进而表征常见故障，对动力电池的故障预警有重要作用。本章对上述参数的单独预测进行介绍，并介绍多参数的 SOS 的联合估计方法（图 4-1）。这种 SOS 联合估计方法结合多种数据分析动力电池安全情况，结果更准确。动力电池安全状态预测方法，对电池风险管理和安全应用具有重要意义。

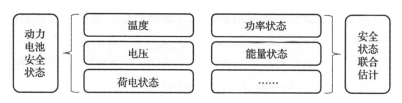

图 4-1　动力电池安全状态估计框架

 动力电池 SOS 预测

4.2.1　温度预测

1. 研究现状

一个准确的电池热管理系统对于动力电池系统至关重要，电池热管理系统的运行效果取决于电池系统设计与电池工作条件。

随着动力电池热失控引起的电动汽车安全事故越来越多，热失控预防受到研究者的关注。然而，现有的关于电池系统热安全的研究主要是基于机理分析和建模，利用实验数据或人为预选的实车运行数据来估计温度。由于数据量的限制和实际操作条件复杂，全气候条件下的实车电池温度预测效果依然不佳。

总体来看，现有方法存在一些严重的缺陷。首先，大多数现有的电池温度预测算法或模型往往为计算密集型，而且受限于实验数据，评估精度较差。其次，这些方法主要基于已知历史数据预测未来的温度趋势或者一个温度值，难以预测潜在的温度异常或热故障。最后，大多数研究在实验环境中进行，鲜有人试图对实际运行车辆进行实时的温度预测或热故障预测，因此电池温度预测方法的稳定性和实用性还需要验证。

随着人工智能和计算机智能的核心技术变得非常先进和稳固，机器学习算法已经逐渐在我们的日常生活中扎根。然而，鲜有研究考虑到了电池温度的预测和电池热故障的预判，尽管基于机器学习算法的各种电池参数的预测研究已经逐渐发展起来，但现有的研究仍然存在以下一些尚未解决的缺点。

1）这些工作大多是在实验环境下的恒定脉冲放电/充电曲线下进行的，因此它们对动态车辆运行中的电池系统的应用效果是不可知的。

2）由于小的输入样本（Input Samples，IS）的限制，现有的方法大多进行在线训练和预测，这将造成大量的计算负担并限制预测效率。

3）现有的研究大多是基于递归神经网络进行的，其长期记忆能力有限。因此，它们只能在短时间内进行准确的参数预测，使得预测窗口长度不足。

4）基于机器学习算法的实车电池故障（如热故障）诊断还没有足够的研究，这不利于机器学习在电动汽车电池安全管理领域的推广应用。

5）目前用于电动汽车热故障预测的深度学习模型缺乏季节性的温度特异性分析。因此，它们很难提取每个季节的详细温度特征。

为了改善上述不足，下文介绍一种采用自注意力机制（Self-Attention Machine，SAM）的电池系统温度预测和热故障预测研究方法。

2. 自注意力机制

RNN 是一类面向时序数据集的模式识别的人工神经网络。然而，标准的 RNN 有一个不可忽视的缺点，即它在反向传播过程中可能会发生梯度爆炸或消失问题。而 SAM 能更好地捕捉到序列中的长期关系。因此，SAM 受到研究人员的广泛关注。本章节介绍的用于温度预测的 SS-ANN 模型包括 GRU-GRU-SAM 架构和 Adam 网络参数优化器。

Transformer 是 Vaswani 等人于 2017 年提出的一种基于 EncoderDecoder 的架构深度学习算法。与 BP、RNN、CNN 等传统深度学习网络相比，Transformer 主要由 SAM 构成，减少了激活函数的使用量，能够并行计算，能更好地从长序列数据中提取特征。SAM 是 2017 年提出的一种数据特征提取算法，具有优秀的位置特征提取能力。SAM 通过全连接层映射原始数据，得到 query、key、value 三个矩阵，将 query 和 key 相乘提取数据之间的关系特征，再与 value 相乘即可得到注意力矩阵。SAM 在机器翻译和语义标注等长序列数据任务上取得了优异的成绩，是近年来自然语言处理领域的重点研究方向之一。

3. 全气候覆盖的温度预测方法

与传统参数预测方法和深度学习方法相比，本节中提出的模型具有以下独特的优势：一方面，RNN 基于循环结构，后输入的数据的信息会覆盖前面的数据，导致长期数据提取能力低。另一方面，SAM 的结构决定了它对数据信息的提取与位置无关，因此在结构上避免了 RNN 中存在的长程注意力不足问题。

螺旋式自注意神经网络（Spiral Self-Attentive Neural Network，SS-ANN）的网络结构如图 4 - 2a 所示，可以看出，该网络由两个 GRU 层和一个 SAM 层组成。来自 GRU 层每个周期的中间数据传递到网络的下一层作为输出。在通过两个 GRU 层后，数据被传递到 SAM 层。SAM 层通过其更好的长程数据处理能力整合 GRU 的输出数据。

为建立基于 SS-ANN 的温度预测模型，本节采用了 Keras 这一易于使用的神经网络框架。在 Keras 训练 SS-ANN 时，使用机器学习应用最广泛的 Adam 优化器。与其他优化器相比，Adam 不仅善于处理稀疏梯度，也善于处理非平稳目标，且对处理内存的需求较小，比其他学习器更适用于大数据集。

电池温度的异常波动与热故障直接相关，因此电池热故障预测可以转化为温度预测的问题，建立精确模型，预测未来电池温度。通过本节提出的 SS-ANN 获得"精确模型"，图 4 - 2b 展示了构建 SS-ANN 模型的特点和整个过程。该网络通过批量的数据训练。Adam 优化器可以用来替代传统的随机梯度下降优化器，根据训练数据迭代更新网络权重。构建的 SS-ANN 拥有强长程特征提取能力，可以准确预测电池温度，不受离线训练过程的影响。在对所有探针进行训练后，一个通用的模型就可以用来进行在线温度预测了，预测范围可以根据预期车辆的要求灵活调整。最后，参照基于电池性能设置的安全阈值，可以根据预测值是否超过安全阈值来预判电池系统的热故障。

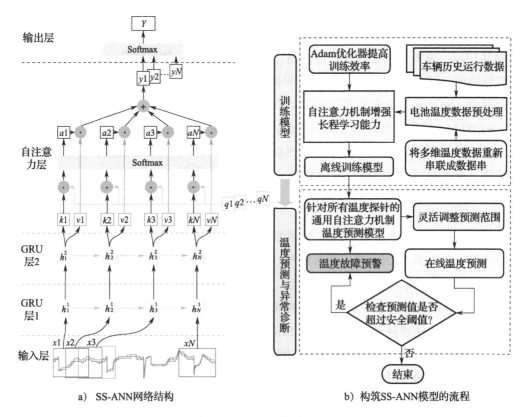

a) SS-ANN网络结构   b) 构筑SS-ANN模型的流程

图4-2 温度预测方法结构

4. 数据预处理

实车的车辆运行数据来源于政府级新能源汽车大数据平台。通过车云之间的通信，平台可以获得被监测车辆的运动信息和关键部件的状态，采样间隔为10s。所研究的车是一辆电动出租车，配备了18650 锂离子动力电池组，总能量为29.1kW·h，额定电压为326V。此外，还有16 个温度探针（探针1~探针16）分布在电池组内部和外部。温度探针的分布如图4-3a 所示。

为了获得全气候应用模型，得出所研究车辆在2016 年的全年数据作为 IS。2016 年的探针温度（用探针1 的温度表示）和空气温度曲线如图4-3b 所示。可以看出，从4—10 月，探针温度和空气温度的范围是相同的。然而，在11 月、12 月以及1—3 月，北京的空气温度相对较低，偏离了电池系统的适宜工作温度，所以这两条温度曲线之间存在明显差异。此外，由于需要保护电池组和车体，探针温度常年保持在0℃以上。

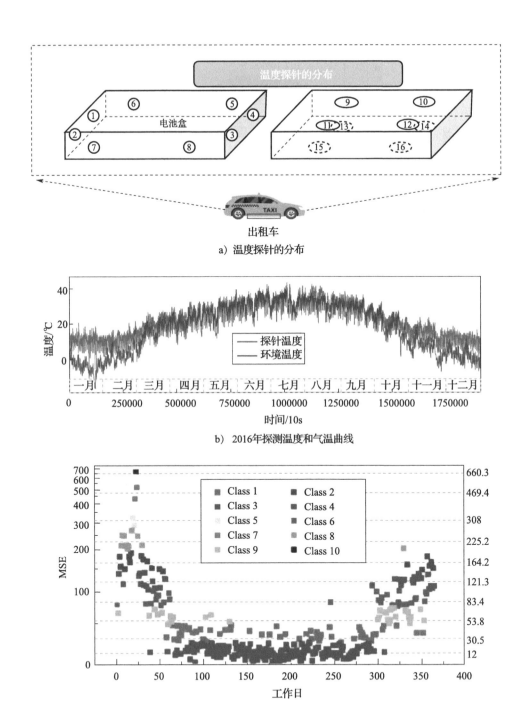

a）温度探针的分布

b）2016年探测温度和气温曲线

c）MSE的K-Means聚类结果

图 4-3　温度数据的获取与分析结果

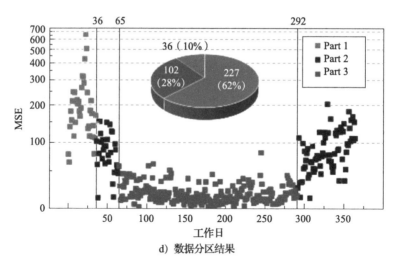

d) 数据分区结果

图 4-3 温度数据的获取与分析结果（续）

数据被分为 3 个部分，以方便根据探针和空气温度的差异程度进行模型训练。使用每一部分的数据分别训练模型。具体来说，在 2016 年的每一天都获取探针温度和空气温度数据，并计算均方误差（Mean Square Error，MSE）。MSE 的计算可使数据差异明显展现，因此选择 MSE 来评估数据差异。之后，利用 K - Means 将MSE 聚类为 10 个部分，图 4 - 3c 显示了 MSE 的 K - Means 聚类结果。可以看出，5、7、8 和 10 类构成了 MSE 值大于 200 的第一部分。第一部分的工作日集中在1~27 天之间。第二部分由 2、3、6 和 9 类组成，MSE 值在 50~200 之间，工作日集中在 1~65 天和 292~365 天之间。剩余的 1 类和 4 类构成了最后一部分，探针温度与气温大致重叠，工作日在 66~291 天之间。考虑到上述分析，每个模型的训练数据不应该太少，而日期应该作为划分的基础。这些数据被分为 3 个部分，如图4 - 3d 所示，每一部分的数据至少包括总数据的 10%。

在机器学习算法中，数据集通常被分为 3 个子集：训练数据集、验证数据集和测试数据集。训练数据集用于调整模型的可训练参数，验证数据集用于确定适当的超参数设置，它用于选择迭代模型中的最终模型，测试数据可用于评估模型的训练质量。为了保证训练后模型的稳定性和可重复性，本研究进行了 10 倍交叉验证，训练数据集、验证数据集和测试数据集分别占据了整个 IS 的 80%、10% 和10%。为了评价预测性能，本节采用平均相对误差（Mean Relative Error，MRE）来评价每次交叉验证时测试数据的预测结果。完整训练和测试的最终 MRE 是 10 次交叉验证的平均 MRE，MRE 的公式可以表示为

$$\text{MRE} = \frac{1}{n} \sum_{i=1}^{n} \frac{|\hat{T}_1 - T_i|}{T_i} \times 100\% \qquad (4-1)$$

式中，n 为测试样本的数量；$\hat{T}_i$ 和 T_i 分别为电池系统的预测温度值和实际温度值。

5. 超参数选择

当 IS 非常大时，训练模型将需要很长时间，而在短时间内将所有模型参数调整到最佳状态是很有挑战性的。因此，有必要根据经验先确定一组超参数。然后，通过参数优化可以得到一个优化模型。为了减少超参数优化过程中模型训练时间，模型的超参数可以通过网格搜索来优化。确定 2016 年 2 月的一个月的温度数据为初始 IS，2017 年 2 月 8 日的一天数据作为测试数据。

一般来说，为了避免神经网络模型的计算量过大，建立一个普通的神经网络不需要超过 3 个隐藏层。为了验证不同隐藏层数的 SS – ANN 的训练效果，计算一个和两个 GRU 层分别与一个 SAM 层构成隐藏层时的平均验证集损失。结果表明，3 个隐藏层可以获得最低的平均验证集损失。同时，当 epoch = 50 时，平均验证损失可以最终收敛到一个稳定的最小值。

此外，在机器学习过程中，还需要像 epoch 和批量大小（Batch Size，BS）这样的术语。epoch 意味着整个数据集从前面到后面通过 SS-ANN，而 BS 意味着一个批次中训练实例的数量。此外，不同窗口的大小将在训练模型中发挥关键作用。训练窗口大小（Training Window Size，TWS）表示了每个输入训练样本的数量；预测窗口大小（Predicted Window Size，PWS）决定了每个训练窗口预测样本的数量。为了学习更多的历史信息，提高模型的准确性，在离线训练模型的过程中，采用了滑动窗口（Sliding Window，SW）技术。根据本文的研究目标，一组超参数被初步确定为：epoch = 50，BS = 128，IS = 1 个月的数据，TWS = 360（1h 的数据），PWS = SWS = 6（1min 的数据）。SS – ANN 由 6 层构成，即 2 个 GRU 隐藏层（每层 100 个神经元），1 个 SAM 层，1 个线性激活的密集隐藏层，1 个输入层和 1 个输出层。

6. 超参数优化

训练窗口可以通过 SW 技术进行迭代训练，从而使 SS – ANN 可以学习到更多的历史温度信息。在确定初始超参数的基础上，通过分别调整 TWS、PWS 和 SWS 的大小，同时保持其他参数不变，来进行人工优化。窗口大小 = {1、6、30、60、90、120、150、180、360} 分别代表 10s、1min、5min、10min、15min、20min、25min、30min 和 1h 的数据量。通过 10 倍交叉验证，得到了同一测试数据上不同窗口和大小的 MRE，如图 4 – 3a 所示。

图 4 – 3a 显示，随着 PWS 和 SWS 的增加，MRE 明显增加，但在 TWS = 6 之后，不同 TWS 的 MRE 没有明显增加或减少。理论上，TWS 只有在 TWS > PWS 时才能支持预测，这意味着每次预测的数据量要小于训练的数据量，所以当 TWS 太

小时，如 TWS = 1 和 TWS = 6，TWS 不能支持目标预测。此外，TWS 对 SWS 和 PWS 的调整具有决定性意义，因为它决定了每次训练的数据量，而且它不能太小，以便灵活选择 PWS。因此，TWS 最终被确定为 360，这意味着 1h 的数据。

原则上，更大的 SWS 将导致每次训练的可用历史信息减少，反之亦然，所以 MRE 随着 SWS 的增加而逐渐增加，如图 4 - 4a 所示。然而，当 SWS = 1 时，它的计算量很大，需要更多的计算时间，所以在本节中 SWS 被确定为 SWS = 6。此外，关于恒定的训练样本，较长的预测范围将遭遇更明显的学习困难，所以较小的 PWS 将实现更高的预测精度。然而，当一个电池系统在下一个 PWS 中发生温度异常或热故障，且当 PWS 较小时，驾驶员和乘客可用的时间将不足以脱离危险。因此，应根据预测精度要求和未来预测窗口长度灵活地确定 PWS。

图 4 - 4b 展示了不同 IS（2016 年的 1 年数据、2016 年 2 月的 1 个月数据、2016 年 2 月第一周的 1 周数据和 2016 年 2 月 7 日的 1 天数据）的 MRE。当 IS 增加时，MRE 有明显的下降趋势，当 IS = 1 年数据时，MRE 远低于其他 IS 的数据。通

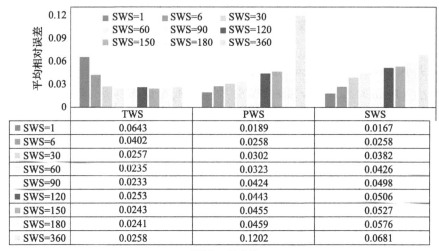

	TWS	PWS	SWS
■ SWS=1	0.0643	0.0189	0.0167
■ SWS=6	0.0402	0.0258	0.0258
■ SWS=30	0.0257	0.0302	0.0382
SWS=60	0.0235	0.0323	0.0426
SWS=90	0.0233	0.0424	0.0498
■ SWS=120	0.0253	0.0443	0.0506
■ SWS=150	0.0243	0.0455	0.0527
SWS=180	0.0241	0.0459	0.0576
SWS=360	0.0258	0.1202	0.0681

a）不同窗口尺寸的 MRE

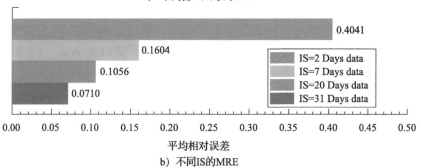

b）不同 IS 的 MRE

图 4 - 4　超参数优化过程

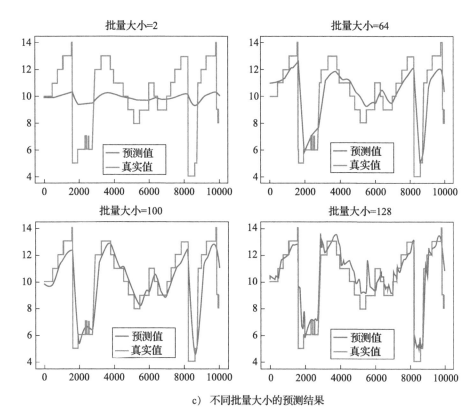

c) 不同批量大小的预测结果

图 4-4 超参数优化过程（续）

过计算，虽然不同 IS 的训练时间长度存在明显差异，但无论训练样本有多大，测试数据都是 3s，这比采样间隔（10s）小很多。此外，这只是在本工作中有限的计算机配置条件下得到的，所以本节提出的技术可以通过离线模型快速实现在线温度预测。为了实现对电池温度的全气候预测，1 年的数据是本节中最合适的 IS。

在调整模型参数时，抑制注意力机制的过拟合问题是影响模型训练效果的关键。而在模型的超参数中，批量大小对模型过拟合程度的影响最为明显。图 4-4c 显示了批量大小为 2、64、100 和 128 时的模型预测结果。观察到当批处理量为 2 时，模型的预测结果是分布在真实值平均值附近的一条直线，而这种现象随着批量大小的增加而减少。这是因为批量越小，每个 epoch 的训练批量就越多，而过多的训练批量会在前几个 epoch 中造成严重的过拟合问题，使模型的预测结果向训练数据的平均值倾斜。因此，在后续的训练中，选择了 128 个批量规模。

在图 4-4c 中，真实值呈阶梯状，而预测值呈连续弯曲曲线。原始采集温度只存储为整数，数据的颗粒度较大，本身就存在较大的误差和细节信息遗漏。模型用小颗粒度的数据来预测温度，尽可能多地保留了温度渐变细节。

7. 预测结果与讨论

图 4 - 5a 显示了超参数优化前后的训练损失和验证损失，这表明模型的损失较小且平稳，没有过度拟合。此外，图 4 - 5a 还表明，初始的 epoch 也足以使模型的损失最小化和稳定化。图 4 - 5b 和 4 - 5c 显示了基于 10 倍交叉验证的测试数据在优化前后探针的温度预测结果，表明所研究的车辆在 2017 年 2 月 8 日只进行了一次驾驶和一次充电。优化前和优化后的 MRE 分别为 1.82% 和 0.95%。图 4 - 5b 中优化后的温度预测值比图 4 - 5c 中优化前的温度预测值更接近于实际温度值。因此，在优化超参数后，SS - ANN 模型具有更好的预测效果。此外，图 4 - 5b 和图 4 - 5c 还表明，优化后的绝对误差更接近于零，预测结果比优化前更趋于准确和稳定。

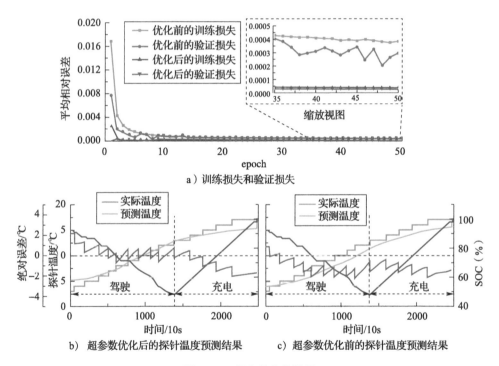

a）训练损失和验证损失

b）超参数优化后的探针温度预测结果 c）超参数优化前的探针温度预测结果

图 4 - 5 超参数优化结果

通过在三部分数据中分别获得 10000 数据点，来验证模型的预测能力。验证结果如图 4 - 6 所示。图中的红色实线代表预测温度和绝对温度之间的绝对误差，红色虚线代表完整数据段的平均绝对误差（Mean Absolute Error，MAE）。对于每一段数据，相应的 SS - ANN 模型分别达到了 0.812℃、0.395℃ 和 0.646℃ 的最佳 MAE。模型 1 温度预测的精度明显高于其他模型使用第 1 部分数据的预测精度，这表明分区模型学习了相应数据的重要特征，对相关部分数据有较高的预测精度。

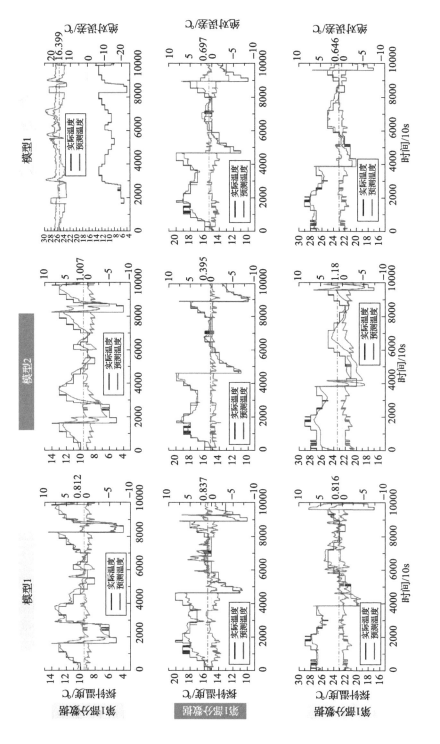

图4-6　三个SS-ANN模型分别使用各部分数据的预测结果

8. 稳定性和鲁棒性验证

为了验证 SS - ANN 模型在不同应用环境下的稳定性和鲁棒性，分别取 2017 年其中 4 天（4 月 1 日、7 月 1 日、10 月 1 日、1 月 1 日）的温度数据作为四季的测试数据，进行对比。图 4 - 7 显示了 4 个季节预测前后的温度曲线，其 MRE 分别为 0.19%、0.17%、0.24% 和 0.71%。图 4 - 7 显示，SS - ANN 模型在全气候应用中具有良好的通用性能。此外，春、夏、秋三季的预测效果均优于冬季。因为北京冬季的室外低温与电池系统的适当工作温度范围相距甚远，工作环境比较恶劣，与其他季节相比，冬季探针温度值的预测更具挑战性。

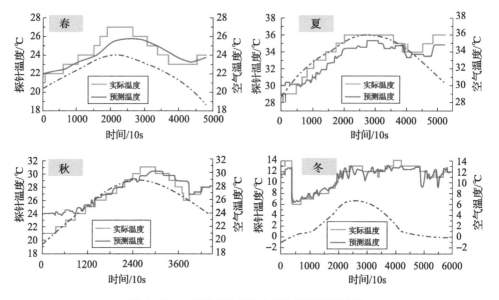

图 4 - 7 四季的真实温度曲线与预测温度曲线

9. 优越性和灵活性验证

较小的预测 MRE 和较短的预测时间（Prediction Time，PT）会产生更好的预测效果，为了验证该方法的灵活性，我们利用预测精度和 PT 之间的关系，将预测灵敏度（Prediction Factor，PF）作为预测性能的指标，以 PWS = 1 时的 PF 为基准，如式（4 - 2）所述。当 TWS = 360、SWS = 6 时，我们计算了不同 PWS 的 PF，详见表 4 - 1。表 4 - 1 显示，不同 PWS 的 PF 值没有显著变化，当 PWS 增加时，PT 没有发生明显的变化，但随着 PF 逐渐减小，预测效果变差。因此，为了获得良好的预测效果，我们可以根据 PF 的要求来确定预测的水平线，在满足 PF 需求的情况下，预测时间越长，预测的温度特征就越多。一旦电池系统未来可能出现温度异常，可以防止发生电池故障，甚至热失控，为驾驶员和乘客的安全提供更及时的保障。

$$PF = \frac{PT}{MRE \times PF(1)} \qquad (4-2)$$

式中，PF（1）为 PWS = 1 时的 PF。

表 4 - 1　TWS = 360 且 SWS = 6 时不同 PWS 的 PF

PWS	MRE	PT/s	PF
1	0.0189	6.5152	1.0000
6	0.0258	6.5235	0.7335
30	0.0302	6.4645	0.6210
60	0.0323	6.5225	0.5858
90	0.0424	6.5524	0.4483
120	0.0443	6.5332	0.4278
150	0.0455	6.4888	0.4137
180	0.0459	6.4464	0.4074
360	0.1202	6.5586	0.1583

4.2.2　电压预测

为了达到所需的电压和容量，常将一组电池组分别以串联或并联的方式连接起来。由于老化过程或在实际操作中过度使用，每个电池单体或相关附件均可能发生各种故障。如果故障不加控制，将严重影响电池的安全性，在某些极端条件下甚至会导致电池系统热失控。目前已有许多研究表明，电池故障会导致各种电压异常。典型的电压异常可归纳为过电压、欠电压、过电压变化率和电压一致性差四类。例如，过电压可能意味着电池系统存在过电充或充电保护电路失效的故障；欠电压代表电池系统可能存在过放电或内部短路的故障。此外，电压异常往往意味着可能会遭遇更严重的故障。因此，及时、准确地预测车辆运行过程中的电压异常，对防止电压故障具有重要意义。这也意味着需要一定的人工干预来识别电压异常带来的潜在问题，如实时监测和准确预测电池电压等，以保障车辆的安全运行。

1. 研究现状

众所周知，许多电池故障会引起电压异常，或由电压过电压、欠电压或电压一致性差等异常引起。通常，显式电压异常可能表明已发生或将形成更严重的内部电池故障，如内部短路和电极结构故障。近年来电动汽车频繁发生的热失控事故引起了人们对电池故障预测的广泛关注，但对电压异常预测的研究却很少。以往对电池管理系统的电压异常的研究仅限于对电压传感器故障的研究，而对电压异常与电池其他性能之间的联系缺乏深入的分析。

此外，基于改进 Shannon 熵的电压故障诊断方法只能基于当前电压放大一个较小的异常电压，但是不能准确地预测未来的电压。

机器学习算法已经在我们的生活中广泛应用。它的应用横跨人工智能的所有领域，它的许多应用的进步可以归因于人工神经网络。近年来，神经网络在电动汽车或电池管理系统领域的应用研究逐渐增加；它们大多集中于对电池 SOC、SOP、SOE 或 SOH 的估计。

2. LSTM 神经网络

LSTM 网络是 RNN 的一种。RNN 是一类面向序列数据集模式识别的人工神经网络，它能够用于模拟时间或序列依赖的行为，如语言、股票价格、电力需求等。除了这些应用之外，RNN 还用于处理时间序列数据。然而，普通的 RNN 不能忽视其长程依赖的缺点，梯度在反向传播过程中经常发生爆炸或消失。LSTM 在捕获序列中的长期依赖关系方面取得了较好的效果，因此在很多研究领域得到了广泛的应用。

当我们将 LSTM 应用于电池电压预测时，训练网络的典型数据集为：$DS = \{(IU_1, OU_{1*}), (IU_2, OU_{2*}), \cdots, (IU_n, OU_{n*})\}$。式中，$OU_k$ 为时间步长 k 时的实际电压值，IU_k 为同一时间步长时的输入。LSTM 电池电压预测器的网络示意图如图 4 - 8 所示。i_t、o_t、f_t 和 c' 分别为输入门、输出门、遗忘门和存储单元。在训练过程中，输入、输出和遗忘门允许 LSTM 将新信息遗忘或写入存储单元。

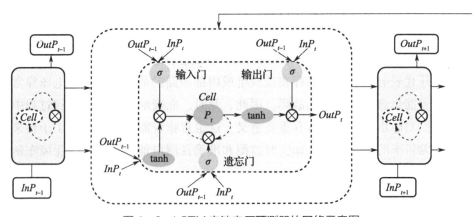

图 4 - 8　LSTM 电池电压预测器的网络示意图

建立的电池电压预测器 LSTM 网络取代了标准的神经网络层。为了构建基于 LSTM 的电池电压预测模型，Keras 是一个易于使用且功能强大的神经网络框架，它与配备 Intel （R） Core （TM） i7 - 6700HQ CPU、20 GB RAM 和 4 GHz 独立显卡的

ThinkPad S5 笔记本计算机结合使用。Keras 是一个高级神经网络应用程序编程接口，是用 Python 编写的，能够在 TensorFlow、CNTK 或 Theano 平台上运行。在每一次前向传播结束时，LSTM 的预测电压与实际电压之间的损失值通过以下损失函数计算。

$$\text{Loss} = \sum_{t=0}^{N} \frac{1}{2} (VOL_t - VOL_t^*)^2 \qquad (4-3)$$

式中，N 为序列长度；VOL_t 和 VOL_t^* 为时间步长为 t 时的预测电压值和实际电压值。

当训练数据集被输入 LSTM 网络时，前向传播开始，并在每个时间步生成电压预测后结束，同时计算总体损失。然而，当 Keras – LSTM 配置训练过程时，优化器是通过更新网络的权重 W 和偏差 b 来确定编译效果的最关键组件之一。目前广泛使用的优化器有 SGD、Adagrad、Adam、Adamelta、RMSprop、Nadam、Adamax 等。其中，最常用的优化器是 Adam。因此，我们使用 Adam 作为优化器，根据损失函数的梯度更新 W 和 b。Adam 的网络参数（权重和偏差）更新如下：

$$m_t = \mu\, m_{t-1} + (1-\mu) g_t \qquad (4-4)$$

$$q_t = v\, q_{t-1} + (1-v) g_t^2 \qquad (4-5)$$

$$\hat{m}_t = \frac{m_t}{1-\mu^t} \qquad (4-6)$$

$$\hat{q}_t = \frac{q_t}{1-v^t} \qquad (4-7)$$

$$W_{t+1} = W_t - \frac{\hat{m}_t}{\sqrt{\hat{q}_t + \epsilon}}\, \alpha \qquad (4-8)$$

式（4-4）~式（4-8）中，m_t 和 q_t 分别为梯度的一阶矩估计和二阶矩估计，可以认为是期望的预测 $E\,|g_t|$、$E\,|g_t^2|$；$\hat{m}_t$，$\hat{q}_t$ 为 m_t 和 q_t 的修正，可以看出这种直接的梯度估计可以根据梯度进行动态调整，通过 $-\dfrac{\hat{m}_t}{\sqrt{\hat{q}_t + \epsilon}}$ 可以形成学习率的一个范围明确的动态约束。

通过反向传播，该网络可以自动调整其权重，大大改善了传统电压预测方法，后者需要构建电池模型，耗时耗力。

当使用有限的数据集来优化 LSTM 网络学习时，迭代过程中会伴随梯度下降。因此，使用单次传播或一个周期来更新权重是不够的。网络权重会随着周期数的增加而变化，预测曲线会从欠拟合到最优再到过拟合。已有文献提出了一些防止神经网络过拟合的相关技术。在之前的技术中，L1 和 L2 正则化是两种最常用的方法。然而，这两种方法都在损失函数中添加额外的项来正则化学习权重。L1 正则化是所有网络权重之和，L2 正则化是所有权重平方和。为了解决这个问题，Srivastava 等人提出了一种更有效的 dropout 技术，即在训练过程中从网络中随机丢弃神经元。但是这种 dropout 方法也有一个重要的问题，就是只有随机留存下来的神经元组成了不完整的网络，每个不完整的网络对特定神经元权重的敏感性较低。这将导致一个更弱的网络来预测输出电压。

针对上述问题，本节提出一种防止 LSTM 过拟合的 pre-dropout 技术。通过天气 – 车辆 – 驾驶员结合分析的方法，指定最合适的参数作为输入。该技术将在数据预处理部分详细描述。图 4 – 9 显示了有 dropout 和没有 dropout 的神经网络模型。如图 4 – 9c 所示，通过聚类提出的 pre-dropout 技术，不仅可以有效地挑选出有利的参数，而且可以最大限度地保留有利于预测结果的神经元和连接。因此，使用这种 pre-dropout 技术可以获得更好的训练和预测效果。

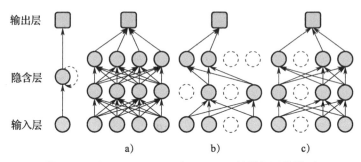

图 4 – 9 有 dropout 和没有 dropout 的神经网络模型

3. 基于 LSTM 神经网络的电压预测

在以上介绍的基础上，所开发的 LSTM 电压预测模型主要包括 4 个部分：多对一 LSTM 结构、采用 Adam 方法的网络参数优化器、充电/驱动状态分离的多输入参数（MIP）技术以及防止 LSTM 过拟合的 pre-dropout 技术。与传统的参数预测方法和深度学习网络结构相比，本节提出的 LSTM 模型具有以下优点：

1）首先，传统的基于批处理梯度下降或随机梯度下降的深度学习网络训练算法收敛速度太慢，无法收敛到正确的网络权重，不适用于电池系统电压在线预测。LSTM 是 RNN 的一种罕见变体，它继承了大多数 RNN 模型的特点。它很好地解决了梯度反向传播过程逐渐减小所引起的梯度消失问题，具有比标准 RNN 更高效的处理效果。因此，LSTM 非常适合处理与时间序列高度相关的问题，比如本节研究的问题。

2）其次，LSTM 是一种比标准 RNN 更好的存储和访问信息的 RNN 架构。LSTM 最近在各种序列处理任务中给出了最先进的结果。因此，它为我们提供了新的想法和机会，以揭示 LSTM 的能力和准确的电压预测，而不使用任何电池模型、滤波器或推理系统。

3）第三，由于 RNN 在处理长期记忆方面存在固有缺陷，LSTM 在 RNN 的基础上对之前的状态进行了过滤。与 RNN 只考虑最近的状态不同，LSTM 的细胞状态决定哪些状态应该被留下，哪些状态应该被遗忘。这允许您选择哪些状态对当前的影响更大，而不是简单地选择最近的状态。因此，LSTM 具有更好的记忆效果，更有利于基于时间序列的参数预测研究。

4）第四，现有的面向 LSTM 的参数预测文献主要采用单参数或多参数进行训练，没有进行相关性分析。因此，过拟合是一个不可避免的问题，会导致学习效果不好；训练参数的特性限制了预测精度，没有更多可调的余地。本节将介绍一种多对一 LSTM 体系结构，采用 pre-dropout 技术来防止 LSTM 过拟合，并结合各参数之间的相关性分析。

通常，LSTM 有 5 种映射类型，如一对一、一对多、多对一、多对多（$m-m$ 或 $m-n$）。在本研究中，我们将执行多步前向电压预测，并进行各种窗口大小优化，因此使用多对一 LSTM 来构建我们期望的模型。当 LSTM 预测模型完成后，我们可以在准确预测未来电池电压的基础上，进一步研究电压异常预测。基于 LSTM 的电池系统电压故障预测流程图如图 4-10 所示。

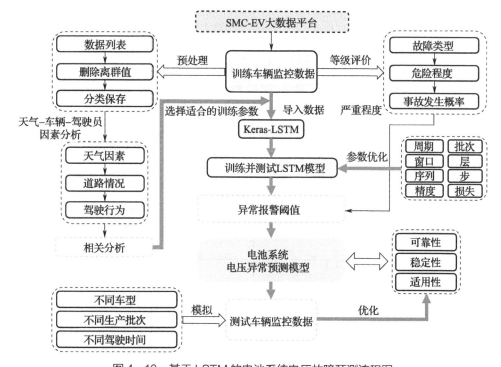

图 4-10　基于 LSTM 的电池系统电压故障预测流程图

4. 数据描述和预处理

电动汽车在实际运行过程中，由于路况、驾驶行为等未知因素的可变性和不可预测性，电池电压也会出现剧烈的随机波动。研究车辆的数据采集自新能源汽车大数据平台。新能源汽车大数据平台的监控管理机制如图4-11所示。该平台的建设目标是对各类公共服务车辆进行实时监控和管理，并及时反馈给车辆或驾驶员，使其更高效、更安全地运行，为电动汽车企业和政府部门提供信息技术支持和数据服务。

图4-11 新能源汽车大数据平台的监控管理机制

在这项工作中研究的车辆是一辆使用高比能18650锂离子动力电池的电动出租车。所研究车辆的主要参数见表4-2。电池包由100个单体电池组成，总能量29.1kW·h，额定电压326V。该车辆的数据采样间隔为10s，电池组布局如图4-12所示。从图中我们可以看到80个单体电池（单体1~80）水平排列；其余20块单体电池（单体81~100）垂直排列。例如，单体1在顶部，单体4在底部；单体81~100由后到前依次排列。

表4-2 所研究车辆的主要参数

车辆类型	纯电动车辆
整车重量	1350kg
轴距	2500mm
最大车速	125km/h
电机总功率	45kW
电机总转矩	144N·m
最大续驶里程	200km

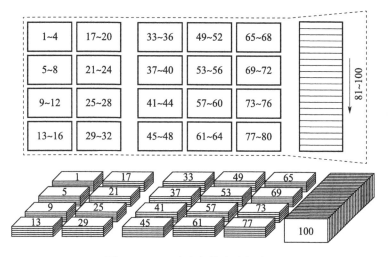

图 4-12　研究车辆的电池组布局

　　然而，由于有 100 个单体电池，单独训练和构建 100 个模型将花费大量时间；而在电压实时预测中，一次性调用过多的模型将会大大降低预测效率。针对这一问题，本节将 100 个单体的电压数据串按首尾相接顺序连接，形成一组新的单体电压数据；然后将这些最新的电压数据训练为输入，以获得一个通用的单体电压预测模型。这种处理方法有两个优点：一是将最终的电压模型简化为一个总电压模型和一个单体电压模型；二是集成电池模型包含所有单体电池的电压信息。因此，可以实现一个良好的模型满足所有单体电压的同步预测的效果。

　　气象因素、车辆因素和驾驶员行为都会在车辆行驶或充电时影响电池系统的电压特性或波动。为了进行更全面的分析，在对输入数据集进行预处理时，需要进行天气 - 车辆 - 驾驶员分析，从而同时考虑上述 3 个因素进行电池电压预测。

　　考虑到可能影响电池电压的气象因素，增加了 6 个天气参数，并从天气网站（https：//www.wunderground.com）收集分析，它们分别是湿度、降水、气压、空气温度、能见度和风速。但历史气象数据的采样间隔为 3h，时间过长，与新能源汽车大数据平台的 10s 的采样间隔不一致。为了解决这一问题，我们使用拉格朗日插值法将天气参数按 10s 插值，然后将插值后的天气数据与车辆数据按照时间对齐进行合并。

　　当涉及电池和车辆时，电池电压、探头温度、SOC、电流和剩余使用寿命（RUL）等因素是密切相关的。但是，很难实时准确地监测或预测电池的 RUL 值，目前也没有非常有效的方法。众所周知，电池的 RUL 与车辆的总里程呈负相关，即总里程越长，电池的 RUL 越短。因此，在本工作中，可获得的新能源汽车大数据平台车辆的总里程将被用来表示用于预处理数据的电池的 RUL。

毫无疑问，驾驶员驾驶行为对电动汽车和动力电池的影响可以忽略不计，但目前这一领域的研究主要集中在驾驶行为对车辆经济性的影响；目前还没有足够研究考虑到驾驶行为对电池安全性和耐久性的影响。由于新能源汽车大数据平台的数据优势，本文在对数据进行预处理时将考虑驾驶员驾驶行为的相关参数。能反映驾驶员驾驶行为的参数有制动踏板行程值、车速、车辆加速度。但是，新能源汽车大数据平台不能实时记录加速度。此外，由于采样间隔10s太长，无法通过求导车速来估算加速度。因此，为了得到加速度数据，需要考虑一些其他的方法来计算或表示加速度。加速度与电机转速、额定功率、车轮半径等参数之间的关系如式（4-9）所示。

$$\begin{cases} T_{\text{motor}} = \dfrac{9550P}{n} \\ T_{\text{wheel}} = T_{\text{motor}} \, i \Rightarrow a = \dfrac{9550Pi}{Rmn} \\ a = \dfrac{F}{m} = \dfrac{T_{\text{wheel}}}{Rm} \end{cases} \tag{4-9}$$

式中，T_{motor} 为电机转矩，P 为电机额定功率，n 为电机转速，T_{wheel} 为车轮转矩，i 为电机对车轮的传递效率，F 为车辆驱动力，m 为车辆整备质量，R 为轮胎半径。

由式（4-9）可知，除 n 和 a 外，其他参数均为可知常数，由此可以推导出加速度与电机转速成反比。但由于传递效率 i 等其他各种参数不可避免地存在误差，在计算加速度的过程中也不可避免地存在误差。因此，为避免误差的发生和影响，本研究将加速度 a 直接用电机转速 n 表示。

经过以上天气-车辆-驾驶员分析，最终选取单体电压、探针温度、制动踏板行程值、电机速度、车速、总电压、电流、SOC、湿度、降水、气压、空气温度、能见度、风速、里程等15个参数作为 LSTM 模型的训练参数。

以一天的车辆运行数据为例，2017年2月8日的一部分典型参数曲线如图4-13所示。从图4-13的局部可以看出，电压和电流曲线成反比。当电流增大时，电机提供的驱动功率也会增大，车辆的速度也随之增大。另外，当充电即将完成时，总电压会略有下降，电流从恒负（交叉恒流充电）变为零。但是，通过这些曲线很难看出各参数与电池电压之间的精确关系。另外，有些参数与电压的关系太大（如电流），或者有些参数与电压的关系太弱（如各种天气参数），不适合将所有参数一起训练。

然而，当我们首先将所有15个参数作为输入来训练 LSTM 模型时，结果表明，无论输出参数是这15个参数中的任何一个，训练总是会由于过拟合而很快停止。分析认为，这是因为这些参数之间仍然存在一些特别强或特别弱的相关性，会导

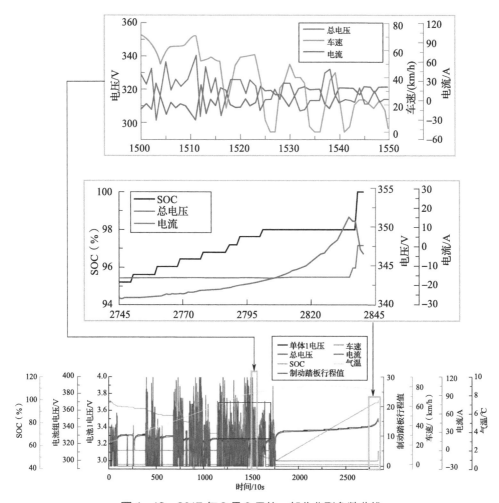

图 4-13　2017 年 2 月 8 日的一部分典型参数曲线

致它们在训练过程中相互干扰；这也会导致训练开始前的过拟合，使最终的训练效果变差。因此，将所有参数都作为输入是不可行的，在训练前对所有输入参数进行相关性分析是非常必要的。

　　为了进行相关分析，筛选出合适的输入参数，消除有害参数，本节采用了在目前广泛应用的皮尔逊相关系数（Pearson Correlation Coefficient，PCC）。PCC 是卡尔·皮尔森（Karl Pearson）在 19 世纪 80 年代弗朗西斯·高尔顿（Francis Galton）提出的相关概念的基础上发展起来的，选取的 15 个参数间的相关性系数如图 4-14 所示，其中所有相变系数均取绝对值进行简化分析。

　　通过两个参数之间 PCC 的绝对值可以判断两个参数之间的相关性：0.8~1.0 为极强相关性，0.6~0.8 为强相关性，0.4~0.6 为中等相关性，0.2~0.4 为弱相关性，0~0.2 为极弱相关性或无相关性。图 4-14 所示为所有考虑参数之间的 PCC 列表，通过剔除不相关和相关性极强的参数，可以得到满足训练要求的参数。由图 4-14 可知，与单体电压相匹配的参数为制动踏板行程值、电流、电机转速、SOC 和车速，与 SOC 相关的匹配参数为总电压和单体电压，没有参数可以与探针温度匹配。最后，在分析现有所有匹配参数之间的相关性的基础上，只有 4 个输入参数可用于训练 LSTM 模型，分别是单体电压/总电压、SOC、制动踏板行程值和车速。

	无相关		弱相关			中等相关		强相关			极强相关			
	0	0.2			0.4			0.6			0.8			1	
	气温	气压	制动踏板行程值	电流	湿度	里程	电机转速	电池组电压	降水	SOC	探头1温度	车速	可见度	电池1电压	风速
气温	1.0000	0.8757	0.0355	0.0198	0.1247	0.1415	0.0382	0.0219	0.0534	0.0674	0.9275	0.0377	0.0387	0.0400	0.0129
气压	0.8757	1.0000	0.0421	0.0023	0.2063	0.0751	0.024	0.0504	0.1142	0.0849	0.8380	0.0237	0.1058	0.0670	0.0132
制动踏板行程值	0.0355	0.0421	1.0000	0.8364	0.0372	0.0073	0.6815	0.6377	0.0105	0.0689	0.0775	0.6683	0.0141	0.6228	0.0137
电流	0.0198	0.0023	0.8364	1.0000	0.031	0.0047	0.6143	0.8054	0.0009	0.0039	0.0613	0.6018	0.0041	0.7931	0.0099
湿度	0.1247	0.2063	0.0372	0.031	1.0000	0.4116	0.0367	0.0521	0.2822	0.035	0.1900	0.0369	0.3083	0.0571	0.4404
里程	0.1415	0.0751	0.0073	0.0047	0.4116	1.0000	0.0003	0.0202	0.0421	0.0185	0.1026	0.0001	0.0432	0.0146	0.3136
电机转速	0.0382	0.024	0.6815	0.6143	0.0367	0.0003	1.0000	0.6185	0.0088	0.0572	0.0153	0.999	0.0114	0.6226	0.0202
电池组电压	0.0219	0.0504	0.6377	0.8054	0.0521	0.0202	0.6185	1.0000	0.0065	0.3405	0.1428	0.6127	0.0059	0.9942	0.0185
降水	0.0534	0.1142	0.0105	0.0009	0.2822	0.0421	0.0088	0.0065	1.0000	0.0156	0.0466	0.0091	0.6157	0.0079	0.0104
SOC	0.0674	0.0849	0.0689	0.0039	0.035	0.0185	0.0572	0.3405	0.0156	1.0000	0.0645	0.0574	0.0059	0.3453	0.0285
探头1温度	0.9275	0.8380	0.0775	0.0613	0.19	0.1026	0.0153	0.1428	0.0466	0.0645	1.0000	0.0154	0.0428	0.1622	0.0136
车速	0.0377	0.0237	0.6683	0.6018	0.0369	0.0001	0.9990	0.6127	0.0091	0.0574	0.0154	1.0000	0.0117	0.6172	0.0202
可见度	0.0387	0.1058	0.0141	0.0041	0.3083	0.0432	0.0114	0.0059	0.6157	0.0059	0.0428	0.0117	1.0000	0.0070	0.0302
电池1电压	0.0400	0.0670	0.6228	0.7931	0.0571	0.0146	0.6226	0.9942	0.0079	0.3453	0.1622	0.6172	0.0070	1.0000	0.0201
风速	0.0129	0.0132	0.0137	0.0099	0.4404	0.3136	0.0202	0.0185	0.0104	0.0285	0.0136	0.0202	0.0302	0.0201	1.0000

图 4-14 选取的 15 个参数间的相关性系数

单体电压和总电压的 LSTM 模型可以分别训练和建立。2016 年电池电压曲线如图 4-15 所示，可以看出单体电压/总电压随季节的变化规律。春季和夏季的环境温度较高，更接近电池系统的适宜工作温度，因此这 2 个季节的电压工作范围要比秋冬季小得多；深秋和冬季，由于室外温度较低，电动汽车需要动力电池提供更高的功率和更大的能耗。为了通过训练这些输入参数来分析不同季节的电压预测效果和鲁棒性，我们将在预测结果和讨论部分具体讨论不同季节的预测电压特性。

机器学习算法中的数据集通常分为 3 类：训练数据、验证数据和测试数据。训练数据用来计算梯度更新的权重；验证数据能够确定一些超参数，以避免训练过拟合（例如，根据验证损失确定周期的大小）；训练后的测试数据可以准确地评估训练质量。

如前所述，确定 2016 年 2 月 1 个月的车辆运行数据为初始 IS。为了方便比较

不同 IS（1 年数据、1 个月数据、1 周数据、1 天数据）的训练后效果，以 2017 年
2 月 8 日的 1 天数据为测试数据。为了验证和确保 LSTM 模型的稳定性，需要进行
10 次交叉验证。本节的 10 次交叉验证示意图如图 4-16 所示。训练数据和验证数
据分别占整个 IS 的 90% 和 10%。

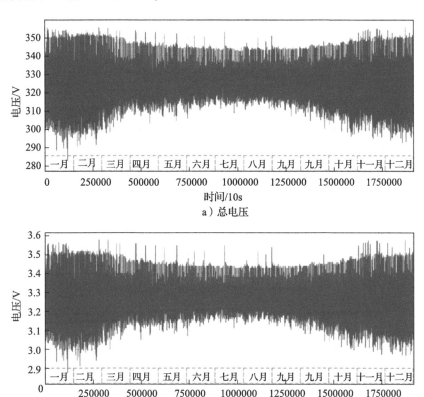

a）总电压

b）单体电压

图 4-15　2016 年电池电压曲线

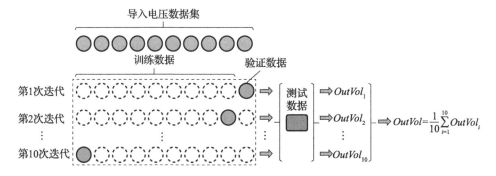

图 4-16　10 次交叉验证示意图

基于预先设定的超参数，经过 10 次交叉验证的单体电压和总电压的预测结果如图 4-17a 所示。可以看出，LSTM 模型取得了较好的预测结果，预测的电压值与实际电压值非常接近。单体电压和总电压的 MRE 分别为 0.88% 和 0.89%。此外，从图 4-17 中还可以看出，所研究车辆在 2017 年 2 月 8 日只进行了一次驾驶和一次充电，在驾驶和充电状态下，电压曲线表现出不同的特征。

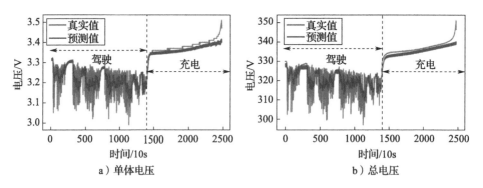

图 4-17　经过 10 次交叉验证的单体电压和总电压的预测结果

5. 超参数选择

在 LSTM 模型的训练过程中，需要设置和优化许多参数；训练这些参数将花费很长时间，尤其是当模型拥有大量数据集时。但是，不可能在短时间内将参数调整到最优。因此，首先需要根据经验建立一组可操作的超参数，并对这些参数进行逐步优化，得到优化的模型。

实际上，在机器学习过程中，当数据量过大时，需要将其逐个拆分为较小的数据片段，而 epoch、批尺寸（BS）等术语是需要的参数。一个 epoch 意味着整个数据集通过 LSTM 神经网络向前和向后传递一次；BS 表示单批中的训练示例数量。此外，训练窗口大小（TWS）决定了每次输入的训练样本数量；预测窗口大小（PWS）决定了每个训练窗口的结果预测数量。为了在每次训练中学习更多的电压信息，使训练好的模型更加高效，本节采用了滑动窗口（SW）技术。众所周知，应用 SW 技术会添加大量冗余数据，为了降低 LSTM 模型的过拟合风险，TWS 和滑动窗口大小（SWS）的初始选择尤为重要。理论上，输入样本（IS）总是尽可能大的，因为更大的 IS 有助于防止模型过拟合，并产生更准确的预测。

根据本节的研究目标，初步确定了一组超参数：epoch = 50，BS = 128，IS = 1 个月数据，TWS = 360（1h 数据），PWS = 6（1min 数据），SWS = 60（10min 数据）。本节构建的 LSTM 网络由 6 层组成，即 3 层 LSTM 隐藏层（每层 100 个神经元）、1 层输入层、1 层线性激活的密集隐藏层和 1 层输出层。

6. 确认超参数

BS 是机器学习中的一个重要参数。一方面，对于本研究对象这样的大数据集，由于数据量大，再加上计算机的内存限制，一次性加载所有数据是不可行的。另一方面，如果盲目地增加 BS，花费在运行周期上的时间将大大增加。因此，BS 的数量应根据 LSTM 模型的预测效率来确定。在本研究中，BS 的研究范围为 {8、16、32、64、128、256、512、1024}。为了验证电池电压的预测精度，根据不同的 BS 计算测试数据的 MRE，如图 4-18 所示。由图 4-18 可知，BS=16 时，MRE 最低，测试效果最好。因此，采用 BS=16 来预测所研究电池系统的电池电压。

在初始超参数确定的基础上，采用 10 倍交叉验证的方法进行人工优化确定 TWS、PWS 和 SWS。在原有超参数的基础上，保持其他参数不变，分别调整 TWS、PWS 和 SWS 的大小，并进行 MRE 比较；窗口大小 = {6、30、60、90、120、150、180、360} 分别表示 1min、5min、10min、15min、20min、25min、30min 和 60min 的数据量，不同窗口和窗口大小对测试数据的 MRE 如图 4-19 所示。

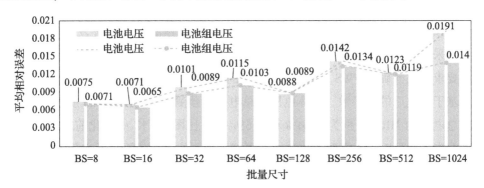

图 4-18　不同的 BS 计算测试数据的 MRE

图 4-19　不同窗口和窗口大小测试数据的 MRE

	TWS（电池电压）	PWS（电池电压）	SWS（电池电压）	TWS（电池组电压）	PWS（电池组电压）	SWS（电池组电压）
WS=1		0.0102	0.0065		0.01	0.0063
WS=6		0.0088	0.0071		0.0089	0.0066
WS=30		0.0102	0.0082		0.0098	0.0071
WS=60	0.0093	0.0115	0.0088	0.0081	0.011	0.0089
WS=90	0.0095	0.0124	0.0095	0.0083	0.0121	0.0104
WS=120	0.0096	0.0128	0.0102	0.0077	0.0125	0.0111
WS=150	0.0093	0.0133	0.0111	0.0081	0.0128	0.0118
WS=180	0.0097	0.0135	0.0118	0.0085	0.0129	0.0122
WS=360	0.0088	0.0162	0.0189	0.0089	0.0145	0.0232

从图 4 - 19 可以看出，随着 TWS 的变化，MRE 并没有明显增加或减小。只要 TWS > PWS，即每次预测的数据量小于训练的数据量，TWS 就可以进行客观的预测。此外，TWS 决定了每次训练的数据量，因此 TWS 对 SWS 和 PWS 的调整范围有决定性的影响；对于未来更多不同的预测，TWS 不能太小。因此，确定 TWS = 360。

通过应用 SW 技术，每刷新一次 SW 就可以迭代训练窗口，使 LSTM 网络学习到更多的历史电压信息。从图 4 - 19 可以看出，随着 SWS 的增大，单体电压和总电压的 MRE 逐渐增大。这是因为更大的 SWS 将导致每次训练的可用历史信息更少。原则上，当 SWS = 1 时，所有的历史信息都是可用的。然而，较小的 SWS 意味着较长的训练时间。由图 4 - 19 可知，SWS = 6 时的 MRE 与 SWS = 1 时的 MRE 非常接近。因此，本研究确定 SWS = 6。

从图 4 - 19 还可以看出，随着 PWS 的增加，对实验数据的预测精度降低；PWS = 1 的 MRE 大于 PWS = 6 的 MRE。可以推断，从一个恒定的训练样本中，更长的预测长度将遭受更显著的学习困难。一般情况下，应选择最小的 PWS 来获得最佳的预测精度。然而，当预测范围太小时，一旦预测电池系统发生电压异常，驾驶员采取行动的可用时间就会太短。因此，应根据预测精度和可用应急抢修时间的要求，共同确定 PWS。为了获得更高的预测精度，确定 PWS = 6。

基于优化后的超参数，单体电压和总电压的预测结果如图 4 - 20 所示。单体电压和总电压的 MRE 分别为 0.64% 和 0.63%。对比图 4 - 17 中优化前的预测结果，可以看出优化后 LSTM 模型的预测结果更好，预测的电压值更接近实际电压值。

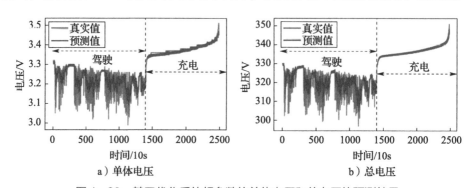

图 4 - 20　基于优化后的超参数的单体电压和总电压的预测结果

7. pre-dropout 防止过拟合的效果

当训练过度或训练数据不足时，LSTM 模型的训练过程容易出现过拟合现象。采用改进的 pre-dropout 方法进行超参数优化以防止过拟合前后的结果如图 4 - 21 所示。

从图 4-21 可以看出，pre-dropout 技术有效地防止了训练过拟合。过拟合的直观表现也可以从图中看出：随着训练的进行，训练数据的损失逐渐减少，但验证数据不能与训练网络配合时，验证数据的损失会增加。

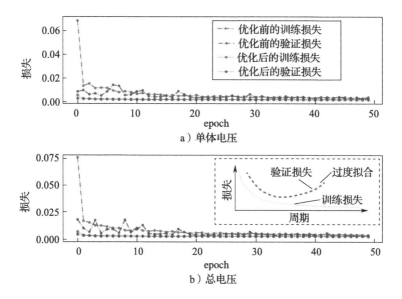

图 4-21　采用改进的 pre-dropout 方法进行超参数优化以防止过拟合前后的结果

8. 双模型合作预测策略

从图 4-20 可以看出，电动车辆在充电和驾驶阶段表现出不同的电压特性。造成这一结果的原因可能有 3 个：一是随着预测的进行，模型的时效性越来越差；二是电池参数本身在充电和驾驶阶段具有不同的特性，造成了这种现象；三是一些输入参数如制动踏板行程值和车速只在驾驶期间起作用，而在充电阶段均为零。因此，在充电期间，同时使用 4 个输入参数训练 LSTM 模型可能会对预测结果产生不利影响。

前两个原因在很大程度上是不可逆转的，第三个原因是由于电池系统的各个参数在驱动/充电状态下会表现出不同的特性，所以在这两种状态下的模型和电压预测也需要区分。为了解决这一问题，消除模型训练过程中不相关参数的影响，本节提出了一种双模型合作（Dual Model Cooperation，DMC）预测策略；在充电状态下，输入参数由原来的 4 个参数变为 2 个参数（电压和 SOC）。通过对这两种模型的多组测试验证，DMC 预测策略在驾驶/充电状态下分别智能应用两种 LSTM 模型，不仅可以减少计算量，还可以最大限度地保证预测精度。

9. 有效性、稳定性和鲁棒性的验证

根据上述超参数，我们将比较4种不同IS（2016年1年数据、2016年2月1个月数据、2017年2月第一周1周数据和2017年2月7日1天数据）的预测效果，测试数据为2017年2月8日1天数据。图4-22所示为不同IS试验数据经10倍交叉验证后的MRE对比图。图4-22中IS越小，增加趋势越明显；不同IS的MRE有显著差异，但IS=1年数据与IS=1月数据之间的差异很小。原则上，IS越大，模型预测效果越好。正如本文所使用的，对于在短时间内计算如此大的数据集，计算机性能是有限的，但对于新能源汽车大数据平台来说，一个配置良好的GPU服务器可以构建一个理想的LSTM模型。此外，本节提出的技术通过离线训练模型实现了在线电压预测；模型的训练时间长短不会对预测速度和精度造成任何干扰。因此，IS越大，模型的学习能力和预测能力越强，本节更适合使用1年数据作为IS。

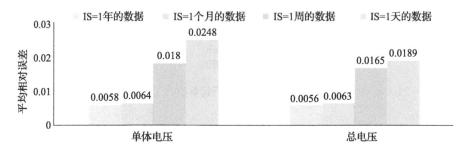

图4-22　不同IS试验数据经10倍交叉验证后的MRE对比图

综合以上分析和总结，最终可以确定一组超参数为：IS =1年的数据，TWS =360，PWS =6，SWS =6，epoch =50，BS =16。

在LSTM体系结构中，LSTM有5种模型体系结构，采用多对一（4 -1）模型体系结构对电池系统进行多步前向电压预测。为了验证所应用的模型结构的优越性，还比较了一对一和多对一（4 -1）模型结构的MRE。一对一的LSTM模型只有一个输入和一个输出，也就是说，LSTM模型只学习目标参数本身的信息。在超参数相同的前提下，一对一LSTM模型的单体电压和总电压的MRE分别为0.81%和0.79%，均高于多对一（4 -1）模型的0.58%和0.56%。因此，应用多对一（4 -1）模型预测效果较好。

正如引言中所述，过去几十年很少有文献报道电池电压预测。在一些文献中可以找到一些关于这个问题的深入研究。他们分别通过简化的物理电池模型分析、LSTM - RNN电池模型、海拔测量和核自适应滤波算法进行研究；预测精度分别为

MRE <5%、MRE <5%、RMSE < 0.329。本节预测单体电压和总电压的 MRE 分别为 0.58% 和 0.56%，对应的 RSME 分别为 0.037 和 0.032，均显著低于上述 3 种方法。因此，本节提出的方法比其他方法具有更优越的预测性能。

事实上，对于同一材料、同一批次的单体电池，开路电压、容量、内阻、循环寿命等性能参数均符合正态分布。也就是说，我们提高一致性的所有努力都是为了改变这些参数的聚集度，这些参数可以用标准差（Standard Deviation, SD）来表示。在单体电压正态分布中，电压值在平均电压 ±3SD 以内的电池数占电池总数的 90%。电池电压的一致性越好，SD 越小，电压分布越集中。本文新能源汽车大数据平台以 0.05 为阈值评价电池电压一致性水平；当各电池电压 SD > 0.05 时，说明电池电压的一致性差很多，反之亦然。这也可以这样解释，在平均电压 ±0.15V 范围内的电池需要占据所有电池的 99% 以上。

100 个单体在测试数据采集当天的电压曲线及 SD 如图 4-23 所示。由图 4-23 可以看出，各单体一致性较好，SD 均不超过 0.05。此外，从图中还可以看出，这些单体在行驶阶段的一致性比充电阶段差得多；特别是在稳定充电阶段，所有单体电压几乎相同，只有在接近充满电时，SD 才会增加。这很容易理解，车辆在充电阶段始终处于不复杂、稳定的运行状态，因此电池系统运行相对稳定；车辆在行驶过程中，由于路况和天气的不确定性，以及驾驶员驾驶行为的复杂性，电池系统的操作也相当复杂，其一致性难以保证。

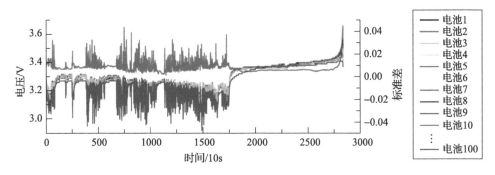

图 4-23　100 个单体在测试数据采集当天的电压及 SD 曲线

为了验证所建立的 LSTM 电池模型预测所有单体电压的有效性和稳定性，我们使用相同的测试数据分别对其他 99 个电池进行测试，得到所有 100 个电池的 MRE，如图 4-24 所示。可以看出，虽然使用了相同的模型，但所有单体电压的预测精度都非常小，数值非常接近，SD 仅为 0.0001 左右。因此，本节提出的 LSTM 电池模型在保证较高预测精度和稳定性的前提下，能够满足同时预测所有单体电压的目的。

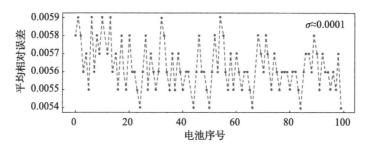

图4-24　所有100个单体电池的MRE

为了验证LSTM模型的鲁棒性,我们将2017年4月1日、7月1日、10月1日和1月1日的4天数据作为4个季节的测试数据进行比较。4个季节预测前后的电压曲线如图4-25所示,其MRE分别为0.37%、0.31%、0.42%和0.62%。可以看出,本节提出的LSTM模型在4个季节都有很好的预测性能,尤其是春夏秋季的预测效果优于冬季,甚至比我们之前选择的测试数据要好得多。众所周知,不同季节的外部环境差异很大,电池由于其性能缺陷,在4个季节会表现出不同的运行特性;由于北京冬季室外温度较低,距离电池系统适宜的工作温度范围较远,因此车辆运行时电压波动较为剧烈,上下波动幅度远大于其他3个季节。因此,冬季的电池电压比其他3个季节更难以预测。综上所述,本节提出的LSTM模型具有较强的鲁棒性和全气候适用性。如果训练样本足够大,训练参数不断优化,就可以得到更准确的预测结果。

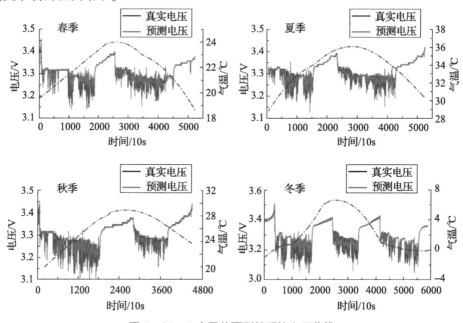

图4-25　4个季节预测前后的电压曲线

10. 电压异常预诊

动力电池系统电压异常和报警阈值见表 4 - 3。需要强调的是，这种方法也适用于其他电池系统；只是由于电池类型和参数的不同，报警阈值会有轻微的差距。

表 4 - 3　电压异常和报警阈值

异常和报警类别		分类规则	异常和报警等级
单体电池过电压或欠电压	过电压	$3.6n \leqslant U_{pack} < 3.9n$	2
		$U_{pack} \geqslant 3.9n$	1
	欠电压	$2.5n < U_{pack} \leqslant 3.0n$	3
		$2.0n < U_{pack} \leqslant 2.5n$	2
		$U_{pack} \leqslant 2.0n$	1
	过电压	$3.6 \leqslant U_{cell} < 3.9$	2
		$U_{cell} \geqslant 3.9$	1
	欠电压	$2.5 < U_{cell} \leqslant 3.0$	3
		$2.0 < U_{cell} \leqslant 2.5$	2
		$U_{cell} \leqslant 2.0$	1
总电压变化太快	上升太快	$\Delta U_{pack} \geqslant 0.4n/10$	1
	下降太快	$\Delta U_{pack} \leqslant -0.4n/10$	1
单体电池电压变化太快	上升太快	$\Delta U_{cell} \geqslant 0.4/10$	1
	下降太快	$\Delta U_{cell} \leqslant -0.4/10$	1
电池包一致性差	电压标准差过大	$\sigma \geqslant 0.05$	1

从表 4 - 3 中可以看出，电压异常通过设置的阈值分为三级，分别为一级报警、二级报警和三级报警。三级报警状态也是安全状态，但要注意防止电池电压恶化；二级报警状态是指电池处于危险状态，在许可条件下要求停车检查预警发生的位置；当一级报警触发时，驾驶员需要在安全的地方停车或等待专业人员到来，以免发生伤害驾驶员和乘客的事故。

如引言所述，常见的电压异常可归纳为过电压、欠电压、电池电压一致性差。为了验证电池系统电压异常预测的有效性，从新能源汽车大数据平台中检索了车辆的电压异常测试数据。根据最终选择的超参数，将研究车辆在 2017 年 9 月 15 日预测前后的电压曲线如图 4 - 26 所示，由图 4 - 26 可知，车辆在上午 09:27:10 开始工作，在晚上 19:29:30 停止工作。图 4 - 26 还说明了电池系统在这一天只进行了一次驾驶和一次充电。单体 100 在凌晨 15:56:20 发生了 $U_{cell} < 3.0V$ 的欠电压警告；单体 19 在晚上 19:28:10 发生了 $U_{cell} > 3.6V$ 的过电压警告。自从当天车辆开始运行以来，单体 100 表现出与其他电池不同的波动特征，并保持在比其他电池更低的电压。这意味着电池 100 可能比其他电池更老化，需要被替换，否则会影响电池组的循环寿命。另外，在电池系统几乎完全充满的短时间内，所有单体电压都迅速升高，但只有单体 19 在充电结束时出现过电压，这可能是由于不同单体之间的不一致导致容量较小的单体 19 过充电。

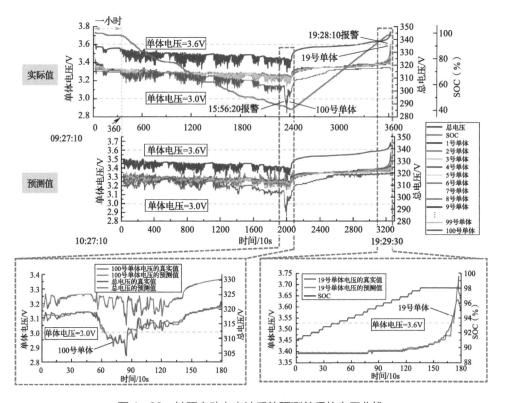

图 4-26　被研究动力电池系统预测前后的电压曲线

如图 4-26 所示，由于 TWS = 360，在测试时只能使用当天的第一个小时数据作为初始 WS，后续的所有数据都可以根据设定的 SWS 和 PWS 逐步预测。通过部分放大过电压和欠电压区域，我们可以看到，包括总电压在内的所有电压，以及出现异常的单体 19 和单体 100 都可以被准确预测。图 4-26 还表明，预测的电压与实际电压非常接近。理论上，单体电压特性越稳定，预测精度越高。这也保证了所提出的方法具有良好的可行性和可靠性，因为它可以准确地预测异常电压，而正常的电池电压不会被误报。

图 4-27 所示为预测前后的 VCR 曲线。由于目前电池系统没有出现过 VCR 异常，所以 VCR 的数值一般都很小（ΔU_{cell} 总是满足 $|\Delta U_{cell}| \leqslant 0.4\text{V}/10\text{s}$），VCR 的预测值与真实值略有差异，但在 VCR 值较大的位置是接近的，保证了一旦出现超大 VCR 就能及时预测出来。

图 4-28 所示为预测前后的 SD 曲线，表明充电末阶段 SD > 0.05。从图 4-28 也可以看出，SD 的预测值与真实值非常接近，可以及时准确地预测出单体电压 SD 过高的一致性差。同时，通过对单体电压的实时监测，我们可以找出造成这种一致性差的单体，如本研究中的单体 19。

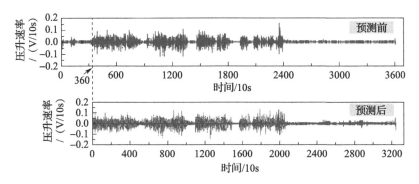

图 4-27　单体电压温升速率预测效果

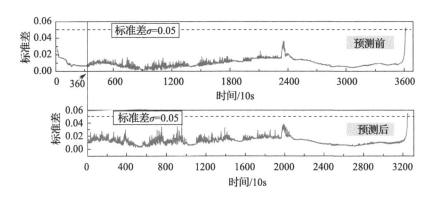

图 4-28　单体电压标准差预测效果

此外，为了验证模型的稳定性，我们导出 2017 年更多不同时间的新能源汽车大数据平台数据。这些方法都能获得良好的预测结果，并且可以在一个 PWS 内成功地预测出不同程度的电压异常。由于本研究最终选取的 PWS 为 1min（PWS = 6），因此上述电压异常至少可以提前 1min 预测。诚然，1min 是非常短的，但对于温度异常非常严重，可能导致电池热失控（如一级报警状态）的情况，1min 是足够的，也是有价值的，可以让驾驶员和乘客及时脱离危险。此外，根据本节的研究，PWS

也可以灵活变化，但随着 PWS 的增加，预测精度会下降，如图 4 - 19所示。因此，在建立另一种车型的模型时，需要根据所需的预测精度和范围灵活选择 PWS。原理上，无论 PWS 的范围有多大，所提出的 LSTM 模型都可以通过准确预测未来 PWS 中电池电压的变化来预测电压异常。但是，本研究的目的是预测电池电压，服务于电压异常导致的各种电池故障的预测，所以追求广泛的更小的 PWS 不一定能得到理想的结果。

4.2.3　SOC 预测

1. 研究现状

　　SOC 估计方法，大致可以分为 4 类：查表法、安时积分法、基于模型的方法和数据驱动方法。前两种方法是根据锂离子动力电池的工作特性估计 SOC。查表法是最基本的 SOC 估计方法，它的思想是确定 SOC 和其他一些可测量的电池参数之间的关系，如开路电压（OCV）或交流阻抗（AC）。然而，由于 OCV 和 AC 的精确测量需要较长时间才能保持参数稳定，因此该方法不适合车辆应用。利用安时积分法将电流随时间积分，可以很容易地估算锂离子动力电池的实时 SOC，但该方法要求已知初始 SOC，忽略了电流传感器的误差。此外，由于老化效应，锂离子动力电池的容量需要随时间重新校准。因此，该方法仅适用于测量环境稳定的实验室。尽管上述两种方法在方法层面存在局限性，但目前商用电动汽车使用的主要 SOC 估算方法仍是查表法和安时积分法的结合，因为这两种方法简单，对计算资源的需求较低，现有的车载计算资源能够满足。

　　由于上述方法固有的缺陷导致的误差是不可避免的，因此更通用的基于模型的方法被广泛探索。常用的模型包括电化学模型和等效电路模型。根据锂离子动力电池内部的化学反应和热传质等多种耦合机制建立了电化学模型。然而，在实际应用中，许多模型参数是不可测的，复杂的偏微分方程难以计算，使得该方法仅适用于实验室使用。将电阻、电容等电路元件组合起来建立等效电路模型，考虑电池老化、温度等因素的影响，并进行经验分析。将电池模型与卡尔曼滤波器、非线性观测器、滑模观测器和 H-inifnity 观测器等不同迭代计算方法相结合，开发了多种在线 SOC 估计算法。等效电路模型很容易被表达成以 SOC 为一种状态的状态空间模型，卡尔曼滤波的应用最为广泛，如扩展卡尔曼滤波（EKF）、无特征卡尔曼滤波（UKF）、容积卡尔曼滤波（CKF）。尽管基于模型的方法相对更适合于车载应用，因为它们可以在线模拟电池动力学，但其准确性在很大程度上取决于研究人员的建模经验。

　　为了排除主观因素的影响，研究人员试图探索更适合实际车辆应用的方法。

随着人工智能技术的显著进步，数据驱动方法在 SOC 估计方面呈现出无模型、精度高、鲁棒性强等显著优势。与基于特定机制的模型表达不同，数据驱动方法使用机器学习或深度学习技术，用历史数据训练建立黑盒模型。然后，根据训练好的模型预测未来的 SOC 值。与不同的数据驱动方法相比，如 RNN 和 LSTM，门控递归单元（Gated Recurrent Unit，GRU）因其在 SOC 预测建模方面的显著性能而越来越受到关注。

2. 多步 SOC 预测模型的结构

GRU - RNN 模型是一种带有记忆函数的递归神经网络，用于解决经典 RNN 的梯度消失和梯度爆炸问题。与 LSTM 相比，该方法通过减少存储单元的数量简化了结构，而不损失性能，从而显著提高了训练效率。在本研究中，基于 GRU - RNN 构建了多步 SOC 预测模型，如图 4 - 29 所示。双 dropout 方法由两部分组成，包括多层相关分析（第一 dropout）和随机 dropout（第二 dropout）。输入模块用第一个 dropout 派生训练所需的输入数据类型。计算模块由 1 个输入层、3 个隐藏层和 1 个输出层组成。第二 dropout 包含在计算模块中，双 dropout 过程在下一小节中描述。

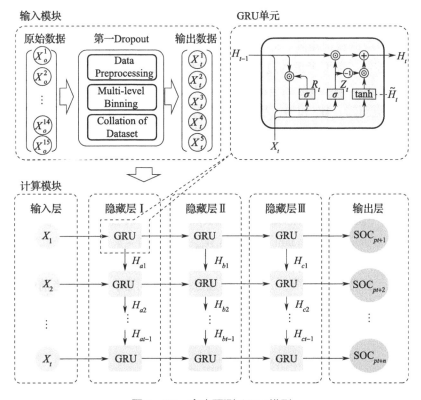

图 4 - 29 多步预测 GRU 模型

十五类原始运行数据在输入模块处理后，通过第一 dropout 将其组织成包含 SOC、包电压、车速、探头温度、制动踏板行程值 5 类数据的训练数据集，输入计算模块的输入层。第 4.2 节介绍了第一次 dropout 的详细提取过程。X_t 表示不同时刻的输入数据。在某一时刻（如计算模块的第一行），输入数据 X_1 在 3 个隐藏层之间水平传递。对于多个时刻（如计算模块的第一、第二行），除了输入数据在对应的 GRU 层水平传递外，前一个时刻的 GRU 将状态信息（H_{at-1}、H_{pt-1}、H_{ct-1} 分别表示不同隐藏层的状态信息）传递给后一个时刻在单个隐藏层中的 GRU，由第三隐藏层的最后一个 GRU 通道将 SOC 的预测值（SOC_{pt+n}）输出。

基本 GRU 由重置门、更新门和临时输出组成，在工作过程中，它既接收外界的信息，又接收上一个神经元的信息，并通过内部的信息处理机制对接收到的信息进行提炼和更新，然后传递给下一个神经元。信息处理的基本原则是根据信息特征的重要性有选择性地保留和遗忘信息。这个过程称为信息的前向传播，解释如下。

GRU 单元中的栅极结构负责信息的选择和筛选。重置门控制着将被留下的信息量。具体表达式为

$$R_t = \sigma(W_{xr}X_t + W_{hr}h_{t-1} + b_r) \qquad (4-10)$$

式中，R_t 为重置门；W_{xr} 和 W_{hr} 为 t 时刻的输入数据 X_t 和来自前一个神经的隐藏状态信息 h_{t-1} 对应的权值矩阵；b_r 为复位门中权值矩阵的偏差。

更新门控制了需要考虑的过去信息的数量，可以表示为

$$Z_t = \sigma(W_{xz}X_t + W_{hz}h_{t-1} + b_z) \qquad (4-11)$$

式中，Z_t 为更新门；W_{xz} 和 W_{hz} 为更新门中对应的权矩阵；b_z 为权矩阵偏差。

除了两个门 $\tilde{h}_t$ 外，还有一个隐藏状态信息，可以将其视为当前时刻的临时新信息。在输出当前隐藏状态信息 h_t 的实际值之前，神经会通过 R_t 和 Z_t 中对应的元素相乘来决定哪些信息应该被丢弃，哪些信息应该被保留。R_t 决定了需要从 h_{t-1} 中保留多少以前的信息，Z_t 决定了需要丢弃多少以前的信息。如果 R_t 和 Z_t 的值为 1，则选择 h_{t-1} 和 $\tilde{h}_t$ 中对应的元素，或在 R_t 和 Z_t 为 0 时丢弃该元素。

$$\tilde{h}_t = \tanh[W_{xh}X_t + W_{hh}(R_t \circ h_{t-1}) + b_h] \qquad (4-12)$$
$$h_t = Z_t \circ h_{t-1} + (1 - Z_t) \circ \tilde{h}_t \qquad (4-13)$$

式中，$\circ$ 表示各元素的相乘；$\tilde{h}_t$ 表示候选隐藏状态信息；h_t 表示当前隐藏状态信息；W_{xh} 和 W_{hh} 表示相应的权重矩阵；b_h 为候选隐藏状态信息中的偏差。

$\sigma(x)$ 和 $\tanh(x)$ 表示 sigmoid 和 tanh 激活函数，其表达式为

$$\begin{cases} \sigma(x) = \dfrac{1}{1 + \exp(-x)} \\ \tanh(x) = \dfrac{\exp(x) - \exp(-x)}{\exp(x) + \exp(-x)} \end{cases} \qquad (4-14)$$

3. 双 dropout 防止过拟合

由于实际运行数据量太大，远比实验数据复杂，直接用其训练模型难以获得满意的预测结果。因此，本节提出了一种新的双 dropout 方法来优化模型训练。第一个 dropout 是基于 Pearson 相关分析方法的多层次相关分析，具体流程图如图 4 - 30 所示。所有参数与 SOC 进行一级相关分析后，得到 SOC、总电压、单体 1 电压 3 个主要参数（对应系数分别为 1、0.341、0.345）。总电压是基于电池组内串并联关系的单个电池组电压之和，因此总电压和单体电压可以看成一个参数。其余参数的相关系数均在 0.1 以下，如图 4 - 31 所示。从相关分析结果可以看出，电流的相关系数仅为 0.004，但电流参数是实验研究中广泛使用的输入，这表明用真实车辆数据进行 SOC 预测的输入参数选择存在较大差异。对其余参数进行二级相关分析，选取 6 个系数大于 0.05 的参数（探针温度、制动踏板行程值、电机转速、车速、气压、空气温度）进行进一步分析，详见表 4 - 4。在 6 个可用参数中，探针温度系数、气压系数和空气温度系数均接近 1。因此，将参数分为环境参数和车辆运行参数两类。考虑到环境参数的相关性过高，只选择了探针温度（探头温度是电池系统的直接测量参数），而车辆运行参数选择了制动踏板行程值与车辆速度。因此，用于模型训练的输入包括 SOC、总电压、车速、探头温度和制动踏板行程值。

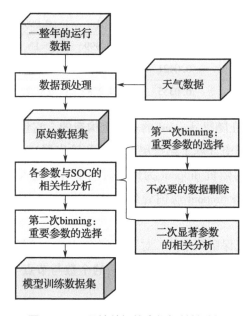

图 4 - 30　原始数据的多级相关性分析

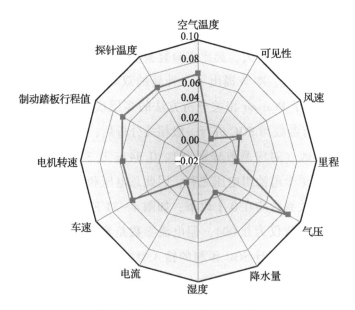

图 4 - 31　不同参数的相关系数

表 4 - 4　不重要参数系数

系数	探针温度	制动踏板行程值	电机转速	车速	气压	空气温度
SOC	0.0645	0.0689	0.0572	0.0574	0.0849	0.0674
探针温度	1	0.0775	0.0153	0.0154	0.838	0.9275
制动踏板行程值	0.0775	1	0.6815	0.6683	0.0421	0.0355
电机转速	0.0153	0.6815	1	0.999	0.024	0.0382
车速	0.0154	0.6683	0.999	1	0.0237	0.0377
气压	0.838	0.0421	0.024	0.0237	1	0.8757
空气温度	0.9275	0.0355	0.0382	0.0377	0.8757	1

　　第二个 dropout 是在随机 dropout 的基础上构造的，它包含在计算模块相邻层之间的状态信息传递过程中（除了第三层隐藏层和输出层），如图 4 - 32 所示。以输入层和第一隐层之间的随机 dropout 为例：时刻 1 时，输入数据 X_1 存储在 dropout 层中，在编程时提前将 dropout 层内置到 GRU 逻辑中，而不是直接进入第一隐藏层。具体实施过程如下。

　　步骤一：设置节点保留概率 r_i。对于存储在 dropout 层的输入信息，采用概率为 p 的伯努利分布随机生成 r_i，其值为 0，r_i 的个数与节点个数相同。经过多次尝试，当 p 为 0.2 时，模型性能最优。

$$r_i \sim \text{Bernoulli}(p)$$

步骤二：将对应的 r_i 与 r_i 后连接的节点相乘，实现 GRU 单元在网络结构中的 dropout，这意味着只有 80% 的节点参与信息的计算和传递。可以表示为

$$y_s^i = Y - r_i y_t^i \tag{4-15}$$

式中，Y 为 t 时刻 dropout 层存储的所有信息；y_s^i 表示保留的信息；y_t^i 表示丢弃的信息。

步骤三：经过前两步后，模型的网络密度在一定程度上被稀释，剩下的信息可以用来完成模型训练。

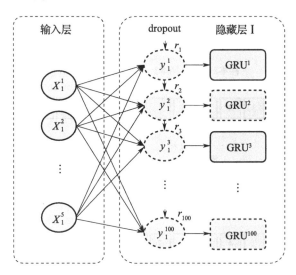

图 4-32　第二次 dropout 分析

4. 初始超参数的确定

一般来说，输入样本（IS）越大，预测效果越好，因为可以学习到的特征越多。但由于计算资源的限制，一年的运行数据过大，无法实现较高的计算效率。因此，超参数的优化是构建模型框架后实现准确高效的多步 SOC 预测的保证。本研究分析了 4 个超参数，包括 Epoch、批大小（BS）、预测窗口大小（PWS）和训练窗口大小（TWS）。

Epoch 是指用整个数据集完成一次正向计算和一次反向传播的过程。换句话说，这意味着模型用一年的数据训练一次。由于梯度下降是一个迭代过程，一次训练不能使网络权值收敛到最优值，因此需要几个 Epoch。该模型一年的运行数据远远超出了计算资源的负荷，不适合在现实电池系统中应用，需要将其分成几批进行训练。BS 表示每批的数据量。在记忆效率和记忆容量之间取得最佳平衡是选择 BS 的关键，这将优化模型的性能和训练速度。此外，PWS 表示 SOC 的预测长度，TWS 表示训练样本的大小。基于实证分析，初步选择了一组超参数：IS = 1 个

月数据，Epoch = 50，BS = 32，PWS = 30（5min），TWS = 360（1h 数据）。此外，本节采用平均相对误差（Mean Relative Error，MRE）来评价结果，可表示为

$$MRE = \frac{1}{n} \sum_{t=1}^{n} \frac{|SOC_{pt} - SOC_{rt}|}{SOC_{rt}} \times 100\% \qquad (4-16)$$

式中，n 为 SOC 样本个数；SOC_{pt} 为电池系统的预测值；SOC_{rt} 为电池系统的实际值。

为了保证能够学习到所有的数据特征，采样时采用滑动窗口，滑动窗口大小（SWS）为 60（10min 数据）。抽样中的滑动窗口是指两个起始点之间的间隔小于一个样本的长度。不同窗口超参数的示意图如图 4-33 所示。

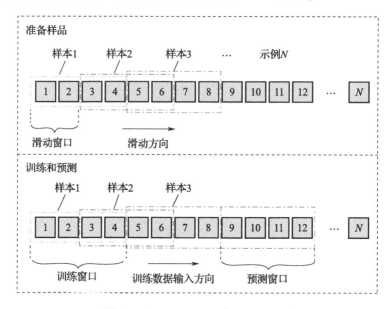

图 4-33　不同窗口超参数的示意图

为验证初始超参数的可靠性，利用 1 个月的数据进行训练，并利用次年的 1 天数据进行测试。基于初始超参数的预测结果和绝对误差如图 4-34 所示。预测误差基本控制在 5% 以内，但在由于模型训练不足、数据特征突变导致数据波动较大的地方，误差会达到 5% ~ 10%，说明模型对测试数据表现良好，为进一步优化提供了良好的依据。

5. 结果与讨论

首先，模型仍然以一个月的数据作为训练数据集，另一个一天的数据作为测试数据集进行训练。测试数据集是随机选取的，不用于模型训练，以保证两个数据集的分布差异。训练过程如图 4-35 所示。记录训练损失（Training Loss，TRL）和验证损失（Verification Loss，VAL），使用 Adam 优化器模型显示快速收敛。

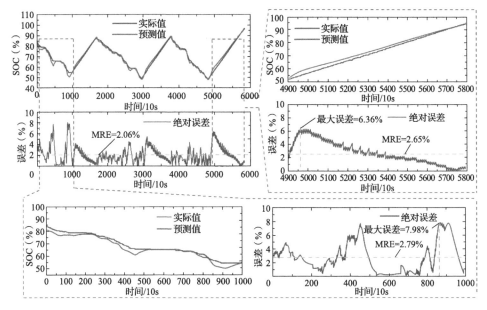

图4-34　基于初始超参数的预测结果和绝对误差

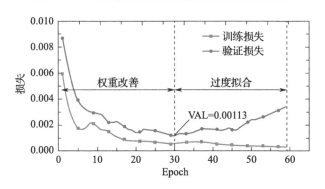

图4-35　不同 Epoch 下的损失结果

由于测试数据集的分布不同，VAL 无法达到 TRL 的相同级别。随着周期数的增加，TRL 逐渐减小并趋于稳定，表明模型已经在训练数据集上进行了训练。但当 Epoch 数超过 30 时，VAL 与 TRL 的变化趋势相反，30 个 Epoch 时 VAL 的最大值为 0.00113。VAL 表示模型在训练过程中的泛化，因此我们最终选择 30 个 Epoch。

正如4.1节所提到的，并不是每次训练都将所有的数据输入训练中，BS 的选择对于达到计算效率和存储容量之间的最佳平衡至关重要。虽然较大的 BS 大小可以提高计算资源的利用率，更快地处理数据，但过大的 BS 往往会导致网络收敛到局部最优，同样，过小的 BS 也会带来训练效率低下的问题。因此，在选择 BS 大小时应充分考虑数据集样本的数量和复杂性。参考网络参数优化经验，分别对不同的 BS（{32，64，128，256，512}）分别进行 30 个 Epoch 和 5min 预测时间的分析。图 4-36 给出了不同 BS 下预测结果的 MRE 和相应的训练时间。可以看出，模型的预测精度与 BS 呈负相关，但 BS 的增加会显著提高训练效率。在训练过程中，每个 BS 将一个损失反馈给模型的优化，即 BS 中所有样本损失的平均值。BS 越小，反馈越准确，模型的预测性能就会显著提高。但是，较小的 BS 表示处理数也会增加，因此会降低效率。考虑到训练效率和准确性的需要，最终确定 BS 为 64（MRE=1.8%，训练时间=72.83s）。

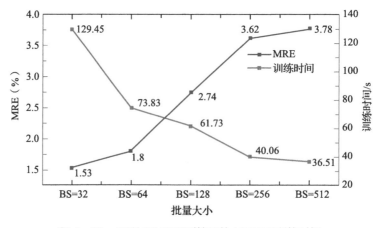

图 4-36　不同 BS 下预测结果的 MRE 和训练时间

选取 TWS 对车辆运行数据进行样本划分，考虑电动出租车每天运行 5~8h，采用 5min 多步预测的方法，对 {30、60、90、120、180、270、360、480、600} 的不同 TWS（分别代表 5min、10min、15min、20min、30min、45min、60min、80min、100min 的数据）进行分析。不同 TWS 下模型的预测精度和训练时间如图 4-37 所示，从图 4-37 可以看出，当 TWS 为 480 时，模型的预测精度最高

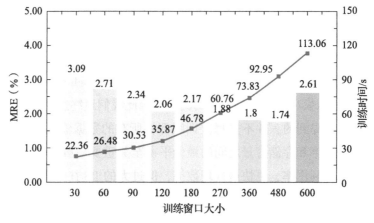

图 4-37　不同 TWS 下的 MRE 和训练效率

（MRE = 1.74%）。同时，随着 TWS 的增加，模型的训练时间逐渐增加。考虑到 TWS 从 360 增加到 480 时，MRE 的提高仅为 0.06%，但训练时间增加了 25.6%，因此本节确定的最优 TWS 为 360。

PWS 的选择是以 TWS 为 360 为前提的。在预测中，训练好的模型是基于最近输入的 TWS 进行特征拟合的，因此 PWS 的选择上限为 360。本节分析了 ｛6、30、60、120、240、360｝的不同 PWS（分别表示 1min、5min、10min、20min、40min、60min 的多步预测）。MRE 和预测成本时间如图 4 - 38 所示。由于有足够的计算资源，预测时间不会随着 PWS 的增加而发生明显的变化。PWS 为 360 时，MRE 变化明显，达到 9.69%。这是因为 PWS 越大，在有限的输入条件下拟合的特征越多，而 GRU 网络对历史数据特征的记忆长度有限制，时间序列中输出的距离越远，会导致模型预测的不确定性。考虑到预测时间的影响不显著，最终选择 PWS 为 30（精度最好，MRE = 1.8%）。

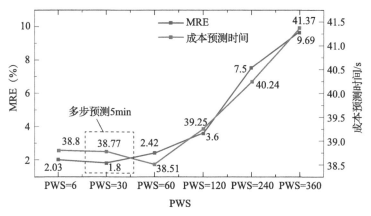

图 4 - 38　不同 PWS 下的 MRE 和预测成本时间

从以上内容可以看出，优化后的模型取得了令人满意的预测性能，但仍然存在一个月数据没有足够特征的问题。当时间段延长到一个季度或一整年时，环境、交通状况等因素发生显著变化，会给数据集带来显著变化。如冬季电池充放电性能下降，充放电频率增加。因此，本节将分析不同的 IS（1 个月数据、3 个月数据和 1 年数据）对多步预测的影响。

不同 IS 的预测结果如图 4 - 39 所示。基于相同的 1 个月数据，MRE 达到 1.74%，较初始超参数降低了 0.32%，如图 4 - 39a 所示。同时，模型的预测性能改善不明显，AE 在 0 ~ 7.5% 之间波动明显，MRE 仅下降 0.07%。然而，当模型使用 1 年的数据进行训练时，获得了显著的改进。AE 基本控制在 2.5% 以下，MRE 达到 0.74%，表明足够的训练样本显著提高了模型的预测性能。基于以上分析，确定了一组最优超参数（Epoch = 30，BS = 64，TWS = 360，PWS = 30，IS = 1 年数据），见表 4 - 5。

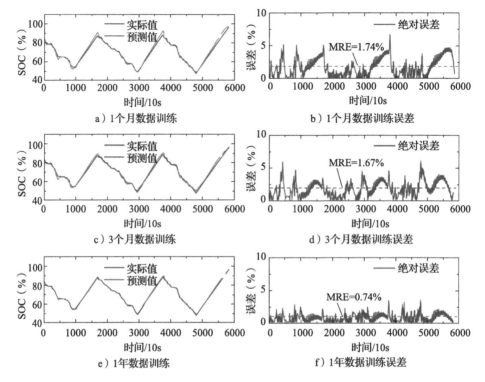

图 4 - 39　不同 IS 的预测性能

表 4 - 5　超参数与预测性能总结

超参数	参数值	确定值
Epoch	[1, 2, 3, …, 30, …57, 58, 59]	30
BS	[32, 64, 128, 256, 512]	64
TWS	[30, 60, 90, 120, 180, 270, 360, 480, 600]	360
PWS	[6, 30, 60, 120, 240, 360]	30
IS	1 个月、3 个月、1 年	1 年
最佳 MRE	0.74%	

6. 验证模型的稳定性、鲁棒性和优越性

通过以上分析可以看出，用 1 年数据训练多步预测模型的预测性能最好。考虑到车辆实际运行工况的复杂性，随机选取下一年度的 6 天数据，对模型的稳定性和鲁棒性进行检验，结果如图 4 - 40 所示。从 6 天的实际 SOC 曲线可以看出，6 种情况下的实际运行时间与充放电情况存在显著差异。特别是案例 3，可以看到较长时

间的变速行驶，充放电循环次数多于其他 5 个案例。各实验下的 MRE 分别为
0.69%、0.78%、0.86%、0.75%、0.79% 和 0.74%，表明该模型具有较好的 SOC
多步预测精度。

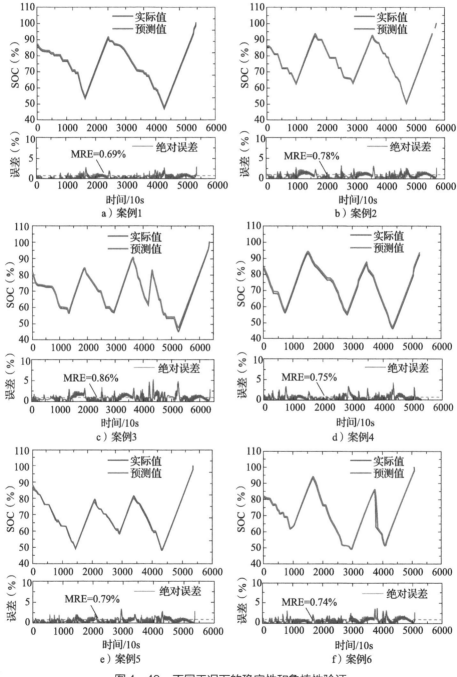

图 4-40　不同工况下的稳定性和鲁棒性验证

图 4-41 给出了本节提出的双 dropout GRU 与三种常用方法（LSTM、GRU 和线性回归）预测性能的对比。三种常用方法均已通过实验数据集验证。为了排除不同数据集的影响，所有模型都使用相同的 IS（一年数据）进行训练，并使用相同的一天数据进行测试。可以发现，在四种方法中，双 dropout GRU 方法的预测性能最好。虽然其他三种方法都能预测 SOC 的变化趋势，但无法避免较大的误差。因此，所提出的方法有希望在电动汽车上实际应用。

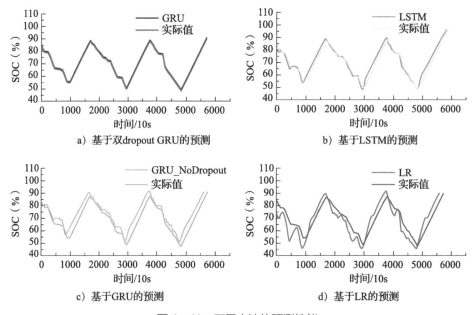

a）基于双dropout GRU的预测 b）基于LSTM的预测

c）基于GRU的预测 d）基于LR的预测

图 4-41 不同方法的预测性能

4.2.4 SOP 预测

1. SOP 评价方法介绍

SOP 在电池状态估计领域常用来表示未来一段时间内电池可达到的最大充电或放电功率。充放电功率与峰值功率是 SOP 的另外两种表述方法。SOP 的估计与预测是 BMS 的核心功能之一。目前主流的 SOP 估计方法有：混合脉冲功率特性（Hybrid Pulse Power Characteristic，HPPC）法、基于 SOC 约束的预测方法、基于电压约束的预测方法和多约束动态法。

2. HPPC 法

HPPC 法是由美国爱达荷国家工程与环境实验室提出的计算方法。HPPC 法用于在混合脉冲工况下确定电池的动态功率能力。HPPC 法的测试过程为每隔 10% 的 SOC 测量电池的 10s 放电功率与 10s 充电功率。在 HPPC 法中，计算 SOP 的公式为

$$U_{t,m}(t) = U_{OC,m}[z_m(t)] - R_i i_{L,m}(t) \tag{4-17}$$

$$\begin{cases} SOP_{chg} = U_{max}\left(\dfrac{OCV - U_{max}}{R_{chg}}\right) \\[3mm] SOP_{dis} = U_{min}\left(\dfrac{OCV - U_{min}}{R_{dis}}\right) \end{cases} \tag{4-18}$$

式中，m 为第 m 个单体电池；$U_{OC,m}[z_m(t)]$ 为单体 m 在 SOC 为 $z_m(t)$ 处的 OCV 值；$i_{L,m}$ 为单体 m 的负载电流；R_i 为每一个单体在充电或放电时的内阻，其值的大小需根据电流方向而定；SOP_{chg} 和 SOP_{dis} 分别为电池的充电 SOP 和放电 SOP；U_{max} 和 U_{min} 分别为电池的充电截至电压与放电截止电压；R_{chg} 和 R_{dis} 分别为电池在充电和放电时的内阻。

3. 基于 SOC 约束的预测方法

HPPC 法中，通过 HPPC 获取单体的峰值充电电流和峰值放电电流，进而计算电池的充电 SOP 和放电 SOP。而在基于 SOC 约束的预测方法中，基于动力电池使用时的最大 SOC 和最小 SOC 的限制获得动力电池的峰值充放电电流，进而计算电池的充电 SOP 和放电 SOP。在基于 SOC 约束的预测方法中，计算 SOP 的公式为

$$\begin{cases} SOP_{chg} = U_{max}\left[\dfrac{z_m(t) - z_{max}}{\eta_i \Delta t / C_{max}}\right] \\[3mm] SOP_{dis} = U_{min}\left[\dfrac{z_m(t) - z_{min}}{\eta_i \Delta t / C_{max}}\right] \end{cases} \tag{4-19}$$

式中，η_i 为充放电效率；z_{max} 和 z_{min} 分别为 SOC 的上下限约束；$z_m(t)$ 是单体 m 在 t 时刻的 SOC。

4. 基于电压约束的预测方法

HPPC 法仅能预测短时间间隔的瞬时峰值电流，但长时间间隔下电池会面临过充电或过放电问题，长时间间隔的峰值电流预测同样重要。为了实现长时间间隔情况下的峰值电流预测，研究者提出了基于电压约束的峰值电流预测方法。进而预测电池 SOP。

具体地，使用改进的 Rint 模型计算单体端电压：

$$U(t + \Delta t) = OCV_m[z_m(t + \Delta t)] - Ri_m(t) \qquad (4-20)$$

式中，R 为单体在充放电时的内阻；$i_m(t)$ 为单体 m 在 t 时刻的 SOC。

由于无法直接解出峰值电流，需将函数泰勒展开：

$$OCV_m[z_m(t + \Delta t)] = OCV_m\left[z_m(t) - i_m(t)\frac{\eta_i \Delta t}{C_{\max}}\right]$$

$$= OCV_m[z_m(t)] - i_m(t)\frac{\eta_i \Delta t}{C_{\max}} \left.\frac{\partial OCV(z)}{\partial z}\right|_{z = z_m(t)} + R\left[z_m(t), i_m(t)\frac{\eta_i \Delta t}{C_{\max}}\right]$$

$$(4-21)$$

式中，$R(\cdot)$ 为一阶泰勒展开余项，其值约等于 0，舍去；OCV 的导数 $\dfrac{\partial OCV(z)}{\partial z}$ 的值可由 OCV – SOC 曲线获得。如图 4 – 42 所示。

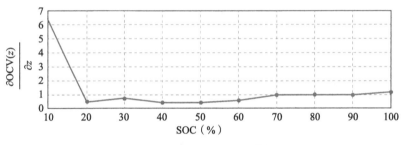

图 4 – 42　OCV – SOC 曲线

则峰值电流预测公式为

$$\begin{cases} i_{\max}^{\text{dis}} = \dfrac{OCV[z_m(t)] - U_{\min}}{\dfrac{\eta_i \Delta t}{C_{\max}} \left.\dfrac{\partial OCV(z)}{\partial z}\right|_{z_m(t)} + R_{\text{dis}}} \\[4ex] i_{\min}^{\text{chg}} = \dfrac{OCV[z_k(t)] - U_{\max}}{\dfrac{\eta_i \Delta t}{C_{\max}} \left.\dfrac{\partial OCV(z)}{\partial z}\right|_{z_m(t)} + R_{\text{chg}}} \end{cases} \qquad (4-22)$$

之后，将峰值充电电流与峰值放电电流带入式（4 – 17）即可求出充电 SOP 与放电 SOP。

5. 多约束动态法

Thevenin 模型使用 RC 网络描述动力电池的动态电压特性，具有精确模拟动力电池极化、迟滞等现象的优势。Thevenin 模型如图 4 – 43 所示。

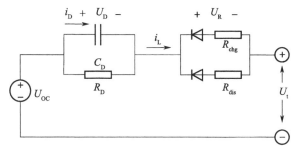

图 4-43　Thevenin 模型

Thevenin 模型的状态空间方程为

$$\begin{cases} U_t = \text{OCV} - U_D - Ri \\ \dot{U}_D = \dfrac{i}{C_D} - \dfrac{U_D}{C_D R_D} \end{cases} \qquad (4-23)$$

则可以获得单体端电压公式为

$$U_D(t + \Delta t) = e^{-\Delta t/\tau} U_{D,m}(t) + R_D(1 - e^{-\Delta t/\tau}) i_m(t) \qquad (4-24)$$

式中，$\tau = R_D C_D$。

基于改进模型的峰值电流计算公式为

$$\begin{cases} i_{\max}^{\text{dis,MCD}} = \dfrac{\text{OCV}[z_m(t)] - U_{D,m}(t) e^{-\Delta t/\tau} - U_{\min}}{\dfrac{\eta_i \Delta t}{C_{\max}} \dfrac{\partial \text{OCV}(z)}{\partial z}\bigg|_{z_m(t)} + R_D(1 - e^{-\Delta t/\tau}) + R_{\text{dis}}} \\[3mm] i_{\min}^{\text{chg,MCD}} = \dfrac{\text{OCV}[z_k(t)] - U_{D,m}(t) e^{-\Delta t/\tau} - U_{\max}}{\dfrac{\eta_i \Delta t}{C_{\max}} \dfrac{\partial \text{OCV}(z)}{\partial z}\bigg|_{z_m(t)} + R_D(1 - e^{-\Delta t/\tau}) + R_{\text{chg}}} \end{cases} \qquad (4-25)$$

动力电池单体电流在现实情况下存在限制，则通过式（4-26）来进行约束。

$$\begin{cases} i_{\max}^{\text{dis}} = \min(i_{\max}, \ \min_m i_{\max}^{\text{dis,MCD}}) \\ i_{\min}^{\text{chg}} = \max(i_{\min}, \ \max_m i_{\min}^{\text{chg,MCD}}) \end{cases} \qquad (4-26)$$

之后，将峰值充电电流与峰值放电电流带入式（4-17）即可求出充电 SOP 与放电 SOP。

4.2.5　SOE 预测

1. SOE 评价方法介绍

电池 SOE 的定义为电池的剩余能量与额定工况下额定能量的百分比，是指电池在当前状态下，以标准工况放电到截止电压的能量。

目前，SOE 估计方法主要分为基于估计的方法和数据驱动的方法。常用的数据驱动方法包括 BP 神经网络、模糊控制等。SOE 概念由 Kelli Mamadou 提出，通常用 SOC 评判电池目前的能量情况，但 SOC 变化只能反应电流的变化，无法描述电压的变化。

2. 功率积分法

功率积分法类似于 SOC 估计中的安培积分法，是根据定义对电池功率进行积分的方法。通过积分电池电流和电压的乘积，求出能量的变化，得到电池当前的 SOE 值。在电池充放电的初始阶段，为了维持瓦特积分的高估计精度和动态估计能力，正确的初始 SOE 值是重要的。但是，SOE 的初始值很难求出，初始值的精度直接影响估计结果。随着充放电的进行，过程噪声逐渐累积，SOE 估计结果与真值之间的偏差逐渐增大。因此，累计电量必须正确取得 SOE 的初始值，累计电量不能长时间使用，也不能单独使用。

3. 开路电压法

开路电压法需要长时间静置电池。在电池状态稳定后，求出开放电压与 SOE 的关系，建立 OCV – SOE 关系曲线，求出当前状态下的 SOE。但是，在电动汽车的行驶过程中，由于有加速、爬坡、能量制动恢复等复杂的工作条件，工作电流变化很大，开放电压很难在短时间内稳定，稳定的时间与电流尺寸、温度等因素密切相关。因此，该方法在估计 SOE 时存在很大的不确定性，而且电动汽车在行驶中不可能长时间静置，因此不适用于在线估计 SOE。开放电压法适用于实验用电池的研究和维护，可与瓦小时累计法结合计算 SOE 的初始值。

4. 基于数据驱动的 SOE 预测方法

在数据驱动方式中，电池被视为黑箱系统，根据输入的外部参数和得到的对应输出，使用数据驱动方式的拟合能力进行学习。现在大部分的数据驱动型 SOE 预测方法都使用其他数据进行预测。构建最大可用能量和剩余可用能量的多维度查找表，对当前 SOC、SOH、温度、电流进行插值，得到当前最大可用能量和剩余可用能量，SOE = 剩余可用能量/最大可用能量。然而，多维度查找表的建立基于大量的实验数据，该方法依赖于对电池 SOC 和 SOH 的准确估计。此外，本节并未涉及电动汽车在动态工作条件急剧变化时的适用性。为了模拟电池的动态电压特性，提出了基于小波神经网络的电池模型，为了抑制电流和电压的测量噪声，有研究者使用粒子滤波器估计器来估计电池的能量状态。

4.3　SOS 联合估计

动力电池系统各种状态的实时监控和精确预测是进行动力故障诊断和风险预测的判定基础，对保障电动汽车的安全可靠运行至关重要。动力电池系统各种状态参数具有非线性和强时变特征，因此很难通过常规的物理实验、数学模型等方法对其准确建模和有效复现。本节将基于实车运行大数据综合考虑路况、天气、驾驶行为等多种复杂影响因素，采用 LSTM 神经网络完成实车动力电池系统电压、温度和 SOC 等关键状态的在线多步联合预测，同时实现实车动力电池系统 SOH 的在线精确估计。

4.3.1　基于 LSTM 的多状态联合预测模型

1. 数据预处理

数据采样间隔为 10s，车辆 A 是一辆装配有高比能量磷酸铁锂离子动力电池系统的纯电动出租车，其主要性能参数配置见表 4 - 6。动力电池系统由 100 个单体电池组成，且电池箱内外分布有 16 个温度探针来监控电池包的温度。为了简化分析，下文中单体电压将由 1 号单体的单体电压表示，探针温度由 1 号探针的温度表示。

表 4 - 6　车辆 A 性能参数配置

参数	整备质量	轴距	最高车速	电机额定功率	电机转矩	最大续驶里程
数值	1350kg	2500mm	125km/h	20kW	144N·m	200km

以 A 车 2016 年全年的运行数据作为输入集，2017 年的部分运行数据作为测试集进行研究。为了达到研究要求，原始车辆运行数据需要经过一系列预处理过程，例如将各个数据项格式统一、剔除异常值以及补充遗漏值等。此外为了进行更全面的分析和更加精准的预测，本节提出一种天气车辆驾驶员的分析方法，在考虑电池系统自身特性的同时，将天气、车辆和驾驶员行为等因素也加以考虑。

通过运用爬虫技术，将可能影响车辆运行的天气数据从天气网站 https://www.wunderground.com 导出，最终添加了湿度、降水量、气压、气温、能见度和风速共 6 个气象参数用于潜在的输入参数分析。原始气象数据的时间间隔为 3h，与新能源汽车大数据平台的采样间隔 10s 不一致，因此采用拉格朗日插值方法对各个气象参数进行以 10s 为间隔的插值，然后根据时间对齐原则将插值后的天气数据与车辆数据进行合并存储。气象参数通常短时波动很小，并且对电池性能的影响较小，因此插值处理后的气象参数可以满足本研究要求。图 4 - 44 所示为车辆数据和气象数据的预处理流程，以 2016 年 1 月 1 日的气温为例，拉格朗日插值前后的气温曲线如图 4 - 45 所示。

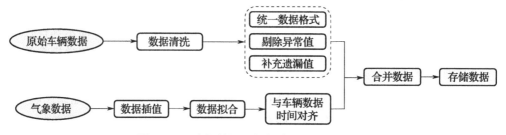

图 4 - 44　车辆数据和气象数据的预处理流程

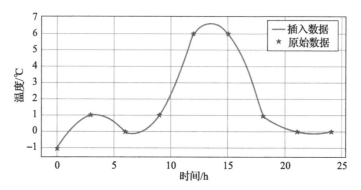

图 4 - 45　拉格朗日插值前后的气温曲线

对于与电池电压、温度和 SOC 相关的车辆运行因素——动力电池的剩余使用寿命（Remaining Useful Life，RUL）是一个需要着重考虑的参数。目前对于一辆实际运行的车辆和现有 RUL 估计算法来说，对动力电池真实 RUL 进行实时精确监测几乎是一项不可能完成的任务。然而，纯电动汽车动力电池系统 RUL 与车辆行驶里程是负相关的，即车辆行驶里程越长，动力电池 RUL 就越小，目前很多纯电动汽车的全寿命周期也都用总续驶里程表示。因此，在下文的参数分析中，将使用新能源汽车大数据平台直接可测得的车辆行驶里程来间接表示电池 RUL 状态。

驾驶员驾驶行为会对实车动力电池系统的安全性和耐久性产生很大影响，但是目前新能源汽车大数据平台暂时无法实时监测和记录车辆的行驶加速度，对于用车速来估算加速度的方法来说，10s 的采样间隔也过大。因此，若要得到车辆加速度状态必须通过其他可以实时测得的参数来表示或者计算。为了解决这个问题，首先分析加速度与电机速度、电机额定功率、车轮半径等参数之间的相关关系，如下所示：

$$T_{motor} = \frac{9550P}{n} \qquad (4-27)$$

$$T_{wheel} = T_{motor}i \qquad (4-28)$$

$$a = \frac{F}{m} = \frac{T_{wheel}}{Rm} \qquad (4-29)$$

因此，加速度 a 可以计算如下：

$$a = \frac{9550Pi}{Rmn} \qquad (4-30)$$

式（4-27）~式（4-30）中，T_{motor} 为电机转矩；P 为电机额定功率；n 为电机速度；T_{wheel} 为车轮转矩；i 为电机到车轮的传动效率；F 为车辆的驱动力；m 为车辆的整备重量；R 为轮胎半径。

在式（4-30）中，除了电机速度 n 和加速度 a 之外，所有参数都是已知的常数，因此加速度和电机速度彼此成反比关系。由于传动效率 i 等参数的计算或者估算都会存在一定误差，通过式（4-30）计算得到的加速度也必将含有一定误差。为了避免计算误差和计算消耗，本研究将直接采用电机转速来间接表示车辆加速度状态。

基于上述"天气-车辆-驾驶员"思路对各个潜在输入参数进行分析，初步确定了用于训练 LSTM 模型的 15 个参数为：单体电压、探针温度、SOC、制动踏板开度、电机转速、车速、总电压、总电流、湿度、降水量、气压、气温、能见度、风速和行驶里程，车辆 A 在 2016 年全年的运行参数曲线如图 4-46 所示。

2. 基于 LSTM 的多参数联合预测

LSTM 模型的基本原理已在 LSTM 神经网络中进行了介绍。采用 LSTM 预测实车动力电池系统状态时，仍然存在三个难题：①传统的基于批量梯度下降或随机梯度下降的深度学习网络收敛至最优网络权值的速度非常慢，因此不适用于实车电池系统状态的在线预测；②如何有效捕获被预测参数与复杂多变的路况、天气和驾驶员驾驶行为等不可控因素之间的非线性耦合关系，以及如何区分车辆复杂多变的行驶状态和相对稳定充电状态，仍是实现 LSTM 模型全气候全状态应用的一大挑战；③对于 LSTM 深层神经网络来说，训练中的过拟合会劣化学习过程和预测结果。

为了解决上述难题，本研究中构建的 LSTM 模型主要包括四大部分：一个 LSTM（$m-n$）网络架构，一个基于 Adam 方法的网络参数优化器，一种防止 LSTM 过拟合的"Pre-dropout"技术，以及一种能自适应区分充电/行驶状态的"双模型协作"（Dual-Model-Cooperation，DMC）预测策略。

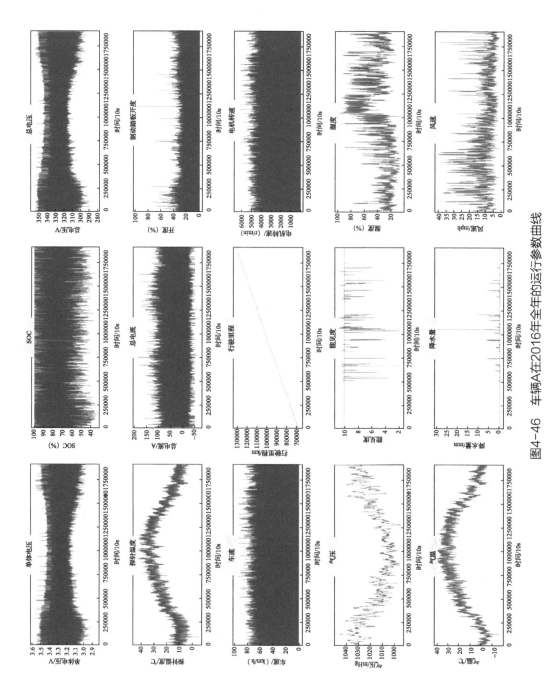

图4-46 车辆A在2016年全年的运行参数曲线

4.3.2　超参数优化及预测结果分析

1. 防止过拟合效果

LSTM 模型在训练过程中的泛化能力会受到很多因素影响，其中过拟合就是最常见的原因之一，这也是模型学习能力与训练数据复杂度之间的匹配不佳的结果。过拟合出现的原因可能有很多，如选取样本或者选样方法有误会导致选好的训练数据集不足以代表预定的分类规则，输入或者输出参数太多则会导致模型复杂度过高等。过拟合的解决方案主要有：正则化（L1 和 L2）；数据扩增，即增加训练数据样本；Dropout 技术；Early stopping。关于防止神经网络过拟合的各项技术研究均已经发表了相当数量的文献。然而 L1 和 L2 正则化两种方法都向原始函数添加了一些额外的项，以正则化学习权重。其中，L1 正则化添加所有网络权重的总和，而 L2 正则化添加权重平方的总和。Dropout 技术的具体细节在 4.2.2 节中进行了介绍。

2. LSTM 网络参数的确定

在 LSTM 模型的训练过程中，并非输入参数越多越好，将所有强相关参数与弱相关参数一起加入训练时，反而会产生适得其反的训练效果并增加过拟合的概率。当把上述所有 15 个参数都作为输入参数来训练 LSTM 模型时，发现无论用其中哪一个参数作为输出，训练都会在刚开始不久就由于过拟合而结束。这是因为这些参数中有许多参数之间的相关性特别强或特别弱，因此在建模之前开展参数间的相关性分析对于挑选出最合适的输入参数并剔除不利参数是非常必要的。在统计学中，Karl Pearson 在 19 世纪 80 年代从 Francis Galton 提出的一个相关想法中发展出来的皮尔逊 Pearson 相关系数在科学研究中得到了广泛的应用。Pearson 相关系数的值介于 -1 和 1 之间，其中 $1/-1$ 是正负线性相关性关系，0 表示非线性关系。所有 15 个被考虑的参数之间的 PCC 相关系数如图 4-47 所示（为了简化分析，其中所有 PCC 相关系数都做了绝对值处理）。

两个参数之间的相关性可以通过它们之间的相关系数绝对值来判断：0.8~1.0 表示极强相关性，06~0.8 表示强相关性，0.4~0.6 表示中度相关性，0.2~0.4 表示弱相关性，0~0.2 表示极弱相关性或不相关。所有参数相关系数值如图 4-16 所示。在排除不相关和极强相关参数的情况下，从图 4-47 中可以看出，与单体电压匹配的参数有制动踏板开度、总电流、电机速度、SOC 和车速；与 SOC 匹配的参数是总电压和单体电压；没有参数能与探针温度相匹配。然后，在分析所有可匹配参数之间的相关性后，只有 5 个输入参数可参与训练 LSTM 模型，分别是单体电压、探针温度、SOC、制动踏板开度和车速。

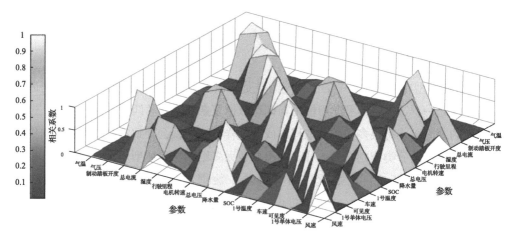

图 4-47　所有潜在输入参数之间的 PCC 相关系数

3. 不同类型窗口尺寸的确定

在训练 LSTM 模型之前，需要对许多模型参数进行设置和优化。然而，具有大型数据集的模型完成一组超参数的训练需要花更长的时间，很难在短时间内完成模型超参数优化。因此，需要根据过往经验预先设置一组超参数然后再对其进行逐步优化。

在机器学习过程中，需要将训练数据集划分成较小尺寸并逐个提供给计算机，并且在每一步结束时都应该更新神经网络的权重以适用于给定的数据集，因此需要像 Epoch 和 Batch size（简称为 BS）这样的参数。各种窗口大小也对预测效果具有重要影响，因为它可以确定每次输入和输出的样本数量。此外，为了使训练过程学习并记住更多的历史信息，本节应用了滑动窗口技术。图 4-48 所示为采用滑动窗口技术的 LSTM 训练样本准备示意图。

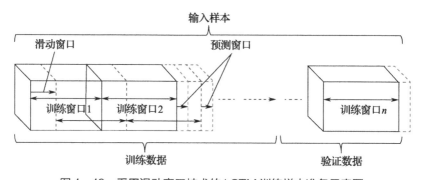

图 4-48　采用滑动窗口技术的 LSTM 训练样本准备示意图

基于上述分析初步确定一组超参数为：Epoch = 50，BS = 128，训练集为一个月运行数据，训练窗口尺寸（TWS）为 360（因为采样间隔为 10s，所以 360 代表 1h 数据），预测窗口尺寸（PWS）为 6（1min 数据），SWS = 60（10min 数据）。构建的 LSTM 网络由 6 层组成，即 1 个输入层，3 个隐含层（每层 100 个神经元），1 个线性激活的全连接隐含层和 1 个输出层。

为了便于下文中的不同训练数据集（2016 年全年数据、2016 年中 1 个月数据、2016 年中 1 周数据）的预测效果对比研究，本节使用车辆 A 于 2016 年 2 月份 1 个月的运行数据作为初始训练数据集，将 2017 年 2 月 8 日这一天的数据作为测试数据。为了评价模型的预测性能，平均相对误差（MRE）和根均方误差（RSME）是两种最常用的误差评价方法。本研究中，MRE 和 RSME 的公式可以表示为

$$\text{MRE} = \frac{1}{n} \sum_{i=1}^{n} \frac{|\hat{P}_i - P_i|}{P_i} \times 100\% \qquad (4-31)$$

$$\text{RSME} = \sqrt{\frac{1}{n} \sum_{i=1}^{n} (\hat{P}_i - P_i)^2} \qquad (4-32)$$

式中，n 为训练样本或测试样本的数量；$\hat{P}_i$ 和 P_i 分别为预测值和实际值。

此外，为了得到全方位的验证效果，"交叉验证"是在建模应用中最常用的验证方法之一，有时被称为"旋转估计"，是统计学中将数据样本分成较小子集的一种实用方法，由 Seymour Geisser 在 1993 年提出。交叉验证的常见形式有保持验证（Holdout）、K-折交叉验证和保留验证（Retention），其中 K-折交叉验证是应用最广泛的方法，该方法能够重复使用随机产生的子样本进行训练和验证，每次训练的结果将被重复验证一次。为了确保 LSTM 模型的有效性和稳定性，本研究中所有的训练过程都进行了 10 折交叉验证，其原理如图 4-49 所示；训练数据和验证数据分别占整个训练数据集的 90% 和 10%。此外，将 MRE 用于评估每一次交叉验证后得到的模型对测试数据的预测结果，并将 10 次交叉验证的平均 MRE 作为每组超参数的最终预测 MRE。

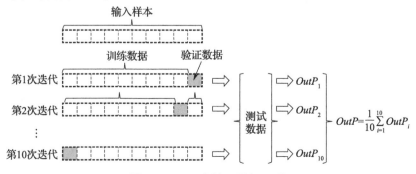

图 4-49　10 折交叉验证原理

基于初选的超参数和 10 折交叉验证，单体电压、探针温度和 SOC 的预测结果如图 4-50 所示，它们的 MRE 分别为 1.15%、5.56% 和 3.55%。可以看出，三个目标参数的预测值与实际值非常接近。此外，图 4-50c 表明车辆 A 在 2017 年 2 月 8 日这一天只进行了一次行驶和一次充电。

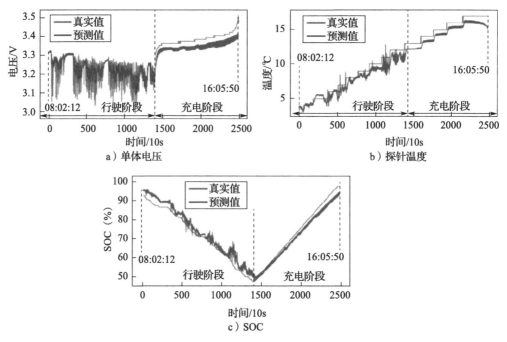

图 4-50 基于初选超参数的多参数预测结果

BS 的正确选择是为了在内存效率和内存容量之间寻找最佳平衡，如图 4-51a 所示。全批次（蓝色）训练适用于训练数据集较小的情况，其确定的方向能够更好地代表样本总体，从而更准确地朝向极值所在的方向，不过对于较大批次的数据集并不适用。迷你批次（绿色）训练是指选择一个适中的 BS 值，将 batch 大小的数据输入深度学习网络中，然后计算这个 batch 所有样本的平均损失函数。随机批次（红色，BS = 1 时）是指每次训练以各自样本的梯度方向进行修正，此时未考虑全局效应，所以在这种情况下难以达到较好的收敛效果。根据大量经验研究，本研究选择大小范围为 {8，16，32，64，128，256，512，1024} 的 BS 进行对比。基于不同的 BS 计算测试数据上的 MRE 以验证三个目标状态的预测精度，如图 4-51b 所示。从如图 4-51b 可以看出，当 BS = 16 时的 MRE 最低，即预测性能最佳。

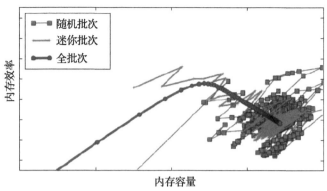

a）不同BS的内存效率和内存容量的关系

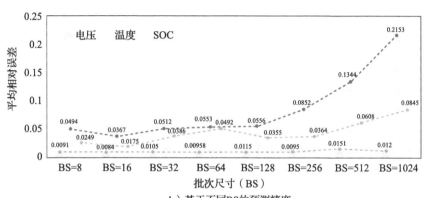

b）基于不同BS的预测精度

图 4-51　BS 的取值

为了验证 LSTM 网络在不同的 PWS 的预测效果，例如 PWS = {6，30，60，90，120，150，180，360}，它们分别表示未来 1min、5min、10min、15min、20min、25min、30min 和 60min 内的预测值。将不同 PWS 的预测 MRE 进行比较验证，如图 4-52 所示，随着 PWS 的增加，三个目标状态的 MRE 值也逐渐增大，其中温度的 MRE 上升最为陡峭，电压的 MRE 变化最为平缓。因为 TWS 固定不变，所以随着预测窗口变大，预测时间变长，学习难度也就越大，预测精度越低。更小的 PWS 应该具有更高的预测精度，然而，一旦下一个 PWS 内被预测出即将出现

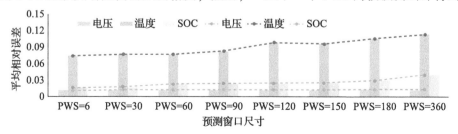

图 4-52　不同预测窗口尺寸的预测结果

严重电池故障或者安全风险，太小的 PWS 意味着给驾驶员预留的逃生和施救时间非常短。因此，在本研究中将预测窗口设置为 PWS = 30，即预测时间窗口为 5min。

为了验证不同滑动窗口的预测效果，分别使用 SWS = {1、6、30、60、90、120、180、360} 进行对比分析，即分别采用 10s、1min、5min、10min、15min、20min、30min 和 60min 为滑动步长，其中当 SWS = 360 = TWS 时，表示训练窗口没有迭代和滑动。基于不同 SWS 的预测 MRE 如图 4 - 53 所示。三种电池状态的预测 MRE 具有随 SWS 增加而逐渐增大的趋势，其中温度和 SOC 的 MRE 有很大的波动，电压的 MRE 变化并不明显。理想情况下，最小的 SWS（SWS = 1）可以获取几乎所有可用的历史信息，但是更小的 SWS 也意味着更高的计算机配置要求和更长的训练时间，图 4 - 53 显示 SWS = 6 时的误差与 SWS = 1 非常接近，这也意味着 SWS = 6 时已经获得近似于 SWS = 1 时的学习能力。

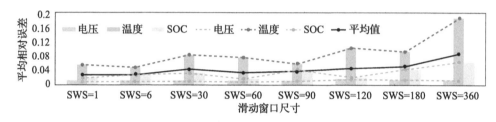

图 4 - 53　不同滑动窗口尺寸的预测结果

4. 不同训练数据集的比较

以 2017 年 2 月 8 日的一天数据作为测试数据，比较不同训练数据集（2016 年一年数据，2016 年 2 月份数据，2016 年 2 月第一周数据）的预测效果，不同训练数据集的预测结果对比如图 4 - 54 所示。随着训练数据集的增大，三个目标状态的预测 MRE 明显下降，特别是当训练数据集为最小的一周数据时，模型预测精度要差很多。

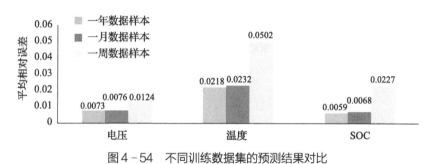

图 4 - 54　不同训练数据集的预测结果对比

4.3.3　结果验证与分析

1. DMC 预测策略

图 4-58 展示了分别在充电数据和行驶数据上测试的多对多（5-3）模型和多对多（3-3）模型的预测误差，LSTM（3-3）是以电压、温度和 SOC 作为输出和输入。通过图 4-55 发现，两种模型结构分别对充电数据和行驶数据具有不同的预测效果。当车辆行驶时，LSTM（5-3）模型的预测精度明显优于 LSTM（3-3）模型，因为其输入考虑了驾驶员驾驶行为。反之，LSTM（3-3）模型在充电阶段的预测性能稍好于 LSTM（5-3）模型，因为当车辆充电时，由于车速和制动踏板行程值恒定为零，因此对于 LSTM（5-3）模型来说实际使用的输入参数只有 3 个目标参数，所以此时仍用 5 个输入参数进行训练反而会对充电数据的预测结果产生不利影响。

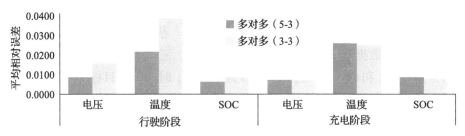

图 4-55　LSTM（5-3）模型和 LSTM（5-3）模型在充电和行驶阶段的预测效果对比

为了保证在充电和行驶两种状态下的预测精度，本节提出一种 DMC 预测策略，该策略可以使 LSTM（5-3）和 LSTM（3-3）模型分别在行驶和充电阶段工作。预测策略的工作步骤如下：首先，根据电池组电流 I 和车速 v 的状态来判断车辆状态，见表 4-7，当车辆正在充电时，$I > 0$；当车辆正在行驶时，$I < 0$。从表 4-7 来看，当 $I < 0$ 且 $v = 0$ 时，车辆被判断为充电状态，并且除了 $I = 0$ 之外的其他条件均被认为是行驶状态。当车辆处于复杂多变的行驶状态时，使用 LSTM（5-3）模型进行预测；当车辆处于稳定充电状态时，自适应切换到 LSTM（3-3）模型进行预测。

表 4-7　基于电流和车速的车辆状态分析

电流和车速状态	车辆状态
电流 $I > 0$ 且车速 $v = 0$	行驶过程中停车
电流 $I > 0$ 且车速 $v > 0$	行驶
电流 $I > 0$ 且车速 $v < 0$	倒车

（续）

电流和车速状态	车辆状态
电流 $I < 0$ 且车速 $v = 0$	充电
电流 $I < 0$ 且车速 $v > 0$	制动能量回收
电流 $I < 0$ 且车速 $v < 0$	不会发生
电流 $I = 0$	车辆未起动

此外，在现有计算机配置和选定超参数下，通过交叉验证，当训练数据集分别为一年数据、一个月数据和一周数据时，训练 LSTM 模型所需的平均时间分别为 69.38h、16.10h 和 4.26h，但是对同一测试数据的测试时间均约为 7s。因此，虽然 LSTM 模型的离线训练花费很长时间，但当超参数确定且模型被离线训练好时，LSTM 模型执行在线预测只需要一个很短的时间，且不受训练数据集大小的约束。当在实际运行车辆上执行在线预测时，测试数据也仅仅是前一个小时的数据而非本研究中的一天数据，在线预测的时间会更短。因此，所提出的 LSTM 模型可以实现对电池电压、温度和 SOC 的同步在线快速预测。基于上述选定的超参数，当训练数据集为一年数据，且预测窗口为 PWS = 30 时，三种目标状态的预测 MRE 分别为 0.7%、2.02% 和 0.58%，当预测窗口为 PWS = 1 时，三种目标状态的预测 MRE 分别为 0.58%、0.82% 和 0.48%，预测结果如图 4-56 所示，从图中可以看出经过超参数优化的后的预测值比优化之前更加接近于实际值，尤其是温度和 SOC 几乎与真实值重合。

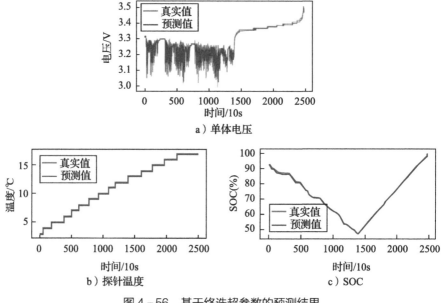

a）单体电压

b）探针温度

c）SOC

图 4-56　基于终选超参数的预测结果

2. 有效性及灵活性验证

以 LSTM 模型在 PWS = 1 时的预测结果为比较对象，将其与表 4 - 8 所示的其他预测算法进行比较，结果表明 LSTM 模型具有比其他方法更优秀的预测性能。更重要的是，该方法可以实现在实际运行车辆的全气候全状态应用，精确预测多种电池状态而不受复杂运行环境的影响。因此，该方法在动力电池系统多状态联合预测和安全控制管理方面具有广阔的应用前景。

表 4 - 8　各种电池参数预测研究的预测效果对比

预测方法		误差	测试环境	预测目标	预测步数
简化物理模型		MRE < 5%	− 10℃，0℃，20℃，45℃	电压	单步
KLMS - X 滤波器		RMSE < 0. 329	匀速行驶（3.5km/h）		
两步预测法		MRE < 3.05%	20℃，30℃，45℃（室温）	温度	
卡尔曼滤波		RMSE < 0. 269	60A 充放电		
支持向量机		MRE < 2%	25℃（室温）	SOC	
LSTM - RNN 模型		MRE < 0.6%	0℃，10℃，25℃（室温）		
模糊神经网络		MRE < 0.9%	25℃（室温）		
本节 LSTM 模型	电压	MRE < 0.58% RMSE < 0.037	全气候全状态实车应用	多参数	可调多步
	温度	MRE < 0.82% RMSE < 0.1513			
	SOC	MRE < 0.48%			

本研究的目标是联合预测未来一段时间的多种电池状态变化，因此过分追求小 PWS 并不一定能获得理想的结果。如图 4 - 57 所示，较小的 PWS 代表短期预测，可以获得较高的预测精度，但在预测到任何安全风险时采取应急措施的可用

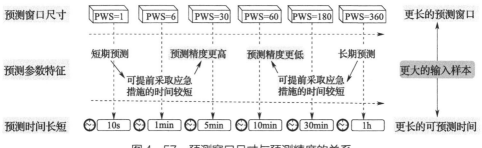

图 4 - 57　预测窗口尺寸与预测精度的关系

时间较短；较大的 PWS 表示长期预测，其预测精度较低，但是可以为预测到的安全风险提供更多的应急处理时间。因此，如何选择 PWS 同时取决于 PWS 和预测精度的要求，为了同时提高预测精度和延长预测窗口，需要不断扩充训练数据并更新优化模型的超参数。

众所周知，较小的预测 MRE 和较短的预测时间（Predicted Time，PT）都会产生更好的预测效果。为了验证 LSTM 模型 PWS 的灵敏性，通过计算预测 MRE 和 PT 之间的关系，以预测灵敏度（Predictive Sensitivity，PS）作为最终决定 PWS 的预测性能指标。以 PWS = 6 时的预测灵敏度为基准，见式（4 - 33）。其中，PS（6）是 PWS = 6 时的预测灵敏度。结果显示，当 PWS 增加时，预测时间 PT 并没有发生明显变化，但预测灵敏度逐渐下降，预测效果逐渐变差。因此，可以通过设定预测灵敏度阈值确定 PWS 的大小。

$$PS = \frac{PT}{MRE \times PS（6）} \tag{4-33}$$

3. 稳定性和鲁棒性验证

为了验证 LSTM 模型不同运行环境下的稳定性和鲁棒性，将 2017 年 4 月 1 日、7 月 1 日、10 月 1 日和 1 月 1 日四天的数据分别作为四季的测试数据进行比较，并比较其预测 MRE，见表 4 - 9。结果显示，LSTM 模型在四个季节的环境中都具有较好的预测性能，展示了优秀的全气候应用效果，其中，由于北京在冬季的室外环境温度较低，运行环境相对恶劣，所以冬季的预测性能比其他四个季节都要差一些。

表 4 - 9 不同季节的预测 MRE 对比

日期	参数			
	气温/℃	电压/V	温度	SOC
2017 年 4 月 1 日	5 ~ 22	0.0051	0.0212	0.0042
2017 年 7 月 1 日	24 ~ 36	0.0039	0.0064	0.0104
2017 年 10 月 1 日	13 ~ 26	0.007	0.0121	0.0088
2017 年 1 月 1 日	- 3 ~ 6	0.0067	0.0325	0.0092

此外，图 4 - 58 还展示了被研究车辆在工况 1 ~ 工况 4 下的 1h 行驶数据特性。工况 1 为车辆在低于 60km/h 的正常速度下运行；工况 2 表示车辆在低速和频繁怠速条件下运行；工况 3 和工况 4 分别显示了超过 80 km/h 的两组高速行驶工况，这 4 种工况下 1h 测试数据的预测 MRE 见表 4 - 10。结果表明，提出的 LSTM 模型在不同的行驶工况条件下均具有稳定的预测性能。

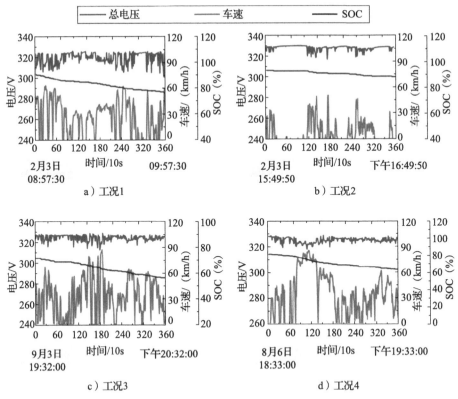

图 4-58 不同驾驶工况下的 1h 驾驶特性

表 4-10 不同行驶工况下预测 MRE 对比

工况	参数		
	电压	温度	SOC
工况 1	0.0057	0.0278	0.0051
工况 2	0.0055	0.0252	0.0048
工况 3	0.0047	0.0098	0.0041
工况 4	0.0045	0.0101	0.0042

 本章小结

1）本章详细介绍了动力电池系统温度预测、电压预测、SOC 预测、SOP 预测、SOE 预测方法。并介绍了 LSTM、GRU、SAM 等方法原理与验证过程；详细讨论了各个方法的调参与验证效果。

2）本章基于 LSTM 神经网络和实车运行大数据，提出了实车动力电池系统电压、温度和 SOC 多种状态在线多步联合预测模型，克服了现有电池模型面向实车运行数据参数辨识及建模效果不佳问题，能够有效捕获电池状态与各种复杂交变应力之间的非线性耦合关系，实现了实车动力电池系统多种状态未来多步预测。此外，本章还提出了"天气－车辆－驾驶员"分析方法综合考虑环境应力、老化应力、动态载荷和驾驶行为等多应力冗合工况，Pre-dropout 技术可以有效防止模型训练过程中的过拟合，DMC 预测策略可以自适应切换充电/行驶状态，有效提高了模型训练效率和预测精度。测试结果显示，电压、温度和 SOC 的单步预测（未来 10s）MRE 分别达到了 0.58%、0.82% 和 0.51%，30 步预测（未来 5min）MRE 分别达到了 0.7%、2.02% 和 0.58%。通过不断扩充训练数据并更新优化模型的超参数，可以提高预测精度并延长预测窗口，为潜在安全风险预警提供更多应急处理时间。

第 5 章
动力电池系统故障诊断研究

⟨5.1⟩ 概述

随着能源与环境问题的日益显著，全球能源结构正发生着巨大的转变。新能源汽车动力电池作为能源装置，其安全性和稳定性直接影响着车辆及车内驾驶员的安全。因此，通过动力电池系统故障诊断（图 5-1）进行故障类型分类、故障位置定位等，是提高电动汽车行驶安全性的重要方法。针对动力电池系统故障，

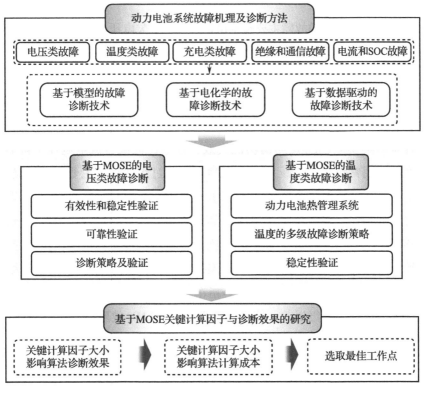

图 5-1　动力电池系统故障诊断研究

目前基于各种观测器、滤波以及机器学习方法已经开展了广泛研究，但是现有故障诊断方法往往具有计算量较大、实时诊断精度低、鲁棒特性差等缺点。为了克服传统阈值法诊断指标单一、报警时间短等缺陷，本章将深入研究动力电池典型故障机理及故障诊断方法，基于实车运行大数据，探索常规安全阈值范围内的早期隐蔽性电池故障的诊断方法和诊断策略，实现动力电池故障特征定性分类和故障等级定量评估。

5.2 动力电池系统故障机理及诊断方法

5.2.1 动力电池系统故障机理分析

动力电池系统故障可以分为电压类故障、温度类故障、充电类故障、绝缘和通信故障、电流和 SOC 异常等几种典型故障类型。下面我们分别对这些故障类型及各自原因进行分析。

1. 电压类故障

动力电池系统电压类故障主要包括电池过电压、欠电压、压差过大和电压跳变。电池过电压故障是指一个或者多个单体电池电压明显偏高且超过一定安全阈值的现象，此类故障的原因一般是采集误差、负载和测量单元（Load and Measurement Unit，LMU）均衡功能失效、电芯容量过低或者充电电压上升过快。电池欠电压故障是指一个或者多个单体电池电压明显偏低且超过一定安全阈值的现象，出现此类故障原因可能是采集误差、LMU 均衡功能失效、容量过低或者放电电压下降较快等。压差过大故障通常包括动态压差过大和静态压差过大两种，主要表现为动力电池系统充电时某一个或者多个单体的电压率先到达满电 COV；实车行驶过程中踩加速踏板过程使某一个或多个单体电压比其他单体电压下降更快；实车行驶过程中踩制动踏板时使某一个或多个单体电压比其他单体电压上升更快。压差过大故障的产生原因通常为紧固连接螺母松动、连接处有污染物、电芯自放电率大、单体容量过低以及单体漏液等。电压跳变是指车辆在运行或充电时单体电压发生跳变的现象，起因主要为采集误差、信号采集线松动或 LMU 故障。

2. 温度类故障

动力电池系统温度类故障主要包括电池热管理系统（Battery Thermal Management System，BTMS）故障、温度过高、温度过低、温差过大和温升过快五种。BTMS 故障主要分为加热故障和散热故障，表现为当电池箱温度达到某一过高或者过低的数值时，既定的加热和散热设备无法正常开启，其原因通常为加热/散热继电器或电池组管理模块（Battery Management Unit，BMU）出现故障，或是加热片和散热风扇的功能失效。温度过高故障是指动力电池系统在运行过程中某一个或多个温度点的温度偏高并达到一定的安全报警阈值，此类故障多由温度传感器故障、LMU 故障、风扇故障或过充电等原因造成。温度过低是指动力电池系统在运行过程中某一个或多个温度点偏低并达到安全报警阈值，此类故障通常是由温度传感器故障或 LMU 故障引起的。此外，温差过大和温升过快故障的现象和诱因与高低温故障相似，且各类故障并不是相互独立的，而是相互关联、互为因果，例如温升过快故障一般是伴随温度过高或者温差过大故障一起发生的，因为局部温升过快极易引起温度过高和温差过大。

3. 充电类故障

动力电池系统充电类故障主要分为直流充电故障和交流充电故障两种。基于 GB/T 27930—2015《电动汽车非车载传导式充电机与电池管理系统之间的通信协议》的界定条件，动力电池系统在充电时若出现充电无法启动、充电过程中充电枪跳枪或充电结束以后电池 SOC 无法顺利复位等现象，即可认为该电池发生了充电故障，故障原因包括电压和温度类电池故障、CC1 对地电阻异常、BMU 故障及 CC2 对地电压异常等。

4. 绝缘和通信故障

动力电池系统绝缘故障是指绝缘阻值出现异常，故障原因包括绝缘误诊断、电池箱插件进水、环境湿度过大、电池漏液或控制器绝缘故障等。动力电池系统通信故障主要表现为 LMU、BMU 等部件通信故障、LMU 或 BMS 信息缺失，故障起因多为 LMU/BMU 信号通信异常。

5. 电流和 SOC 异常

动力电池系统电流异常通常表现为霍尔传感器及电路故障、直流充电机故障或 BMS 控制逻辑失效等现象。动力电池系统 SOC 异常包括 SOC 跳变、SOC 估测不准、SOC 无变化或下降速度过快/过慢等，此类故障的起因主要有通信异常、估算方法不准、电流异常及 BMU 故障等。

动力电池系统故障根据发生位置可以分为单体电池故障和电池组故障两大类型，通过故障分析可以得到如图 5 - 2 所示的动力电池系统故障树。单体电池故障主要是指在电池运行过程中随着电极电解液之间的电化学反应所产生的副反应，如锂沉积、隔膜刺穿、电解液分解等，或者在过充电、过放电、过热、短路等滥用条件下导致的电池故障，具体可以表现为单体电池电压降低、温度升高和容量减小等现象，并且可能会进一步引发电池热失控甚至爆炸等极端危险。

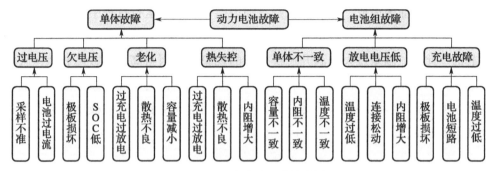

图 5-2　动力电池系统故障树

动力电池系统电池组故障主要出现在电动汽车的电池包中，由于现有技术条件的限制，在限定体积下单体电池的电压一般最大不会超过两位数，单体电池的能量根本无法满足电动汽车的动力性需求，因此，电动汽车的能量来源主要来自于由很多单体电池串联或并联构成的电池组（或电池包）。然而，单体电池串并联在一起的使用过程中会因为不一致性引发某些单体过充电、过放电、容量加速老化等情况，例如在动力电池系统充电时，低容量单体和高容量单体分别处于过充电和欠充电状态；放电时低容量单体和高容量单体分别处于过放电和欠放电状态。此外，已经出现不一致情况的动力电池组随着长时间工作使用，其不一致性水平会继续增大，致使其整体工作性能下降和寿命快速衰减。

5.2.2　动力电池系统故障诊断方法

1.故障诊断方法

故障诊断是指结合诊断目标的工作原理特性，以电力电子和计算机等技术为手段，实现对故障的精准识别、报警及后处理。根据国际故障诊断权威专家——德国杜伊斯堡大学 Paul M. Frank 教授的观点，故障诊断方法一般可以分为基于解析模型、基于知识和基于信号处理的方法。近年来随着故障诊断技术的不断发展，我们可以将故障诊断方法划分为两大类，即定量分析法以及定性分析方法，如图 5-3 所示。

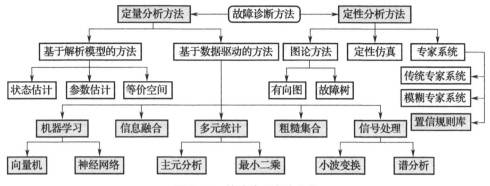

图 5-3 故障诊断方法分类

基于定性分析的故障诊断无需建立数学模型,其大致可以分为图论方法、定性仿真和专家系统方法。其中基于图论的故障诊断方法又包括符号有向图法和故障树分析方法,该方法的优点是可以得到易于理解的诊断结果,因此其适用性较广,但是缺点是难以实现对于大型复杂系统故障的准确诊断。基于专家系统的故障诊断方法主要是基于行业内专家的大量工程实践经验来实现的,不过知识水平的高低将会对此类诊断方法的准确率产生很大影响。定性仿真技术是近年来基于人工智能领域的研究发展起来的一种用于处理不完备信息的灰色系统推理技术,该技术主要是研究如何利用各种定性约束与定性状态传递规律来确定系统变量的定性状态,但是其有效性取决于系统提供的信息量的大小。

基于定量分析的故障诊断方法包括基于解析模型和基于数据驱动的方法。其中基于解析模型的故障诊断方法根据残差生成的方式又可以分为状态估计法、参数估计法以及等价空间法。此类方法的主要优点是能够深入理解被诊断系统的动态变化过程,便于实现故障的实时诊断及隔离,但是缺点是诊断精确度过度依赖于建立的数学模型,且对非线性模型的建模效果不佳。基于数据驱动的故障诊断方法主要包括机器学习法、粗糙集合法、多元统计法、信息融合法和信号处理法。此类方法虽然相对于基于解析模型方法的适用范围更加广泛,但是计算量较大,并且对研究对象的历史数据数量和质量要求较高。

2. 动力电池系统故障诊断方法

动力电池系统故障诊断通常是根据实时采集的电流、电压、温度等状态信息,采用有效的故障诊断方法设计合理的故障诊断系统,将故障诊断信息反馈至 BMS,以采取必要的防护措施或维修方案,保障动力电池系统安全、稳定及可靠运行,动力电池系统故障诊断流程如图 5-4 所示。

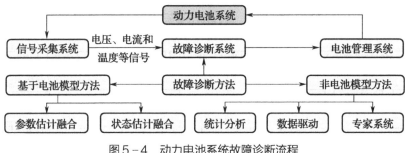

图5-4　动力电池系统故障诊断流程

目前，动力电池系统故障诊断方法根据应用方式可分为基于电池模型的故障诊断方法和非电池模型的故障诊断方法两大类。

非电池模型的故障诊断方法不需要对动力电池系统的动态特性建模，能够对电池参数实现高效的在线迭代更新，不过与基于模型的故障诊断方法相比，此种方法对于样本质量和数量的依赖度过高，且难以对诊断结果进行定量描述，所以其通用性和适用性较差。现有非电池模型的故障诊断方法大致可分为基于统计分析、基于数据驱动和基于专家系统三类方法。

基于统计分析的故障诊断方法能够直接利用信息熵、正态分布等统计学方法对采集到的电池电流、电压和温度等数据进行分析，然后通过设定适合的异常系数阈值即可实现电池故障的在线诊断，但是此类方法计算对故障类型的识别能力欠佳。基于数据驱动的故障诊断方法可以将动力电池系统的可测数据作为输入，以电池故障特征作为输出，然后通过构建诸如人工神经网络和多模型融合策略等数据驱动模型，实现动力电池系统故障的在线精确诊断，不过此类方法的故障诊断精度十分依赖于训练数据的质量和数量，需要利用动力电池系统大数据平台获取足够的训练数据。基于专家系统的动力电池系统故障诊断方法由实时数据库、知识库、推理机及人机对接口组成，其中知识库是专家系统的核心；其适应性需要通过合理利用动力电池系统的实际运行数据和检修记录等信息进行定期/不定期的在线更新优化。但是，知识库中的规则或者模型相互之间很容易发生冲突，利用专家系统进行动力电池系统故障诊断需要开发一种自我学习能力和鲁棒性都比较强的决策方法。

3. 基于模型的动力电池故障诊断技术

基于模型的动力电池故障诊断关键是如何建立高精确度、高可靠性的动力电池模型，然后通过模型预测值与实际测量值的差异对比实现故障诊断和预警。当前研究和应用比较广泛的电池模型主要有电化学模型、等效电路模型和数据驱动模型。其中，电池电化学模型的设计和计算比较复杂，所以很难完成实时在线应用，一般被用于电池电化学机理分析；数据驱动模型是一种经验模型，其性能过度依赖于研究样本的质量，通用性难以保证；电池等效电路模型是一种半经验半机理模型，具有计算复杂度低、预测性能好的优点，也是现有电池管理系统中应用最广泛的一种基于电池模型的故障诊断方法，通常融合参数估计和状态估计两种方法建立电池模型。

融合参数估计方法可以建立一阶等效电路模型、二阶等效电路模型等正常电池模型，通过在线辨识后的模型参数能够实现动力电池系统故障诊断，同时也可建立电池故障模型，利用实测值与故障模型预测值的对比实现故障诊断。融合状态估计方法通常以电池状态参数作为模型的输入和输出，结合状态参数的实测值和滤波算法获取估计值，然后通过估计值与其实测值的残差计算实现电池系统的故障诊断，此类诊断方法的关键是如何设计开发高精确度、高可靠性和高稳定性的状态空间模型和状态估计方法。

4. 基于电化学原理的动力电池故障诊断技术

基于电化学原理的故障诊断方法通过对动力电池内部参数进行监测，提取电池运行周期的特征向量作为故障诊断的依据，同时结合电池模型对动力电池进行参数及状态估计。Dey 等人利用结合了热力学原理的电化学模型，针对不同的故障模式建立了多滑膜观测器，通过观测器提取到的电化学参数进行动力电池的故障辨识与诊断。Li 等人通过机器学习的 P2D 模型进行了以外部表征为输入的电化学反应参数（扩散系数、反应速率等）的辨识，通过与三电极电池标定数据进行比对，可以对电池安全风险和内部级故障进行一定的诊断。通过建立电化学阻抗谱模型并利用该模型辨识参数对电池的状态进行识别，也是属于电化学原理的故障诊断方法之一。然而，这些方法都局限于对电池内部反应的掌握程度。目前而言，电池内部反应的复杂性仍然限制着基于电化学原理的故障诊断技术的发展。

5. 基于数据驱动的动力电池故障诊断技术

基于数据驱动的故障诊断方法可以通过对数据本身信息进行挖掘、分析可能出现的故障，其关键在于如何建立精确的数据模型来简化诊断过程、提高诊断精度、减少训练难度。数据驱动的方法避免了建立物理模型的复杂过程，也避免了由于物理模型的失效而引发的误诊断和漏诊断等。但该方法的诊断结果难以从结构、物理、化学等角度进行明确的解释，往往需要大量的历史数据进行训练和验证，才能使结果准确可信。可以通过对单体电池的电压曲线及相关系数进行识别，来诊断电池中发生的内短路现象，或者基于单电池电压比较的新型数据驱动的故障诊断方法。同时，基于机器学习的方法也是数据驱动的重要方式之一，但与机器学习相关的方法往往需要大量的数据进行训练。利用支持向量机建立了锂离子动力电池系统的 SOC 预测模型，包括与支持向量机模型的比较，以及对故障状态下电池的预测模拟。此外，通过角度方差检验小规模数据集中的电压异常值，可以实现小数据集下的故障诊断。无论数据集大小，这些数据驱动的方法都是基于故障数据进行模型训练后再进行诊断的。

5.3　基于 MOSE 的电压类故障诊断

5.3.1　MOSE 算法

信息熵的概念最早是由 Laude Elwood Shannon 在 1948 年提出的，现在已经被广泛用于热力学、信息科学和其他领域中的系统无序程度诊断中，通常也被称为香农熵。其典型的计算过程如下：

$$H(X) = -\sum_{i=1}^{n} p(x_i) \lg p(x_i) \qquad (5-1)$$

式中，x 为随机变量，与之相对应的是所有可能输出的集合 X；$H(X)$ 为熵值；$p(x_i)$ 为在第 i 区间内的输出概率函数；n 为区间个数。

熵值的计算是一个迭代的过程，计算量会随着数据的累积越来越大，对动力电池在线的实时诊断提出了挑战。为此，需要对香农熵算法进行适当修正以适应在线故障诊断的需求。本节对数据读取方式、计算窗口长度和极限阈值的选择进行了修正，修正后得到的 MSNE 计算过程如图 5-5 所示。

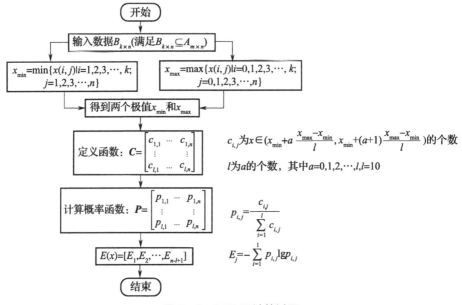

图 5-5　MSNE 计算过程

5.3.2　诊断策略及效果验证

1. 有效性和稳定性验证

通过检索并导出车辆 A 的历史运行数据，其动力电池系统包含 98 个单体电池，数据采集时间为 2016 年 3 月 22 日的 10:50:16—11:10:16，采样间隔为 1s。采用 MSNE 算法对采集的数据进行处理时，发现 MSNE 的精确性受到计算窗口参数 K 值的影响，例如图 5-6 所示的车辆 A 的单体电压分别以 $K=10$ 和 $K=300$ 进行计算的结果。若 K 值太小，电池电压的波动特性将无法完全展示出来，如图 5-6a 所示；若 K 值太大，则会令迭代次数过少，导致异常电压波动无法被有效识别，如图 5-6b 所示。本研究通过大量试错和对比验证，最终确定了计算窗口大小为 $K=100$。

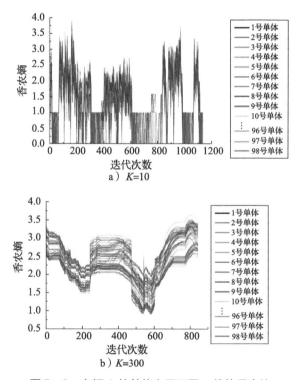

图 5-6　车辆 A 的单体电压不同 K 值的香农熵

图 5-7 显示了车辆 A 的单体电压和对应的 $K=100$ 时的香农熵曲线。图 5-7a 显示有一些单体具有明显的低电压，特别是 62 号单体的低电压非常明显。图 5-7b 显示，62 号单体的熵值在 800~900 次迭代的过程中始终大于其他单体的熵值，对应的图 5-7a 中 62 号单体电压在此区间内的电压值和波动幅度比其他单体更大。

因此，可以推断 62 号单体电池在此区间可能存在异常或者故障，但是由于所有单体电压都在安全范围之内，常规的阈值方法很难将这种单体电压的异常诊断出来。

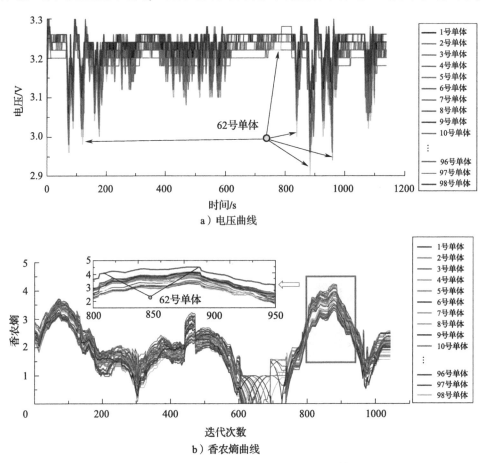

图 5-7　车辆 A 的单体电压和香农熵曲线

从平台导出触发单体过电压报警（3.65～4.4V，属于平台制定的二级故障）的车辆 B 的运行数据。该车同样为一辆在北京市城区内行驶的纯电动出租车，其动力电池包由 100 个单体电池串联组成，数据采集时间为 2016 年 5 月 9 日 05：47：41—06：47：41，数据采样间隔为 1s。图 5-8 所示为车辆 B 的单体电压和香农熵曲线。由图 5-8a 可以看出，单体号为 50、65、86、87 和 88 等多个单体在充电即将结束时都出现了不同程度的异常电压，表现为电压在充电末期更早、更快地上升至最高电压，此外部分单体在充电结束时还出现了过电压报警。通过图 5-8b 可以看出，香农熵曲线能够有效地检测出所有异常的单体电压，同时也验证了该方法的稳定性。

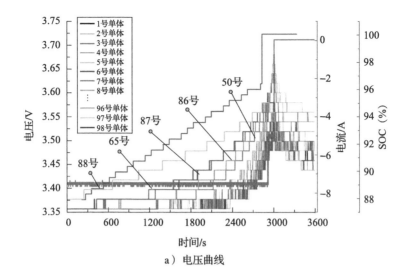

a）电压曲线

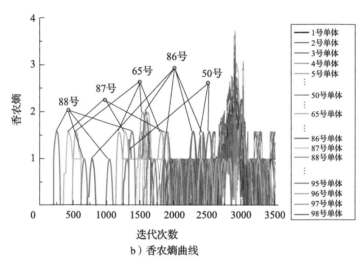

b）香农熵曲线

图 5-8　车辆 B 的单体电压和香农熵曲线

2.可靠性验证

从平台导出触发单体过电压报警（超过 3.6V，属于平台制定的二级故障）的车辆 C 的运行数据，其动力电池系统由 102 个单体电池串联组成，数据的采集时间为 2016 年 5 月 8 日 17：01：58—17：59：27，采样间隔为 10s。图 5-9 所示为车辆 C 的单体电压和香农熵曲线。图 5-9a 显示所有单体电压都在充电即将结束时随着电流的突然升高而升高，这也是触发过电压报警的原因。可能是由于该动力电池系统在实际运行过程中每个单体的老化程度逐渐有所差别，所以图 5-9a 中的单体电压具有一定的不一致性。然而，所有单体电压的波动趋势是几乎一致的，并且任何单体都没有出现异于其他单体的异常电压波动。图5-9b所示的香农熵曲线显示，并没有任何一个单体的熵值曲线出现明显高于或低于其他单体的波动。因此，这也验证了该方法的有效性取决于单体电压的不一致性和异常波动，与单体电压值并无直接关系，本节提出的方法不会在没有异常电压情况下触发误报警。

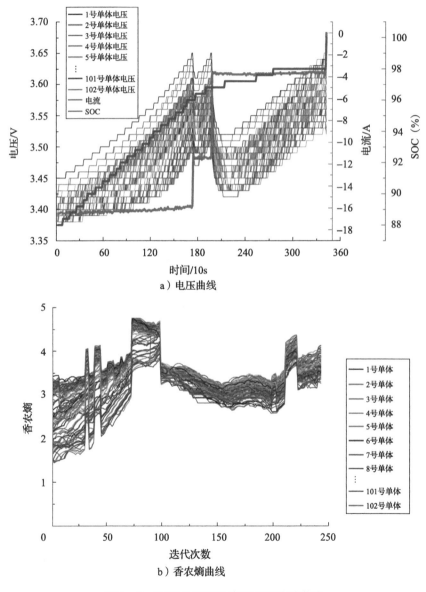

a）电压曲线

b）香农熵曲线

图5-9　车辆C的单体电压和香农熵曲线

3. 诊断策略及验证

从平台导出触发单体过电压报警（超过 3.6V，二级故障）的车辆 D 的运行数据，其动力电池系统由 100 个单体电池组成，数据周期为 2016 年 5 月 9 日 09：10：17—10：10：16，数据采集间隔为 10s，过电压故障发生在充满电的瞬间。车辆 D 的单体电压和香农熵曲线如图 5 - 10 所示。根据图 5 - 10b 显示在开始一段时间，71 号单体的香农熵值高于其他单体，但是在随后的很长一段时间内，其香农熵值远低于其他电

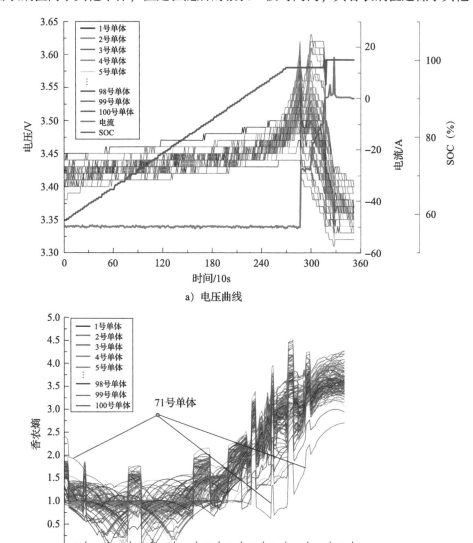

a）电压曲线

b）香农熵曲线

图 5 - 10　车辆 D 的单体电压和香农熵曲线

池单体，因此71号单体可能存在异常电压，但是由于71号单体电压始终处于正常电压范围内，常规电压传感器无法检测到这种异常情况。

图5-11分别展示了上述过电压报警前1h和前一天的单体电压和香农熵曲线。图5-11a所示为过电压报警前1h（2016年5月9日08:10:33—09:10:27）的电压曲线，图5-11b所示为其MSNE曲线。车辆D在报警前一天的19:48:07停止运行，因此我们选取车辆停止运行前1h（2016年5月8日18:48:17—19:48:17）的电压数据，如图5-11c所示。图5-11d所示香农熵曲线显示71号单体仍然能够被检测出来。因此，我们可以在1h或者一天之前有效地诊断出即将出现电压异常的单体位置。

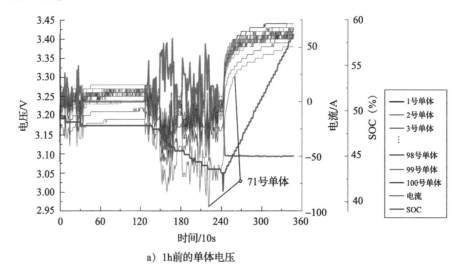

a）1h前的单体电压

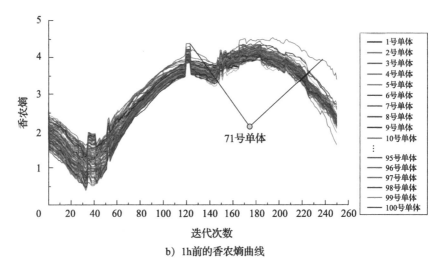

b）1h前的香农熵曲线

图5-11　车辆D过电压报警前1h和前一天的单体电压和香农熵曲线

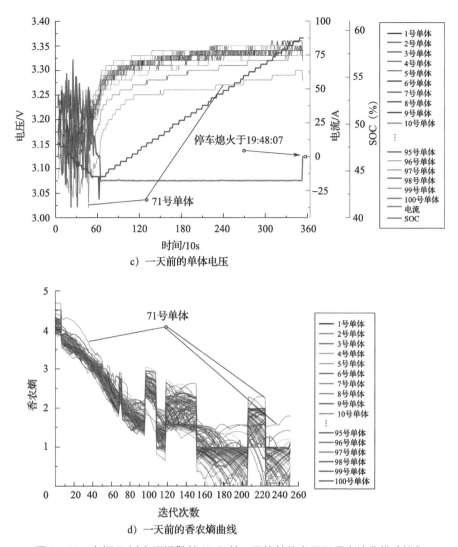

c) 一天前的单体电压

d) 一天前的香农熵曲线

图 5-11　车辆 D 过电压报警前 1h 和前一天的单体电压和香农熵曲线（续）

　　动力电池系统的不一致性通常可以由单体电压的标准差来衡量，因此单体电压的香农熵标准差也可以体现出单体电池的不一致性。不同于单体电压的是，单体电压的香农熵值跟电压的波动状态相关，无法保证始终处于一个固定的大小范围内，并且故障单体的电压波动在某些时间段内可能是最剧烈的也可能是最平缓的，因此单纯通过电压的标准差或其香农熵的标准差很难将小幅度的电压故障检测出来。此外，复杂多变的电压波动状态不利于对基于熵值的异常水平进行客观评价，也对基于实车运行的动力电池故障的实时诊断和预警提出了挑战。选取上述车辆 C 和车辆 D 的 1h 单体电压的香农熵值标准差进行比较，如图 5-12 所示，可以发现两辆车由于电池状态不同，熵值标准差的大小波动范围区别很大。因此，直接使用香农熵或者香农熵的标准差来实时评估单体电压异常水平并不可取，我们需要探寻一种准确性高、通用性强的异常电压评价方法。

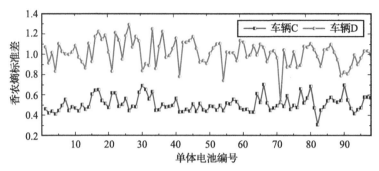

图 5-12　车辆 C 和车辆 D 所有单体电压的熵值标准差

早期众多关于动力电池电压特性分析的研究已经证明了动力电池单体电压符合正态分布规律，因此可以用基于标准差和正态分布的统计学工具 Z 分数来设置单体电压的异常系数。Z 分数（$Z-\text{score}$）也称为标准分数，用公式表示为

$$Z = (x - \mu)/\sigma \tag{5-2}$$

式中，x 为某一具体分数；μ 为平均值；σ 为标准差；Z 为原始分数 x 与母体平均值 u 之间的距离。

Z 分数可以回答这样一个问题："一个给定分数距离平均数多少个标准差？"，在平均数之上的分数会得到一个正的标准分数，在平均数之下的分数会得到一个负的标准分数。基于 Z 分数的电压异常系数可以设置为

$$A = (E - E_{\text{ave}})/\sigma_E \tag{5-3}$$

式中，E 为某一单体电压对应得改进香农熵值；E_{ave} 为所有单体电压的平均香农熵值；σ_E 为所有单体香农熵值的标准差。

通常情况下，电池电压在安全状态下是在一个固定的大小范围内波动的，所以对应的异常系数值在安全状态下也是在一个固定的大小范围内波动的。如果有单体电压出现异常波动且超过了一定阈值，那么无论电压值的大小如何，其异常变化都可以通过异常系数来诊断出来。

综上所述，该方法的优势为：①克服传统阈值法诊断指标单一、报警时间短等缺陷，能够将常规安全阈值范围内的隐蔽性异常单体有效地诊断出来；②将所有单体电压的波动特征集中到一定的异常系数范围之内，并通过设定异常系数阈值对不同等级的电压故障进行有效诊断。

为了实现精确的电压故障诊断，从大数据平台采集了大量实车数据，并通过试错法对提出的异常系数判定方法进行分析验证，最终得到如图 5-13 所示的实车

动力电池系统电压故障多级诊断策略。

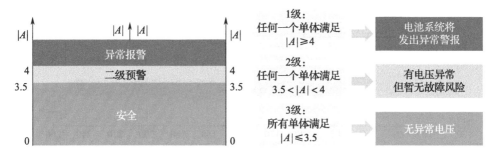

图 5-13　动力电池系统电压故障多级诊断策略

根据设定的诊断可以将电压异常系数划分为三个级别，如图 5-13 所示。其中：

第 3 级：当所有的单体异常系数都符合 $|A| \leq 3.5$ 时，被检测车辆的动力电池电压无异常，处于安全状态。

第 2 级：当任何一个单体的异常系数达到 $3.5 < |A| < 4$ 时，被检测车辆的动力电池处于二级预警状态，有异常电压但是暂时无电压类故障风险。在这种情况下，可以继续观察几个小时，因为这可能是由于车辆运行状态突变引起的误报警。当电压异常系数下降到 $|A| \leq 3.5$ 时，二级预警便可消除。

第 1 级：当任何一个单体的异常系数达到 $|A| \geq 4$ 时，被检测车辆的动力电池发出一级异常报警。该电池组检测到异常电压，若不及时采取措施，有可能会发生更加严重的电压故障甚至热失控。

图 5-14 所示为车辆 D 处于不同时期的异常系数曲线，其中 71 号单体的异常系数在报警时、报警前 1h、前一天均达到了 $|A| \geq 4$。71 号单体至少在过电压报警的前一天就已经出现了电压异常，如图 5-14c 所示。因此，基于提出的多级诊断策略可以及早地将出现异常电压的单体电池诊断出来。

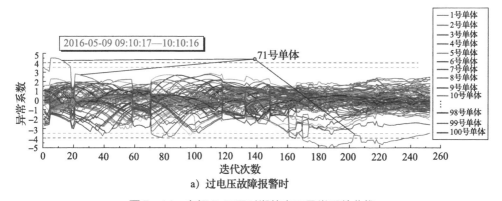

a）过电压故障报警时

图 5-14　车辆 D 不同时期的电压异常系数曲线

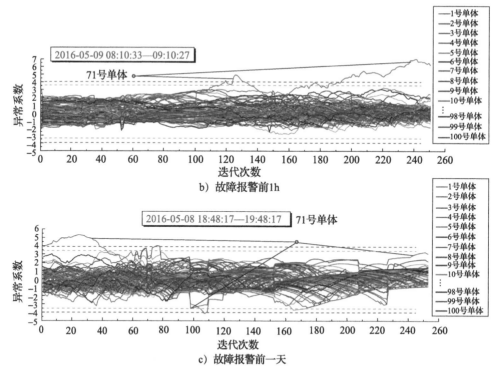

b) 故障报警前1h

c) 故障报警前一天

图 5-14 车辆 D 不同时期的电压异常系数曲线（续）

图 5-15 所示为车辆 D 去掉 71 号单体电压后的不同时期电压异常系数曲线。由图 5-15a 可以看出，除了上述诊断出的 71 号单体之外，24、26、82 号等单体电压也有轻微异常，并且还有可能有一些肉眼看不出来的异常单体电压；由

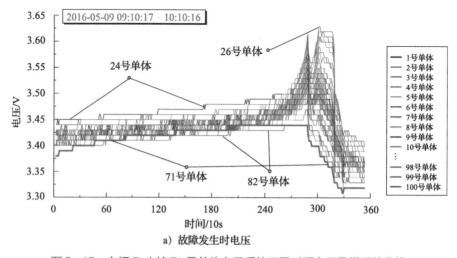

a) 故障发生时电压

图 5-15 车辆 D 去掉 71 号单体电压后的不同时期电压异常系数曲线

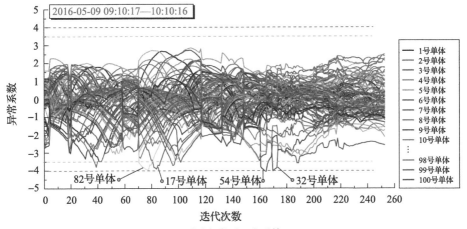

b）故障报警时异常系数

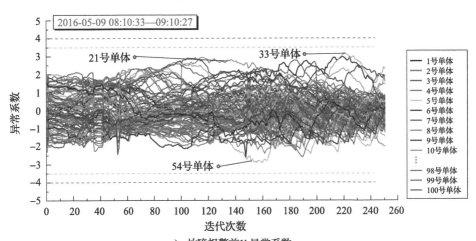

c）故障报警前1h异常系数

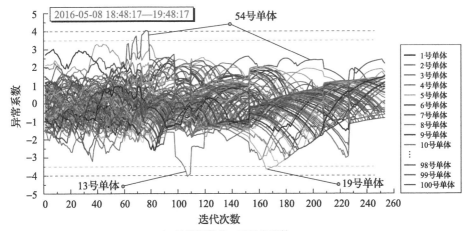

d）故障报警前一天异常系数

图 5-15　车辆 D 去掉 71 号单体电压后的不同时期电压异常系数曲线（续）

图 5-15b、c、d 三个时期的异常系数能够看出，即使计算香农熵时没有 71 号单体电压，其他所有单体电压的异常系数也始终满足 $|A| \leq 4$，均未超过一级阈值，只是有 13、17、19、21、32、33、54、82 号等单体超过了二级阈值。因此，该结果也证明了本节提出方法的可靠性，其诊断结果取决于所有单体电压中是否存在异常电压波动。

 ## 基于 MOSE 的温度类故障诊断

5.4.1 动力电池热管理系统

动力电池系统的温度控制对于电动汽车的行驶性能和安全性至关重要，如果电池加热速率超过散热速率并致使温度超出安全范围，可能会引发一系列极端现象如电池漏液、冒烟、喷气、燃烧甚至爆炸等热失控工况。通常情况下，动力电池系统发生热失控时，直接表现为电池内部材料反应速率增加。此外，电池的老化速率和故障概率在很大程度上也受到异常电池温度影响，例如温度过高、温差过大以及温升过快等。因此，为了保障动力电池系统的安全运行，需要在电动汽车中采用合理的电池热管理（Battery Thermal Management，BTM）策略，并引入精确、高效的故障诊断算法。

一个设计合理的 BTM 系统具有均衡动力电池系统电池组温度的功能，可将其保持在工作所需的范围之内。通常情况下，对于一个只有少量电池模组的动力电池系统来说，使用空气作为传热介质的 BTM 系统较以液体为传热介质的 BTM 系统结构更加简单，且冷却/加热效果也更加有效；然而，当一个动力电池系统的电池模组比较多时则恰恰相反。使用空气和液体的不同类型 BTM 系统的示意图如图 5-16 所示。图 5-16a 为三种基于空气的 BTM 系统，包括被动空气冷却、被动空气冷却/加热和主动空气冷却/加热，可以使用自然空气对流或强制空气对流实现。与空气相比，液体具有更高的热导率和比热容，因此基于液体的 BTM 系统被认为是对电池系统进行热安全管理的更有效方案，如图 5-16b 所示。液体 BTM 系统也可以分为被动式（即仅依靠周围环境）或主动式（即内置电源在过冷或过热温度下进行加热或冷却）。通过电子控制单元确定热管理控制策略，BTM 系统可以使用空气进行加热/冷却通风，或使用液体作为冷却/加热隔热层。此外，相变材料也是作为蓄冷器对电池系统进行冷却/加热的另一种选择。

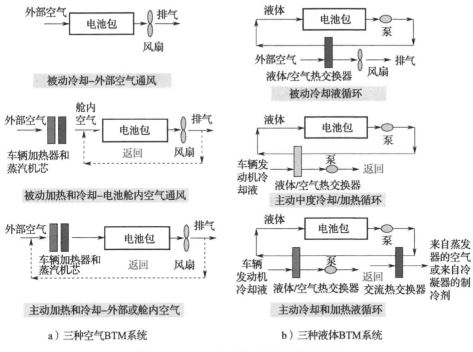

图 5-16　空气和液体 BTM 系统示意图

现有关于电池热安全管理的研究主要集中于 BTM 策略的优化，针对温度故障的预警研究也限定于实验室条件下通过温度传感器监测电池温度变化来实现。然而，针对实车运行中的动力电池系统温度故障的早期检测和预警，目前仍然缺乏系统的理论或研究方法，并且现有的电池管理技术绝大多都是基于常规阈值方法的温度检测，无法识别那些幅度较小或者正常温度范围内的隐蔽性异常或故障，因此对动力电池热失控的预警效果欠佳。除此之外，由于电池包内的温度探针往往布置在模组外侧、热管理系统下面，受环境温度、热管理开启等影响很大，无法表现出电池的自身温度状态，因此利用温度数据进行在线故障诊断仍然存在一些问题，通过这一类方法诊断出来的故障无法排除由于电池问题、热管理系统问题或环境异常导致的误诊断。

5.4.2　诊断策略及效果验证

1. 诊断策略

参考上述电压异常的评价策略，通过采用 Z 分数来设置动力电池系统探针温度的异常系数，通过实车运行大数据的统计分析显示，动力电池系统的探针温度并不符合正态分布规律，因此直接使用 Z 分数设置异常系数的阈值不合理。为此，我们用箱线图（Boxplot）来展示其异常系数，其原理示意图如图 5 – 17 所示。众所周知，基于正态分布、3σ 法则或 Z 分数方法是以假定数据服从正态分布为前提的，应用此类方法对非正态分布数据判断异常值的有效性十分有限。Boxplot 不需要对数据做任何限制，且对异常值的判断以四分位数（图 5 – 17 中的 Q1 和 Q3）和四分位距（Q1 和 Q3 和距离）为标准。Boxplot 可以允许多达 25% 的数据任意分布，却不会对四分位数的位置造成明显扰动，因此四分位数具有一定的耐抗性，从而使得 Boxplot 对异常值的识别结果比较客观。

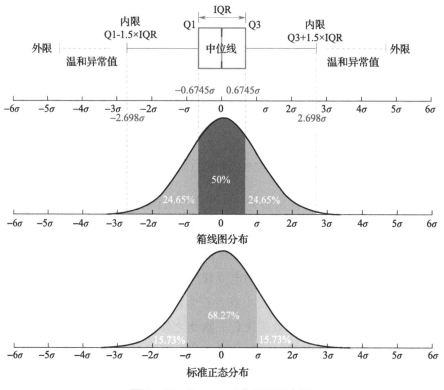

图 5 – 17　Boxplot 工作原理示意图

为了实现动力电池系统温度故障的精确诊断，本研究采集了大量实车运行数据，并通过试错法设定了多级温度异常系数，提出了动力电池系统温度故障多级诊断策略。其中，温度异常系数被划分为以下三个级别：

第 3 级：当所有的探针温度异常系数的 Boxplot 中位线都小于或等于 1 时，被检测车辆的动力电池探针温度无异常，处于安全状态。

第 2 级：当任何一个温度探针的异常系数的 Boxplot 中位线达到大于 1 且小于

1.2 时，被检测车辆的动力电池处于二级预警状态，有温度异常但是暂时无温度类故障风险。在这种情况下，可以继续观察几个小时，因为这可能是由于车辆运行状态突变引起的误报警。当异常系数的 Boxplot 中位线下降到 1 以下时，二级预警便可消除。

第 1 级：当任何一个温度探针的温度异常系数的 Boxplot 中位线大于或者等于 1.2 时，被检测车辆的动力电池将发出一级异常报警。该电池组检测到异常探针温度变化，若不及时采取措施，有可能会发生更加严重的温度故障甚至热失控。

2. 温度过高故障诊断

检索并导出车辆 E 于 2017 年 3 月 6 日的历史数据，该车为一辆在北京市城区内行驶的纯电动环卫车，最高时速为 45km/h，电池类型为串联 120 个单体的磷酸铁锂电池。该车当日的工作时间段为 07：05：29—14：44：20（期间有一些非工作时间段），并在上午 11：07：20 经历了 $T > 45℃$ 的温度过高故障报警（平台中认定的三级报警）。动力电池包的不同位置安装有 16 个温度探针，数据采集间隔为 20s，车辆 E 的温度和 SOC 曲线如图 5-18 所示。可以看出 1 号探针和 9 号探针的温度与其他探针相比具有明显不同的波动趋势，并且 1 号探针在车辆行驶中触发了温度过高故障报警。这很有可能是 1 号探针位置的单体电池或者模组出现了故障引起的，但是由于 45℃ 仍然处于安全的温度范围内，因此无法利用常规阈值方法在发出报警之前将出现故障的温度探针检测出来。

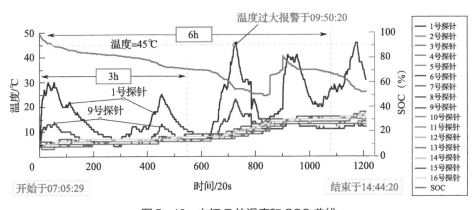

图 5-18　车辆 E 的温度和 SOC 曲线

从上文可知，计算窗口 K 的长度的选择对熵值的精度有重要影响。如果 K 太小，则温度波动的原本特征将无法完全显示出来；相反，如果 K 太大，则迭代将变得过少而无法识别出异常的温度波动。通过试错法和大量实车数据的分析验证，依然选择 $K = 100$ 作为计算窗口长度。

车辆启动一段时间以后，动力电池系统的工作状态将逐渐稳定，所有温度探针的温度也将处于逐渐稳定的状态，此时很难在较短的时间内检测和隔离出异常温度及其探针的位置。根据上一节中提到的异常系数，我们选取车辆每天从最初启动开始到行驶到一定时间的监控数据进行异常系数评价，根据试错法我们初步确定了 3h 为一个温度异常系数评价的最短时间窗口。图 5-19 显示了车辆 E 于 2017 年 3 月 6 日起始 3h 和起始 6h 的异常系数曲线。图 5-19 中的两张图片显示，1 号探针和 9 号探针，尤其是 1 号探针的异常系数明显比其他探针大，这也证明了所提出的方法可以准确地识别异常温度所在的探针位置。

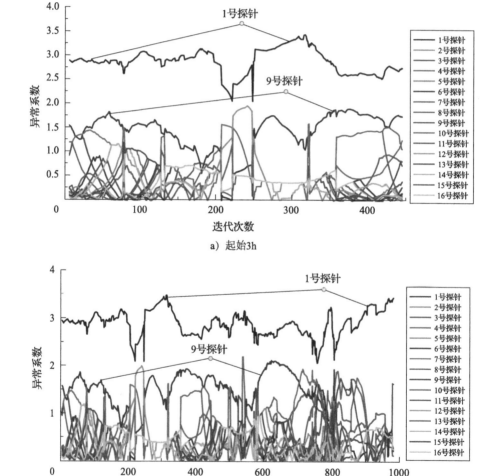

图 5-19　车辆 E 的温度异常系数

车辆 E 的起始 3h 和起始 6h 的温度异常系数箱线图如图 5-20 所示。结果显示 1 号探针和 9 号探针都可以被轻松检测到，且 1 号探针的异常系数远大于 9 号探针和其他探针的温度异常系数。根据设定的温度异常系数阈值，发现 1 号探针和 9 号探针在起始 3h 和起始 6h 的 Boxplot 中位线都超过了一级异常阈值 1.2，因此通过此方法可以在温度过高报警的至少 4h 前诊断异常温度探针。

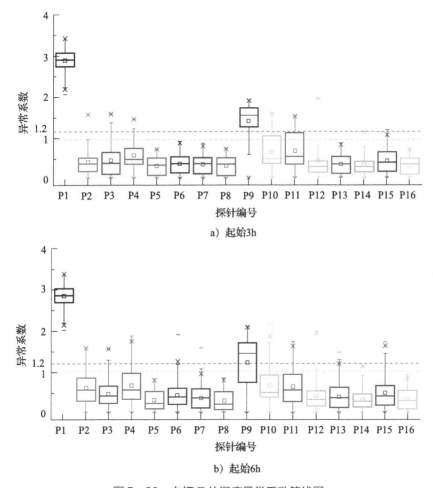

a）起始 3h

b）起始 6h

图 5-20　车辆 E 的温度异常系数箱线图

3. 温差过大故障

检索并导出车辆 F 于 2016 年 11 月 2 日的历史数据，该车当日的工作时间段为 07:55:57—23:59:54（期间有一些非工作时间段），并在行驶超过 9h 后的晚上 18:14:55 发生了温差（Temperature difference，TD）> 5℃ 的温差过大故障报警（平台中认定的二级报警）。动力电池包的不同位置也安装有 16 个温度探针，数据采集间隔为 10s，当日探针温度曲线如图 5 - 21 所示。从图中可以看出，车辆 F 当日大约运行 7h 以后，11 号探针逐渐脱离探针温度集体，呈现出比其他探针明显更低的温度，这也是温差过大故障报警的直接触发因素。但是，此时所有探针的温度仍然是处于 0~30℃ 的安全温度范围之内的，常规的温度阈值方法无法在报警发生之前将异常的 11 号探针诊断出来。

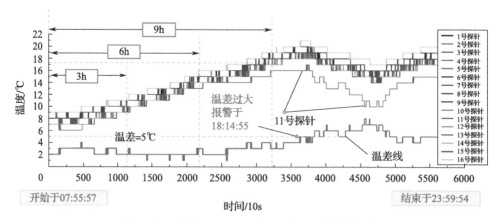

图 5 - 21　车辆 F 于 2016 年 11 月 2 日的探针温度

图 5 - 22 所示为车辆 F 2016 年 11 月 2 日的起始 3h、6h 和 9h 的异常系数和 Boxplot。从图 5 - 22a 和 b 可以看出，起始 3h 内有很多温度探针的异常系数比较明显，且异常系数的极值较大。如果按照上述电池电压异常系数评价策略，则 1 号探针、2 号探针、9 号探针、10 号探针及 16 号探针可能都出现了异常，这与原始的电压曲线明显是不符的。但是通过图 5 - 22b 的 Boxplot 就可以规避这种问题，发现所有探针温度的异常系数 Boxplot 中位线均未超过二级阈值。图 5 - 22d 显示起始 6h 的所有探针温度的异常系数 Boxplot 中位线都未超过一级阈值，但是 11 号探针的中位线达到了一级阈值，表明 11 号探针在起始 6h 内已经出现了异常的波动，这种异常在电压曲线中目前都无法看出。同时，这也体现了利用 Boxplot 进行温度故障早期诊断的合理性和有效性。

图 5 - 22e 和 f 显示 11 号探针在起始 9h 内的温度出现了明显的异常，且异常系数 Boxplot 的中位线明显超过了一级阈值，因此可以通过温度异常的诊断有效地避免温差过大故障的发生，从而预防可能发生的更严重的温度故障。

4. 稳定性验证

为了验证提出的方法对动力电池系统温度故障诊断的稳定性，从平台继续导出了车辆 F 于 2016 年 11 月 1 日的电池数据，该车当日的工作时间段为

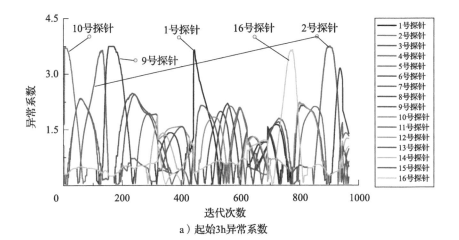

a）起始3h异常系数

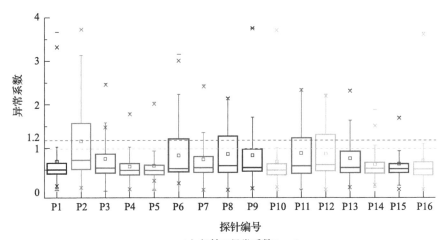

b）起始3h异常系数Boxplot

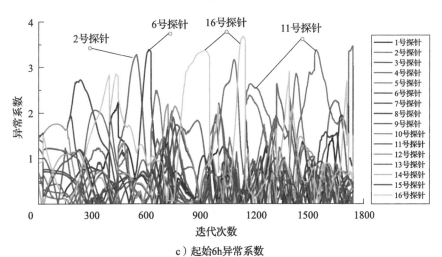

c）起始6h异常系数

图 5-22　车辆 F 不同起始时间的异常系数和 Boxplot

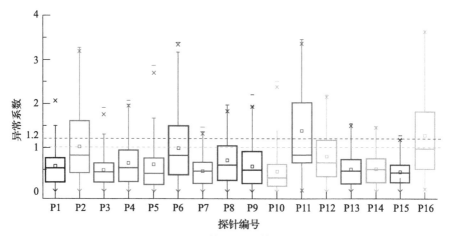

d）起始6h异常系数Boxplot

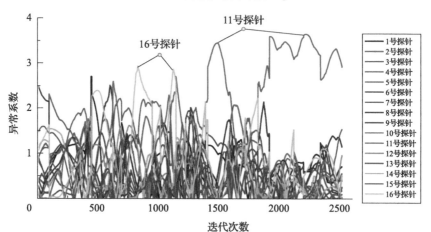

e）起始9h异常系数

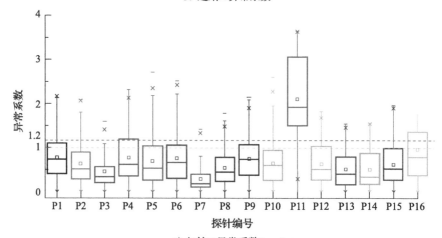

f）起始9h异常系数Boxplot

图 5-22　车辆 F 不同起始时间的异常系数和 Boxplot（续）

10：51：05—23：36：38，并在晚上 17：12：15 发生了 $TD > 5℃$ 的温差过大故障报警。车辆 F 于 2016 年 11 月 1 日的探针温度如图 5 - 23 所示，其波动特征与上述分析的该车一天后的 11 月 2 日的温度波动特征非常相像。

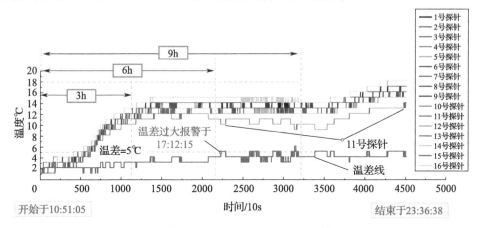

图 5 - 23　车辆 F 于 2016 年 11 月 1 日的探针温度

车辆 F 于当日的起始 3h 的异常系数和 Boxplot 如图 5 - 24 所示。图 5 - 24a 表示 11 号探针的温度出现了异常波动，但是这种波动在图 5 - 23 中所示的起始 3h 温度中隐蔽在正常的温度曲线中，且始终处在安全温度范围内，所以很难被提前检测出来。图 5 - 24b 显示 11 号探针的 Boxplot 中位线达到了一级阈值，表明我们提出的温度故障诊断方法可以及早地诊断出 11 号探针及其异常温度。此外，在优化异常系数阈值的过程中，我们对来自于大数据平台的大量数据进行了验证，包括温差过大、温升过快、温度过高等故障的历史数据，结果均表明所提出的方法具有良好的准确性和稳定性。

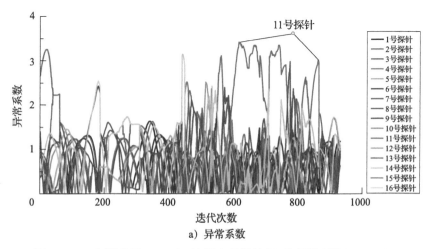

a）异常系数

图 5 - 24　车辆 F 于 2016 年 11 月 1 日起始 3h 的异常系数和 Boxplot

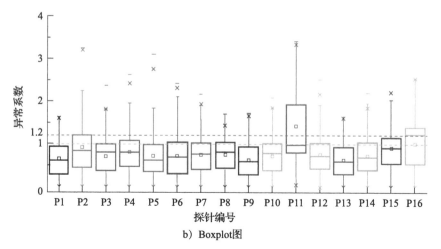

b）Boxplot图

图5-24　车辆 F 于 2016 年 11 月 1 日起始 3h 的异常系数和 Boxplot（续）

 基于 MOSE 关键计算因子与诊断效果的研究

如图 5-25 所示，MOSE 在面对异常单体时保持良好的故障诊断效果。MOSE 的关键计算因子是计算窗口，异常单体的异常系数曲线在绝大多数计算窗口下都明显高于其他单体，且异常曲线和正常曲线之间的距离随着计算窗口值的增长而逐渐增加。但是，当计算窗口增长到特定值时，曲线的增长会逐渐放缓。通过拟合分析，发生异常单体的异常系数曲线呈现对数函数分布的演变规律。

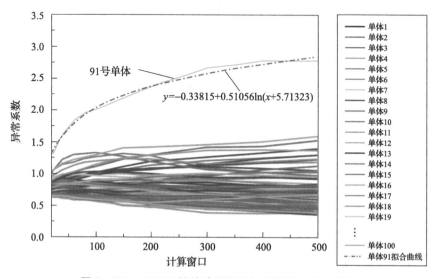

图5-25　MOSE 故障诊断效果与计算窗口大小关系

这一规律是基于少量样本发现的规律，在几组数据的验证下，该规律的有效性已经得到了验证。这一发现对香农熵这类算法在故障诊断领域的应用具有重大的意义。但是，这一规律毕竟是基于少量样本发现的，想要使该方法适用于更多类型的电池，需要更大量数据的验证和规律探索。

5.6　本章小结

1）本章详细分析了动力电池系统电压类故障、温度类故障等各种故障类型及触发原因，阐明了动力电池系统故障机理，并对现有故障诊断方法进行了定性和定量分析。

2）本章基于 MOSE 算法建立了动力电池系统故障诊断模型，克服了传统阈值法诊断指标单一、报警时间短等缺陷，实现了对常规安全阈值范围内的隐蔽性故障进行及早、准确地诊断，结果表明常规电池故障报警前一天的电压故障和温度故障均可被准确地诊断出来。

3）本章针对动力电池系统电压类故障和温度类故障特征，分别采用基于统计学的 Z 分数和 Boxplot 方法设定了异常系数阈值和多级诊断策略，实现了实车动力电池故障特征定性分类和故障等级定量评估，并通过实车运行大数据验证了方法的有效性、稳定性和可靠性。

第6章
动力电池系统风险预警研究

 6.1 概述

　　动力电池系统早期安全风险的准确预警对防止严重故障发生和优化电池维护周期具有重要意义，但是动力电池系统"机 – 电 – 热"各类安全风险特征复杂多变，多种因素互为前提，面向实车动力电池系统的早期安全风险信号提取和定位难度较大，复杂运行环境下安全风险预警效果的鲁棒性应用效果欠佳。本章将基于改进多尺度熵（Modified Multi-Scale Entropy，MMSE）和归一化离散小波分解（NDWD）算法，提取动力电池系统早期风险信号的多时间尺度和时频特征，研究实车动力电池系统的多级风险预警策略，并通过实验和实车数据进行有效性、稳定性和鲁棒性验证。

6.2 动力电池系统安全风险分析

6.2.1　动力电池系统失效模式

　　近年来频发的动力电池系统在车载工况下着火甚至爆炸的事故说明了电池失效和故障造成的损失是非常巨大和沉重的，因此深入开展动力电池系统故障机理分析研究迫在眉睫。表 6 – 1 从结构角度出发总结了锂离子动力电池系统常见失效模及故障机理。

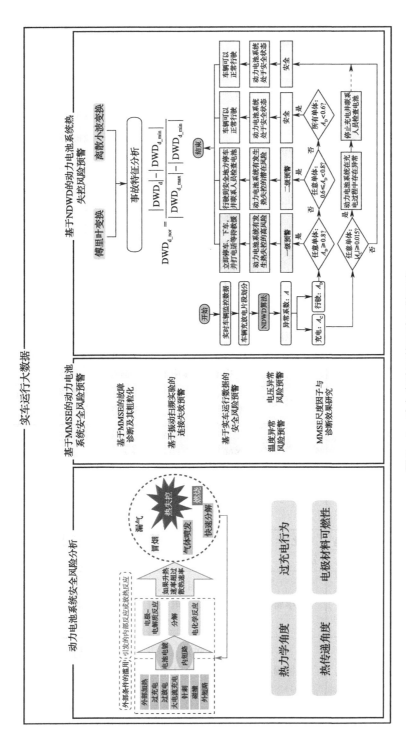

图6-1　动力电池系统风险预警研究

表6-1 锂离子动力电池系统常见失效模式及故障机理

电池部件	失效模式	失效原因	常见现象	故障机理	事故概率	严重程度
负极（活性物质）	SEI膜变厚	化学还原沉积	电荷转移阻抗增加，容量和功率降低	锂离子、负极活性物质、电解液溶剂间化学副反应	高	低
	活性颗粒碎裂	机械应力	容量和功率降低	锂离子脱嵌应力过大	中	低
	电极孔隙率低	物性衰减	离子扩散阻抗增加，容量和功率降低	电极内部空间变化	中	低
	负极表面生成锂枝晶	化学还原沉积	枝晶穿透隔膜造成电池内部短路	低温充电或大电流充电	低	高
负极（集流体）	铜单质颗粒或铜枝晶形成	化学腐蚀和还原沉积	电池内阻增加，功率降低，电流密度下降	电池过放电	低	高
正极（活性物质）	SEI膜变厚	化学腐蚀和还原沉积	电荷转移阻抗增加，容量和功率降低	锂离子、正极活性物质、电解液溶剂间化学副反应	高	低
	活性颗粒碎裂	机械应力	容量和功率降低	锂离子脱嵌应力过大	中	低
	电极孔隙率降低	物性衰减	离子扩散阻抗增加，容量和功率降低	电极内部空间变化	中	低
	产气、电池鼓包	化学热分解	容量降低	电池过充电或内部短路	低	高
正极（集流体）	铝集流体腐蚀	化学腐蚀	电池内阻增加，功率降低，电流密度下降	电池过充电	低	中
隔膜	隔膜穿孔	机械损伤	持续产热、电池鼓包、电压快速降低	内部枝晶产生、电池受到外部压力或刺穿等	低	高
	隔膜微孔闭合	热融化	充电放电不稳定	电池内部温度过高	低	高

（续）

电池部件	失效模式	失效原因	常见现象	故障机理	事故概率	严重程度
锂离子	锂离子减少、SEI膜变厚	电解液被还原、锂单质生成	容量降低	锂离子、活性物质、电解液溶剂间化学副反应	高	低
电解液	电解液中锂电浓度降低	化学腐蚀和还原沉积	电池内阻增加、可能会导致热失控	锂离子、活性物质、电解液溶剂间化学副反应	高	低
有机溶剂	电池产气鼓包	化学热分解	电池内阻增加、可能会导致热失控	过充电或环境温度过高	低	高
	SEI膜变厚	化学腐蚀和还原沉积	电荷转移阻抗增加，容量和功率降低	锂离子、活性物质、电解液溶剂间化学副反应	高	中
焊接端	外接引线腐蚀	化学腐蚀	持续产热、电池鼓包、电压快速降低	正负极引线偶然性短路	低	高
	引线断裂	机械疲劳	外界设备连接断开	电池断路	低	中
电池壳体	正负极短路	机械应力	持续产热、电池鼓包、电压快速降低	外部负载或应力作用	低	高

开展动力电池系统失效模式研究对提高电池寿命、车辆行驶安全性以及降低电动汽车使用成本都具有重要意义。动力电池系统失效模式可以分为电芯失效、BMS失效和电池包（Pack）系统集成失效三种模式。电芯失效模式主要包括正负极短路、单体漏液、负极析锂、电芯胀气、容量衰减、低温容量减少、容量一致性差和自放电过大等，电芯失效一旦发生，就会带来极其严重的后果，甚至危及人身安全。BMS失效模式一般会造成电压检测失效、温度检测失效、电流和绝缘检测失效以及电磁兼容问题等严重后果。电池包系统集成失效主要包括汇流排失效、插接器失效、熔断器失效及接触器粘黏等形式。

针对各种动力电池系统失效模式，各大电池厂商和相关科研人员需要更加充分地了解电池性能，并不断改进生产制造工艺，从设计制造阶段开始尽量保障动力电池系统的安全性。此外,保障电池安全性的最重要的一道屏障是正确的使用方式,尽量避免对动力电池系统的热滥用、电滥用和机械滥用等极端滥用行为,可以有效避免动力电池系统使用过程中的各类安全风险,切实提升电动汽车的安全性和可靠性。

6.2.2 动力电池系统安全风险

电动汽车动力电池系统出现安全问题时的主要表现为漏气、冒烟、燃烧甚至爆炸,如图 6-2 所示。这些问题发生的根源在于电池内部的热失控被触发,一些外部因素,如过充电、火源、挤压、穿刺、短路等也会导致电池出现安全性问题。动力电池系统的安全风险通常可以从以下几个不同角度来分析。

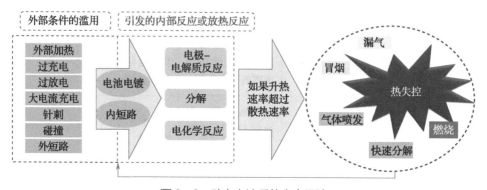

图 6-2　动力电池系统安全风险

1. 热力学角度

现有研究证实,除了电池负极外,正极材料的表面也覆盖有一层很薄的 SEI 膜,并且对锂离子动力电池各方面性能都有非常重要的影响。需要强调的是,从费米能级[⊖]的角度而言,锂离子动力电池体系在热力学上并不稳定,它的稳定工作依赖于正负极表面的 SEI 膜隔绝了正负极与电解液的进一步反应。因此,动力电池系统的安全风险与正负极表面 SEI 膜的完整性直接相关。

2. 热传递角度

动力电池的"机-电-热"滥用行为极易触发各种危险副反应并产生过高热量。当电池温度上升至 130℃ 时,负极 SEI 膜分解;当内部局部温度上升至 200℃

○　费米能级是指温度为绝对零度时固体能带中充满电子的最高能级。对于固体试样,由于真空能级与表面情况有关,易改变,因此用该能级作为参考能级,其中电子结合能就是指电子所在能级与费米能级的能量差。

以上时，电池正极表面 SEI 膜分解并发生析氧；当电池温度达到 240℃ 以上时，嵌锂负极与黏结剂会发生剧烈的放热反应。负极表面 SEI 膜分解会导致嵌锂负极与电解液发生剧烈的放热反应，促使电池温度升高进而引发电池热失控。由此可见，电池温度的精准控制对动力电池系统的安全性至关重要。

3. 电极材料可燃性

动力电池的有机溶剂具有易燃性和低闪点的特性，因此各种滥用行为容易导致电池燃烧甚至爆炸。根据不完全统计分析，动力电池发生燃烧的概率要远高于爆炸概率，不过电池发生爆炸的同时通常都伴随着燃烧现象。当动力电池鼓包裂口时，空气中的水分、氧气与嵌锂负极也极易发生剧烈的化学反应，此时大量热量的释放也会引起电池的燃烧。此外，负极材料、正极碳材料和隔膜也都具有一定的可燃性。

4. 过充电行为

对于动力电池系统来说，发生过充电行为会引发多方面严重的安全风险，如正极材料晶体结构损坏、负极析锂、正极电解液反应加剧并引发热失控风险。因此，防止过充电的发生对动力电池系统的安全性极为重要。精准控制充电电压是目前防止过充电的主要保护措施，主要通过正极限容的设计来实现，因为石墨负极充电过程的完成程度很难被检测，因此负极电压监测比较困难，而对正极采取限容措施可以保证负极有足够的额外容量并有效防止负极析锂的发生。

6.3　基于 MMSE 的动力电池系统安全风险预警

通常情况下，BMS 主要负责动力电池系统的能量管理和状态估计。动力电池系统风险预警的目的是及时诊断异常情况并通知驾驶员，以免发生安全事故。与实车动力电池系统更为接近的电池模组和电池整包风险预警研究起步较晚，许多电池异常特征在其早期阶段并不明显，现已开展的众多风险预警研究大都缺乏在风险早期基于常规时间尺度进行异常位置识别的能力。为了弥补上述不足，本节将提出一种基于MMSE 算法的动力电池系统风险预警方法，该方法能够实时、快速地协同检测多种早期隐蔽性异常信号，这些异常信号通过常规诊断方法通常无法被有效检测。

6.3.1　MMSE 算法

评估某一个时间序列的规律性程度的传统方法通常是通过评估重复模式的出现频率来实现。但是，这类方法在规律性和复杂性之间无法得出直接的对应关系，并且常规基于熵值算法的度量，会随着随机程度的增加而增长。由于最高值将分配给不相关的随机和不可预测的信号（白噪声），因此传统的基于熵的算法在应用于生理医药学领域的时间序列时可能会导致误诊。另外，动力电池系统不同故障类型在不同时间尺度上会显示出不同的复杂性。当动力电池系统正常运行时，车辆自身的振动，再加上天气、路况和驾驶行为等外部干扰因素的影响，所获得的各种电池状态信号在不同的时间尺度上都是高度复杂且随机的。多尺度熵（Multi-Scale Entropy，MSE）可以从宏观角度表现信号的复杂性，并揭示其不同尺度下的详细特征，可以成为分析动力电池系统各种故障信号的复杂特性的理想选择之一。

MSE 的计算是以样本熵为基础的，而样本熵是通过度量信号中产生新模式的概率来衡量时间序列复杂性的，即样本熵的值越大，序列的复杂性越大，反之就越小。原始数据经过粗粒化处理，然后将每个尺度上的样本熵值分组为一个序列，以生成时间序列的多尺度熵。如果两个序列的规模相同，但是其中一个序列的熵高于另一个序列，则前者的复杂度高于后者。MSE 计算步骤如下：

（1）粗粒化处理

令原始数据为 $X_i = x_1, x_2, \cdots, x_N$，其中 N 是数据的长度。将原始时间序列以基于时间刻度的非重叠窗口进行划分，此处称其为尺度因子 τ，然后建立粗粒化的序列如下：

$$y(j) = \frac{1}{\tau} \sum_{i=(j-1)\tau+1}^{j\tau} x_i \quad (j = 1,2,\cdots,N/\tau) \tag{6-1}$$

实际上，$y(1)$ 是原始时间序列，X_i 分成长度为 N/τ 的 τ 个粗粒化序列 $\{y(j)\}$（τ 为不超过 N/τ 的正整数）。

数据的粗粒化意味着对不同数量的连续数据点取平均值，以创建不同比例/分辨率的信号。通常，粗粒化处理分为两种形式：一种是非重叠式，每次跳转 τ 个数据，然后取 τ 个数据的平均值以生成新数据；第二种是重叠式，它每次都会跳跃 $1-\tau$ 个数据，然后取 τ 个数据的平均值。上述的粗粒化过程为非重叠式。当尺度因子 $\tau=1$ 时，粗粒化数据的结果为原始时间序列；当 $\tau=2$ 时，通过计算两个连续时间点的平均值来计算粗粒时间序列，形成图 6-3a 所示的粗粒化结果；当 $\tau=3$ 时，粗粒化时间序列由三个连续时间点的平均值组成，如图 6-3b 所示，依此类推。

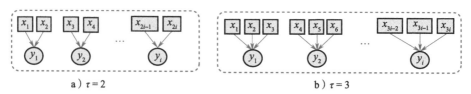

a）$\tau=2$ b）$\tau=3$

图 6-3　粗粒化示意图

（2）计算粗粒化序列的样本熵值

在相同的相似容限下，计算粗粒化序列的样本熵，并将其转换为尺度因子 τ 的函数。对于粗粒化序列 $\{y(1)，y(2)，\cdots，y(M)\}$，其中 M 是序列长度，令 $M = j$，则样本熵的计算如下：

1）给定模式维数为 m，则由原序列组成一个 m 维矢量：

$$\boldsymbol{Y}(i) = [y(i)，y(i+1)，\cdots，y(i+m-1)]\ (i = 1，2，\cdots，M+m-1) \tag{6-2}$$

2）定义 $Y(i)$ 与 $Y(j)$ 之间的距离：

$$d(i，j) = \max_{k=1}^{k=m-1} |y[i+k-y(j+k)]| \tag{6-3}$$

3）给定相似系数阈值 r，统计 $d(i，j) < r$ 的数量（此为模板匹配数量）及此数目与总数量 $N-m+1$ 的比值，记作 $P_i^m(r)$：

$$P_i^m(r) = \frac{[d(i，j) < r]}{N-m+1} \quad (1 \leqslant j \leqslant N-m，j \neq i) \tag{6-4}$$

然后，计算所有 i 的平均值：

$$P^m(r，N) = \frac{1}{N-m+1} \sum_{i=1}^{N-m+1} P_i^m(r) \tag{6-5}$$

4）对 $m+1$ 重复 1）~3），记作 $P_i^{m+1}(r)$：

$$P^m(r) = \frac{1}{N-m+1} \sum_{i=1}^{N-m+1} P_i^m(r) \tag{6-6}$$

然后，可以得到该序列的样本熵：

$$SaEn(m，r) = \lim_{N \to \infty} \left[-\ln \frac{p^{m+1}(r)}{p^m(r)} \right] \tag{6-7}$$

当 N 取有限值时，可得到序列长度为 N 时的样本熵的估计值：

$$SaEn(m，r，N) = -\ln \frac{p^{m+1}(r)}{p^m(r)} \tag{6-8}$$

利用式（6-8）可计算每一个尺度下的子序列的样本熵，然后建立以尺度 τ 为自变量、以样本熵 $SaEn$ 为因变量的函数，见式（6-9），从而得到多尺度熵-尺度因子曲线，并可以此分析电池温度数据的时间序列的复杂特性。

$$MSE(\tau) = SaEn(y^{(\tau)}，m，r) \tag{6-9}$$

显然，MSE 与尺度因子 τ、嵌入维度 m 和相似系数 r 有关。在本节中，参考相关文献，基于经验我们取 $m = 2$、$r = 0.2\sigma$（其中 σ 是原始序列的标准偏差）。

式（6-1）中的粗粒化序列的长度取决于时间序列的长度，因此尺度因子越大，粗粒化序列的长度越短。随着粗粒化序列长度的减小，熵值的偏差也会逐渐增大，估计误差也会随之增大。为了避免信息遗漏，对于复合 MSE，通过使用以下的复合粗粒化，提出了 MMSE 方法。

1）定义粗粒度序列如下：

$$y_{k,j}^{(\tau)} = \frac{1}{\tau} \sum_{i=(j-1)\tau+k}^{j\tau+k-1} x_i \qquad (6-10)$$

2）对于每个比例因子 τ，计算每个粗序列 y_k^τ（$k=1$，2，…，τ）的样本熵，然后通过对 k 个熵值求平均值来获得尺度因子 τ 下的 MMSE：

$$\mathrm{MMSE}(X,\tau,m,r) = \frac{1}{\tau} \sum_{k=1}^{\tau} SaEn(y_k^{(\tau)},m,r) \qquad (6-11)$$

在计算标准 MSE 的粗粒化序列时，粗粒化过程会随着尺度的增加而缩短时间序列的长度。当时间序列太短时，它们可能导致产生不正确的估计熵值或未定义的熵值。本节提出的 MMSE 综合了所有粗粒化序列的信息，克服了仅考虑单个粗粒化序列的标准多尺度熵的缺点，避免了因滑动平均过程而引起的熵波动。因此，MMSE 的处理结果比标准 MSE 具有更好的一致性。此外，MMSE 可以应用于不受限制的超大尺度数据，例如本书研究中的实车动力电池大数据。这些独特的优势为面向不同类型电池安全风险开展精确、高效的预警提供了坚实基础。接下来，我们将运用实验数据和实车运行数据，针对连接失效风险、温度和电压类故障风险，对 MMSE 的多级风险预警效果进行分析。

6.3.2 基于振动扫频实验的连接失效预警

1. 实验平台及数据预处理

为了采集电池连接失效实验数据，搭建了图 6-4 所示的电池振动实验测试平台，包括 Digtron 电池测试系统（BTS-600）、振动测试台、信号采集器、多个电压传感器和处理数据的计算机，其中振动测试台为电池系统提供振动环境、信号采集器负责采集多通道电压和电流等数据。实验过程中对电池进行最大电流为 45A 的恒流充/放电。实验电池是标称容量为 50A·h 的方形电池，5 个单体电池串联形

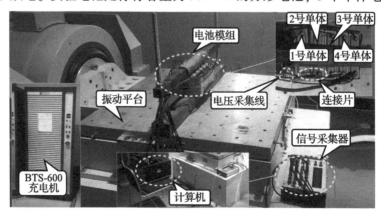

图6-4　电池连接故障实验平台

成一个电池模组,其中1~4号单体为实测有效单体,1号单体连接片的螺母在实验开始前有少许松动。

由于振动台的振动,数据采集的过程会产生较大的振动噪声。为此,我们利用离散余弦变换（Discrete Cosine Transform,DCT）方法对收集的电池电压数据进行了滤波的预处理。在振动条件下开始充放电实验时,我们共采集了30个充放电循环的电池电压数据。滤波前后的电池电压和电流如图6-5所示,6个不同充放电循环的滤波后的单体电压如图6-6所示。可以看出,利用DCT滤波后的电压比滤波之前更加平滑,且在保留电压真实值的情况下,有效地滤除了由系统噪声和测量噪声引起的偏差。单体电池之间的金属连接在初始循环阶段处于良好状态,因此单体电压的一致性较好,但是随着充放电的进行,可以发现1号单体的螺母有明显的松动,1号单体连接片的虚接也越发严重,其电压曲线出现了明显的大幅度突变波动,且在第20个循环时1号单体连接片处出现了一些电火花,这表明虚接越来越严重,1号单体电池的连接已经失效。

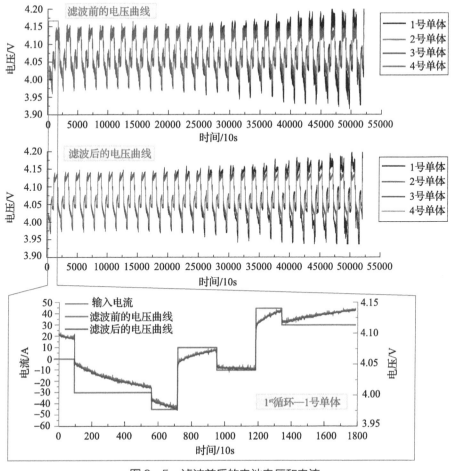

图6-5　滤波前后的电池电压和电流

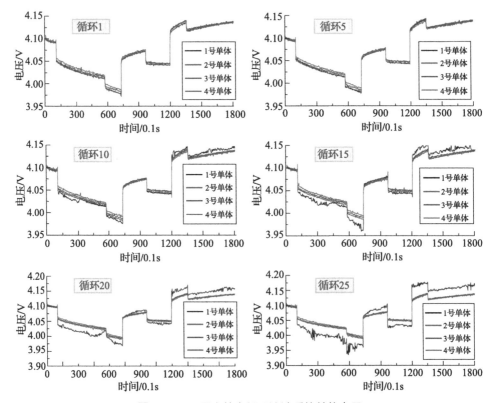

图 6-6　不同充放电循环滤波后的单体电压

2. 敏感度评价

图 6-7 显示了不同充放电循环的 MMSE 曲线，其中最大尺度因子为 $\tau = 20$。4 个单体的 MMSE 随着尺度因子的增大而逐渐增大，并且在 1～5 次循环之间 4 条 MMSE 曲线没有特别明显的差异。实验进行到第 10 次循环时，1 号单体的 MMSE 曲线表现出异常的波动，MMSE 的值逐渐比其他 3 个单体更高，可以测得其连接片的局部温度从原始的 30℃ 升高到了 72℃。在 15 次循环以后电压剧烈波动，MMSE 的这一趋势更加明显。同时我们还可以看到，随着恒流充放电的进行，MMSE 曲线之间的不一致性差异也更加凸显。

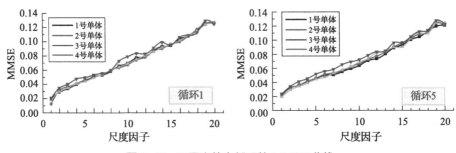

图 6-7　不同充放电循环的 MMSE 曲线

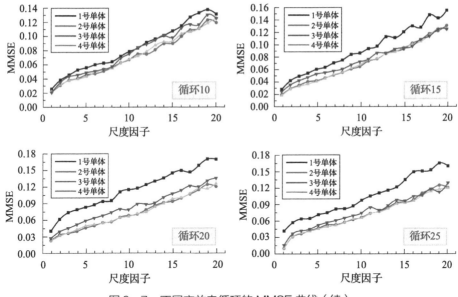

图6-7　不同充放电循环的 MMSE 曲线（续）

在本研究中，Z 分数方法是评估 MMSE 敏感性很好的选择，但是所研究的电池性能数据集包含多个尺度特征，并且在不同电池状态下不同尺度因子的敏感度也不同。为了提高灵敏度评估的一致性、稳定性和准确性，同时避免维数灾难[一]，基于 Z 分数方法，本节提出了一种评估 MMSE 敏感度的方法。

为了提高评估效率，将所有敏感度转换为正值，为了提高异常评价的敏感度，在所有尺度（如本节中的 20 个尺度）上对不同计算目标（如电池电压、探针温度等）的 MMSE 的标准偏差执行初步筛选，对标准偏差最小的 5 个尺度的 MMSE 进行过滤，然后对剩余其他尺度 MMSE 求平均值，最终得到敏感度因子：

$$Sen_j = \sum_{i=1}^{\hat{N}} \left| \frac{MMSE_i - MEAN}{\sigma} \right| \quad (6-12)$$

$$SenF = \sum_{j=1}^{\hat{S}} \frac{SenF_j}{\hat{S}} \quad (6-13)$$

式中，$\hat{N}$ 为研究目标数量，如单体电池数量；MEAN 为一定规模下的平均 MMSE；σ 为所有 MMSE 的标准偏差；$\hat{S}$ 为被过滤后的尺度因子的数量；i 为研究目标编号；j 为尺度因子编号；Sen_j 为第 j 个尺度的敏感度；$SenF$ 为敏感度因子。

⊖　维数灾难（Curse of Dimensionality）：通常是指在涉及向量计算问题时，随着维数增加，计算量呈指数倍增长的一种现象。维数灾难最早是由理查德·贝尔曼（Richard E. Bellman）在考虑优化问题时提出，用来描述当（数学）空间维度增加时，分析和组织高维空间（通常有成百上千维）中的数据，因体积指数增加而遇到各种问题场景。

图 6-8 展示了不同充放电循环中的 4 个单体的敏感度，我们可以看到所有单体的灵敏度因子在不同充放电循环中都被限制在一定范围内。当虚接还不严重时，异常电压并不明显，不同单体之间的敏感度差异也不大，如第 5 次循环中所示；从第 10 次循环开始，1 号单体的敏感度逐渐凸显并显著高于其他单体，且比上述电压曲线及 MMSE 曲线更加明显，这也体现了使用敏感度检测异常单体的有效性以及评价异常水平的可行性。

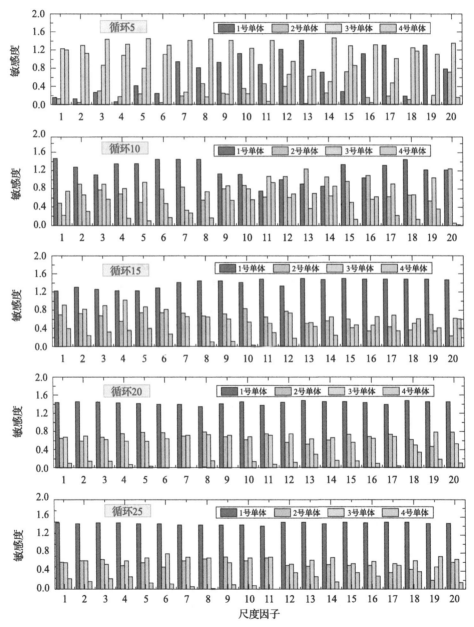

图 6-8 不同充放电循环的敏感度

图 6-9 展示了 4 个不同充放电循环的各单体的敏感度因子，从中我们可以看到，1 号单体中的虚接从 10 次循环后逐渐变得严重。另外，灵敏度因子可以通过低效尺度的过滤提高剩余有效尺度的评价效率，从而可以更加及时、准确地诊断出发生虚接的单体位置。由于动力电池电压的波动范围通常是在一定的范围内，所获得的安全电压的敏感度因子也会稳定在一定安全范围内。采用对敏感度因子设定阈值的方式来评价电压异常风险水平，可以判断电池电压是否出现安全风险，例如图 6-9 中将阈值定为 1.1。

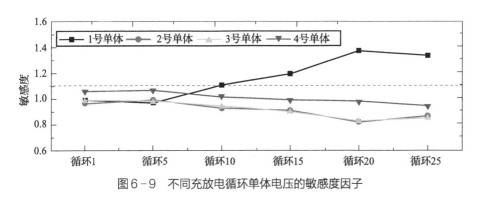

图 6-9　不同充放电循环单体电压的敏感度因子

6.3.3　基于实车运行数据的安全风险预警

1. 电压异常风险预警

从平台采集车辆 G 于 2016 年 8 月 9 日的运行数据，其动力电池组由 100 个单体组成，电池箱内外分布有 16 个温度探针。为了便于计算，我们选取了 2016 年 8 月 9 日这天车辆 G 的两次行驶/充电循环；在第二次行驶/充电循环即将结束时，91 号单体发生了单体电压大于 3.6V 的二级报警。车辆 G 动力电池系统的电压和 SOC 曲线如图 6-10 所示。

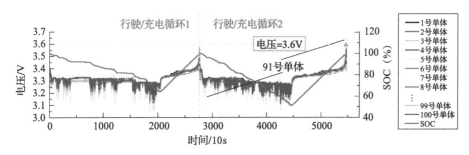

图 6-10　车辆 G 动力电池系统的电压和 SOC 曲线

以未触发报警的第一个行驶/充电循环的数据作为计算对象，所有单体 MMSE 和敏感度曲线如图 6-11 所示，说明通过第一次行驶/充电循环可以准确地检测出具有异常电压的 91 号单体。

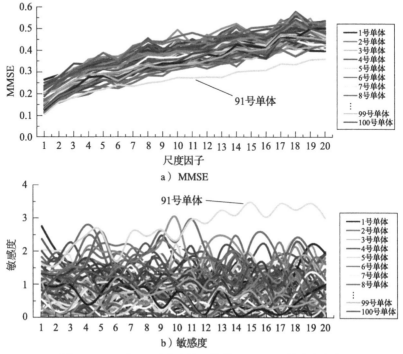

图 6-11　车辆 G 动力电池系统的 MMSE 和敏感度曲线

单体电压敏感度因子如图 6-12 所示，可以发现 91 号单体的敏感度因子明显高于其他单体，说明采用 MMSE 方法可以在过电压报警前及早地诊断出异常单体。通过试错法对大量实际运行数据进行验证，将单体电压敏感度因子的风险阈值定为 $SenF = 3$，如图 6-12 所示。这意味着，当任何一个单体的灵敏度因子满足 $SenF \geqslant 3$ 时，表示该单体电压有安全风险，需要及时进行检查或更换，继续运行可能会引起电池安全故障；当所有电池电压的灵敏度因子满足 $SenF < 3$ 时，说明动力电池系统处于安全状态。

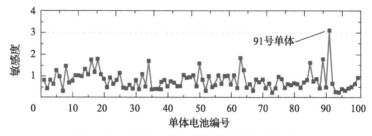

图 6-12　车辆 G 动力电池系统的敏感度因子

从平台导出车辆 H 于 2016 年 2 月 21 日的运行数据，其车型及动力电池参数配置与车辆 G 相同。为了便于计算，我们选取了 2016 年 2 月 21 日这天的两次行驶/充电循环；在第二次行驶/充电循环中行驶时，两个单体电池（84 号电池和 100 号电池）发生了电压低于 3.0V 的三级欠电压警告。车辆 H 动力电池系统的电压和 SOC 曲线如图 6 - 13 所示。

以未触发报警的第一次行驶/充电循环的数据作为计算对象，所有单体电池的 MMSE 和敏感度曲线如图 6 - 14 所示，表明 84 号和 100 号单体的异常能被准确检测出来。所有单体的敏感度因子如图 6 - 15 所示，可以发现 84 号和 100 号单体的

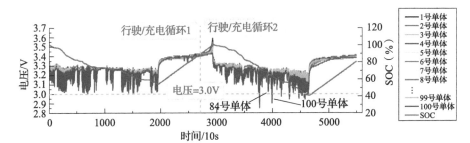

图 6 - 13　车辆 H 动力电池系统的电压和 SOC 曲线

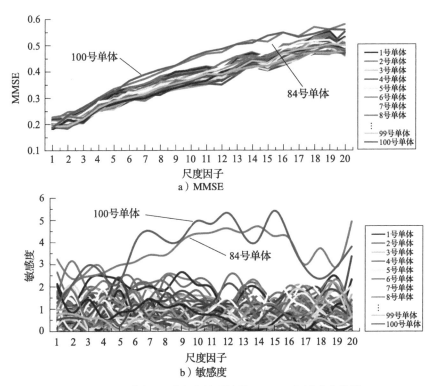

a）MMSE

b）敏感度

图 6 - 14　车辆 H 动力电池系统的 MMSE 和敏感度曲线

敏感度因子明显高于其他单体，且都超过了安全风险阈值 $SenF = 3$。以上结果说明，即使有多个单体电压出现异常，提出的 MMSE 方法也可以在故障报警前准确地诊断出所有异常单体。

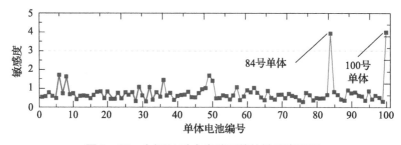

图6-15　车辆 H 动力电池系统的敏感度因子

为了验证 MMSE 方法在丢失一些特征信息后的鲁棒性，对车辆 G 数据分别执行了 30s、60s 和 180s 的稀疏采样间隔（Sampling Interval，SI）处理，得到三组稀疏采样间隔数据，其电压和 SOC 曲线如图 6 – 16 所示。从图中能够发现，随着采样间隔的增加，电压的基本波动特征并没有发生明显变化，但是有效信息密度大大降低，某些特征信息也随之消失了。

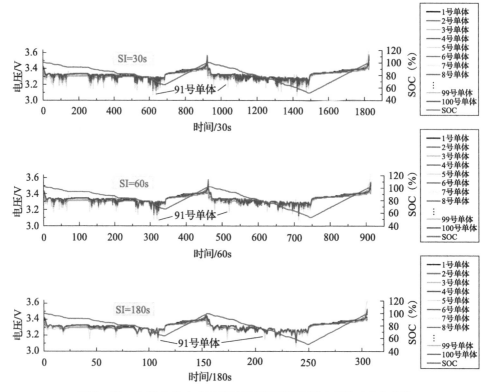

图6-16　车辆 G 动力电池系统三组采样间隔的电压和 SOC 曲线

　　随后，以第一次行驶/充电循环的数据作为计算对象，分别计算了不同采样间隔的 MMSE 和敏感度因子，如图 6-17 和图 6-18 所示。图 6-17 显示随着采样间隔的增加，MMSE 曲线变得更加混乱；尤其是当 SI=180s 时，由于过多的信息丢失，人眼很难检测到引发过压的异常单体。图 6-18 显示当 SI=30s 和 SI=60s 时，我们仍可以通过敏感度因子的安全风险阈值提前检测出异常的 91 号单体，但是当 SI=180s 时，由于有效信息丢失过多，91 号单体的敏感度因子没有超过安全风险阈值，尽管它比其他单体的敏感度因子更高。综上所述，本节提出的 MMSE 方法可以允许适当延长采样间隔，减轻存储负担，同时还可以适当提高风险预警效率。因此，MMSE 方法可以适应电动汽车大数据监控平台稀疏采样的需求，为具有时间跨度大、采样频率低等特征的实车动力电池系统稀疏大数据的安全风险预警研究提供了技术支撑。

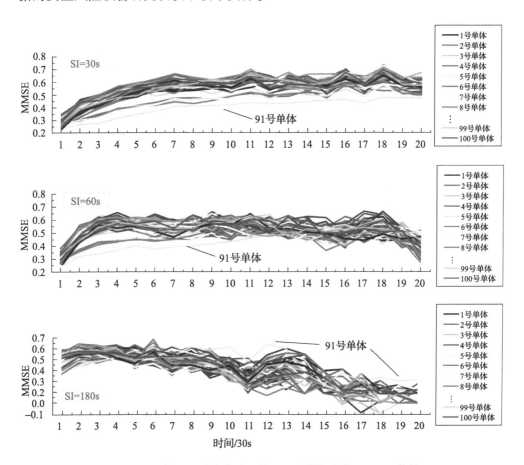

图 6-17　车辆 G 动力电池系统不同采样间隔的 MMSE 曲线

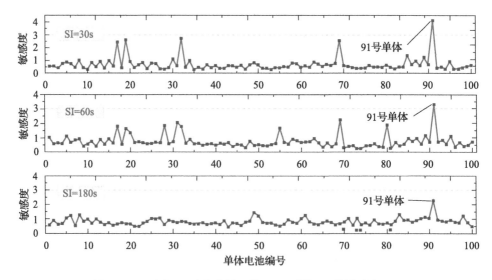

图6-18　车辆G动力电池系统不同采样间隔的敏感度因子

2. 温度异常风险预警

从平台导出与车辆G同车型的车辆I于2016年6月1日—6月3日的运行数据，其电池箱内/外部分布有16个温度探针。车辆I动力电池系统的探针温度、总电压、SOC和最大温差曲线如图6-19所示，该车于6月2日发生了温差过大的二级报警（温差≥5℃）。从探针温度的波动能看出16号探针和12号探针一致处于最高温度和最低温度的位置，且最大温差报警正是由这两个温度探针引起的。但是，所有探针温度的一致性始终很好，且都处于安全温度范围内，所以很难用常规方法对此类温度异常进行早期风险预警。

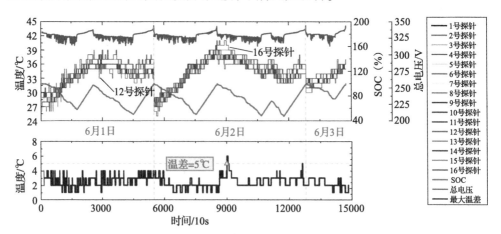

图6-19　车辆I动力电池系统的探针温度、总电压、SOC和最大温差

　　由于探针温度的波动相对较小，因此选取未触发警告的第一天的数据作为计算对象，所有探针温度 MMSE 和敏感度曲线如图 6 - 20 所示。MMSE 和敏感度曲线可以非常清晰地表现出 12 号探针和 16 号探针的异常温度特征。图 6 - 21 所示为车辆 I 动力电池系统探针温度的敏感度因子，从中我们看出 12 号探针和 16 号探针的敏感度因子远高于其他温度探针，并且都超过了安全风险阈值。因此，所提出的 MMSE 方法可以在温差过大故障发生之前将异常的两个探针检测出来。

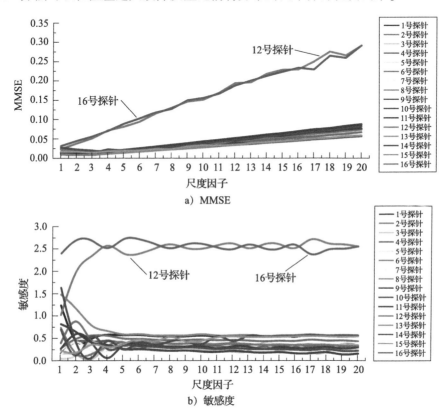

a）MMSE

b）敏感度

图 6 - 20　车辆 I 动力电池系统探针温度 MMSE 和敏感度曲线

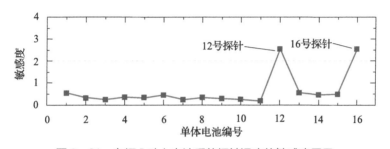

图 6 - 21　车辆 I 动力电池系统探针温度的敏感度因子

6.3.4 基于 MMSE 关键计算因子与诊断效果的研究

如图 6-22 所示，MMSE 的关键计算因子为尺度因子，尺度因子选择对诊断效果有决定性影响。当尺度因子较小时，诊断效果随尺度因子增大而优化，但是随着尺度因子继续增大，诊断效果会逐渐呈劣化趋势。通过拟合分析，发现 MMSE 的诊断效果与尺度因子之间呈现近似正态分布关系。

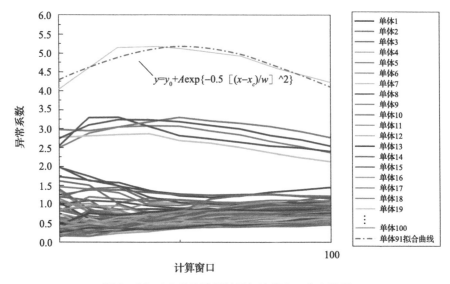

图 6-22 MMSE 诊断效果与计算窗口大小关系

这一规律是基于少量样本发现的规律，在几组数据的验证下，该规律的有效性已经得到了验证。这一发现对于多尺度熵及其他熵算法在故障诊断领域的应用具有重大意义。但是，这一规律毕竟是基于少量样本发现的，想要使该方法适用于更多类型的电池，需要更大量数据的验证和规律探索。

基于 NDWD 的动力电池系统热失控风险预警

6.4.1 时频转换算法

在基于时域空间的阈值、算法、模型等研究的基础上，本节利用动力电池频域特征开展动力电池系统频域特征分析及安全风险预警研究。目前常用的时频转换方法有傅里叶变换、拉普拉斯变换、Z 变换、小波变换等，其中傅里叶变换与小波变换是目前最常用的两种变换算法。

1. 傅里叶变换

频率一般是指某种事物的变化速率，如果某种数学或物理变量变化很快，那么我们可以认为它的频率高，反之则是频率低，变量一直保持不变则频率为 0 或者可以认为没有频率。通过傅里叶变换的时频转换，可比较容易地从频域中看到一些在时域中难以被发现的信息，故而常被应用在医疗领域的病情诊断。

傅里叶变换是一种可逆变换，即它允许原始信号和经过变换得到的信号之间进行互相转换。然而，这种变换在任意时刻只有一种信息是可用的，傅里叶变换后的频域中并没有包含原始的时间信息，因此逆变换后的时域中得不到变换之前的时间信息。其实，这种现象可以结合傅里叶变换的公式进行理解，傅里叶变换可以分为连续傅里叶变换和离散傅里叶变换，其中：

连续傅里叶变换的公式为

$$F(w) = F[f(t)] = \int_{-\infty}^{\infty} f(t) e^{-i\omega t} dt \qquad (6-14)$$

$$f(t) = F^{-1}[F(w)] = \frac{1}{2\pi} \int_{-\infty}^{\infty} F(w) e^{i\omega t} dw \qquad (6-15)$$

离散傅里叶变换的公式为

$$X[k] = \sum_{n=0}^{N-1} x_n e^{-i2\pi kn/N} \qquad (6-16)$$

$$x_n = \frac{1}{N} \sum_{n=0}^{N-1} X[k] e^{i2\pi kn/N} \qquad (6-17)$$

式（6-14）~式（6-17）中，$F(w)$ 为 $f(t)$ 的像函数；$f(t)$ 为 $F(w)$ 的像原函数；$X[k]$ 为变换后的数据；x_n 为采样的模拟信号；N 为采样点数。

我们可以看到，因为傅里叶变换中的积分是从负无穷到正无穷的，所以频率分量无论在任何时候发生变化都会对积分的全局性结果造成影响，离散型的傅里叶变换也是同样的道理，这也就是为什么傅里叶变换通常不适合分析非平稳信号的原因。动力电池系统的各种参数，尤其是故障信号必定是一些非平稳信号，因此傅里叶变换在动力电池的频域分析中没有优势。例如，以上文中分析到的动力电池连接失效实验中的第 20 次循环为例，其离散傅里叶变换结果如图 6-23 所示。从图中可以看出，无论是在低频阶段、中频阶段还是高频阶段，采用傅里叶变换进行时频转换后，发生虚接的 1 号单体的异常信号反而弱化了，因此基于离散傅里叶变换的异常信号诊断效果并不理想。

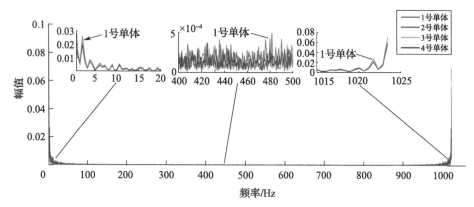

图 6-23　循环 20 的离散傅里叶变换结果

2. 离散小波变换和分解

小波分析是由法国的 J. Morlet 在 1974 年以傅里叶分析为基础提出的、在应用数学和工程学科中迅速发展的新领域。顾名思义，小波即小的波形，其同时具备波动性和衰减性两个特征。任意信号或函数在连续小波基上的展开称为连续小波变换，小波变换通过对不同的频率成分采用逐渐精细的采样步长，可以聚焦到信号的任意细节，所以其具有良好时频局部化特性，可以很好地处理微弱或突变信号，特别适合于对非稳态畸变波形问题进行分析。

在函数空间或者信号空间 $L^2(R)$ 定义任意信号或函数 $f(t)$，在连续小波基 $\varphi_{(\alpha,\tau)}(t)$ 的展开 $WT_f(\alpha,\tau)$ 被称为 $f(t)$ 连续小波变换。

$$WT_f(\alpha,\tau) = \frac{1}{\sqrt{|\alpha|}}\varphi\left(\frac{t-\tau}{\alpha}\right)\int_R f(t)\varphi_{(\alpha,\tau)}(t)\mathrm{d}t \qquad (6-18)$$

其中：

$$\varphi_{(\alpha,\tau)}(t) = \frac{1}{\sqrt{|\alpha|}}\varphi\left(\frac{t-\tau}{\alpha}\right) \qquad (6-19)$$

且满足：

$$C_\varphi = \int_R \frac{\varphi(v)}{|v|}\,\mathrm{d}v < +\infty \qquad (6-20)$$

小波变换的尺度参数 α 和平移参数 τ 决定了小波变换的时频特性。因为连续小波变换的系数是耦合和重复的，在实际应用过程中需要对其进一步离散化处理，即得到离散化小波变换和离散的 α 和 τ 等参数。离散方式的步骤如下：

（1）尺度参数 α 的幂级离散

$$\alpha = \alpha_0^m \qquad (6-21)$$

（2）平移参数 τ 的离散化

$$\tau = k\alpha_0^m \tau_0 \tag{6-22}$$

式中，$\alpha_0 > 0$，$\tau_0 > 0$，m 和 k 均为整数。

对尺度参数和平移参数离散后，可得到离散的小波基 $\varphi_{\alpha_0^m, k\tau_0}$ 和离散的小波变换 $WT_f(\alpha_0^m, k\tau_0)$，如下：

$$\varphi_{\alpha_0^m, k\tau_0} = \alpha_0^{-\frac{m}{2}} \varphi(\alpha_0^{-m} t - k\tau_0) \tag{6-23}$$

$$WT_f(\alpha_0^m, k\tau_0) = \alpha_0^{-\frac{m}{2}} \int_R f(t) \varphi(\alpha_0^{-m} t - k\tau_0) \mathrm{d}t \tag{6-24}$$

傅里叶变换的基是正余弦函数，而小波的基是各种形状小波，也就是说它把整个波形看成是多个位置和宽度不同的小波的叠加，尺度参数 α 控制小的伸缩，平移参数 τ 可以控制小波的平移。

通过上述分析可知，傅里叶变换不适合处理非平稳信号且只能得到一个频谱，但是现实中大部分波形都是非稳态波形，频域信息只提供了波形的成分，并没有提供成分出现的先后，因此单纯的傅里叶分析对频率随时间变化的非平稳信号分辨率差。

小波分析可以得到一个时频谱，包括信号分解（即小波分解）和重构（即小波变换）两个阶段，这就使得小波分析非常适合于分析非平稳的时间序列，例如本节中的动力电池信号。小波分解也即寻找从实际信号空间到小波函数空间的最佳映射，以便得到原信号的最佳恢复，分解后得到的低频信号和高频信号通过重构可以对原始信号进行完美还原，因此被广泛应用于图像等各种信号的去噪。此外，小波分解后得到高频和低频两个分量，从低通滤波器获得的低频分量可以称为"近似分量"，从高通滤波器获得的高频分量可以称为"细节分量"；两个分量的位置和原始信号是相对应的，因此小波分解后的信号可以完美重构和定位原始信号中的细节，还可以通过选取合适的阈值对小波分解的各层系数进行量化。

以上述动力电池虚接故障中的第 20 次循环为例，其经过离散小波分解后的结果如图 6-24 所示。图 6-24a 所示的低频信号基本保留了原始信号的特征，图 6-24b 所示的高频信号可以有效地显示出 1 号单体的信号发生异常和突变的位置及幅值。因此基于离散小波分解方法对实车动力电池系统的安全状态进行实时监控和风险预警具有重要的潜在工程应用价值。

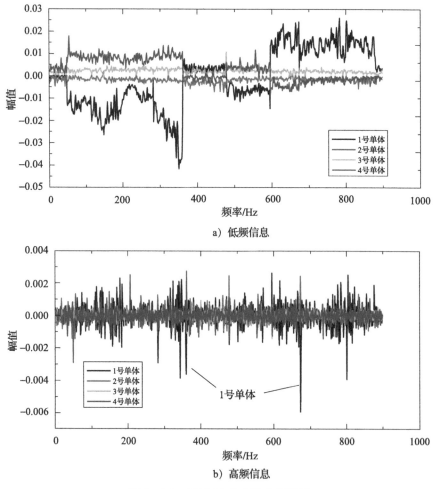

a) 低频信息

b) 高频信息

图 6 - 24　循环 20 的小波分解结果

6.4.2　事故特征描述

以 2019 年下半年发生自燃事故的一辆纯电动汽车（基于企业隐私保密性，下述事故时间等信息已做偏移脱敏处理）为研究对象，该车在充电桩完成快速充电后，在充满电后开车行驶很短一段时间后便发生自燃。该车装配三元锂电池，其中 91 个单体电池采用软包叠片串并成组形成电池包。图 6 - 25 所示为被研究动力电池系统的单体分布及毁损情况示意图，其中 A 展示的是电池包后部，B 代表电池包前部，C 和 D 分别为电池包右侧和左侧。从图 6 - 25 中不难看出，电池包右侧和后部在事故发生后基本完好，但前部有穿孔现象，左侧其他部分基本完好但是在约 1/3 处毁损严重。

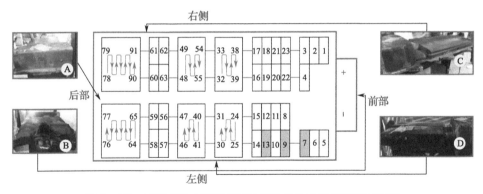

图 6-25　被研究动力电池系统的单体分布及毁损情况示意图

提取热失控前 15 天的数据进行分析，电压曲线如图 6-26 所示。在事故发生的当天该车仅充电一次，热失控在开始行驶几分钟后发生。9 号单体、7 号单体和 13 号单体的电压首先迅速下降，然后 23 号单体、19 号单体和 5 号单体的电压也逐渐突降。这也反映了热失控的起始位置和扩散方向，这与图 6-25 中的单体电池分布是对应的（7 号单体和 13 号单体都分布在 9 号单体附近）。此外，在热失控发生前的 15 天中，车辆经历了大约 20 次不同深度的行驶/充电循环，并且充电阶段和驾驶阶段的电压波动明显不同。此外，在事故发生前一天 13:22:56 之后的一段时间内，车辆在行驶时发生了短时的剧烈电压波动。这种短时剧烈波动可能是由于被研究电池系统在接近热失控之前健康状态突然恶化、遇到了某种突发情况、数据采集误差或是数据预处理过于粗糙等各种原因造成的。不过即使采集的数据有一些误差，也仅仅会影响原始数据的真实性，对提出的算法的有效性和应用对象的一般性不会造成任何影响。

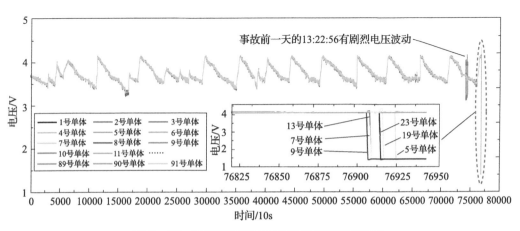

图 6-26　被研究车辆热失控前 15 天的电压曲线

因为实车运行过程中的充电状态和行驶状态的电池电压特征差别很大，所以将实车运行数据划分为行驶数据和充电数据，并选择一些特定日期的充电和行驶数据进行分析。图6-27所示为事故当天、6天前和15天前的车辆充电状态下的1h单体电压曲线，图6-28所示为事故发生1天前、3天前、7天前和15天前的车辆行驶状态下的1h单体电压曲线（事故当天和6天前均只有少量的充电数据而没有行驶数据）。图6-27显示事故当天、6天前和15天前的所有单体在充电状态下的电压波动较小，且一致性非常好。图6-28显示在事故发生1天前、3天前、7天

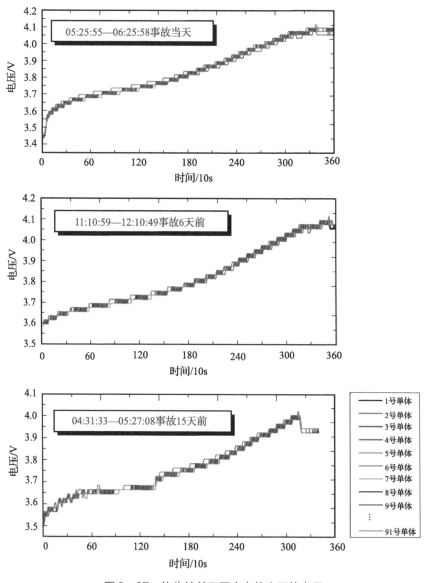

图6-27　热失控前三天充电状态下的电压

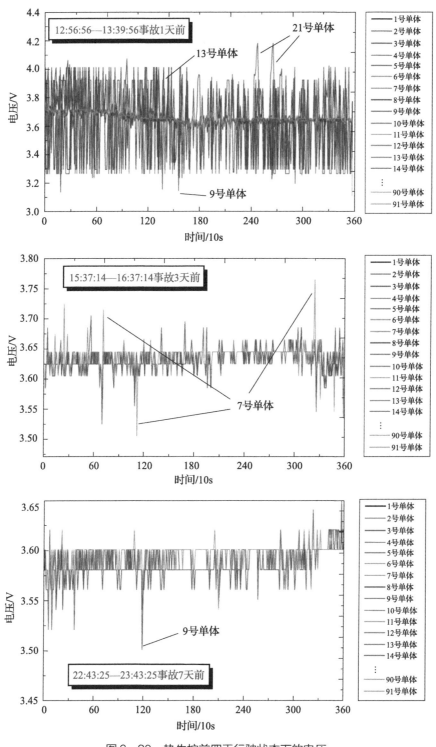

图 6-28　热失控前四天行驶状态下的电压

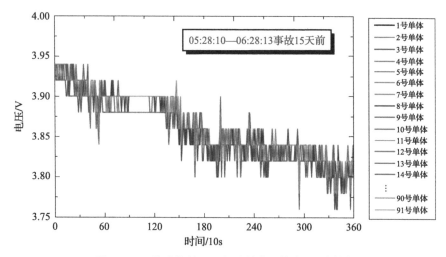

图6-28　热失控前四天行驶状态下的电压　（续）

前和15天前的行驶状态下的单体电压曲线具有非常明显的上下波动，且在事故发生的1天前、3天前和7天前，尤其是在即将发生热失控的1天之前，7号单体、9号单体和13号单体等具有相对于其他单体更为明显的异常波动，这与复杂多变的车辆行驶状态有关。不过，所有单体电压的波动仍然都处于常规时域中的安全阈值之内，所以用常规时域方法很难将这些异常单体诊断出来。

图6-29和图6-30所示为上述分析的三个充电区间和四个行驶区间的离散高频小波曲线。事故当天、6天前和15天前的所有单体的充电状态下的离散小波曲线波动性较小，并且一致性较好，这与图6-27中的电压曲线是对应的。由于车辆行驶状态的动态多变性，事故发生1天前、3天前、7天前和15天前的行驶状态下的离散小波曲线均具有剧烈的上下波动，且各单体电池的离散小波值由于异常程度的不同而大小不一。在事故发生的3天前和7天前，7号单体和9号单体均存在

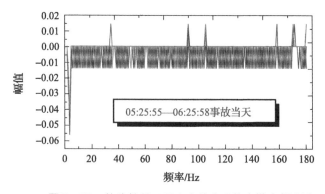

图6-29　热失控前三天充电状态下的离散高频小波

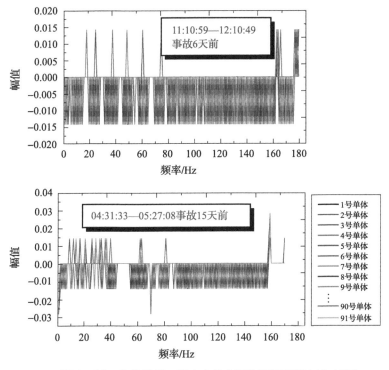

图 6-29 热失控前三天充电状态下的离散高频小波（续）

异常波动；在事故发生的 1 天之前，7 号单体、9 号单体和 13 号单体均有比较明显的异常波动，这均与图 6-28 中的电压曲线是一致的。因此，NDWD 方法对动力电池系统热失控的早期风险预测及异常单体定位是稳定有效的。

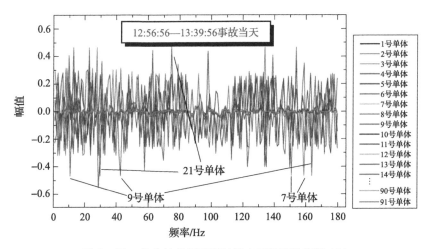

图 6-30 热失控前四天行驶状态下的离散高频小波

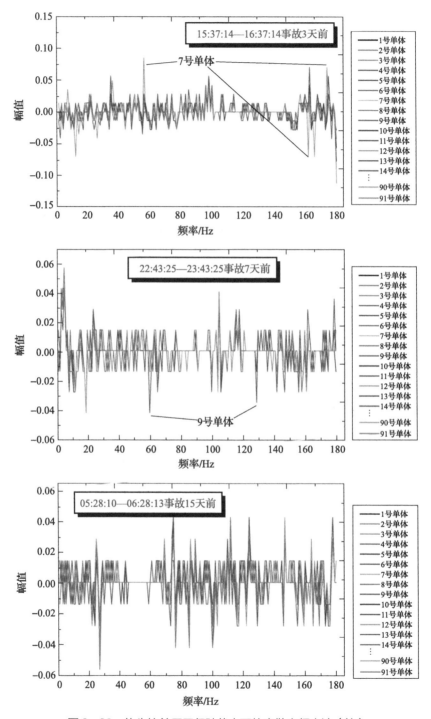

图6-30 热失控前四天行驶状态下的离散高频小波（续）

6.4.3 预警结果分析

通过图 6-29 和图 6-30 可以发现，动力电池系统在充电阶段和行驶阶段由于车辆运行工况不同，电压和小波特征也有很大差别。基于大数据平台的大量实车运行数据，结合归一化方法，本节通过多组实车运行数据验证和试错法制订了基于 NDWD 的多级风险预警策略，并分别针对行驶和充电两种车辆状态设定了对应的异常风险系数阈值，如图 6-31 所示。由于不同电池类型或者不同电池状态下的离散小波值并非固定分布在某一大小范围内，本节将车辆行驶状态下的离散小波值进行归一化处理，并且通过大量实车数据校核得到一级风险预警阈值 0.8 和二级风险预警阈值 0.6。充电状态下由于车辆工况始终处于和行驶状态截然不同的较为稳定的状态，通过大量实车数据校核得到异常风险系数阈值 ±0.015。两种状态异常风险系数设定规则如下：

行驶状态异常风险系数为

$$DWD_{d\_nor} = \frac{|DWD_d| - |DWD_{d\_min}|}{|DWD_{d\_max}| - |DWD_{d\_min}|} \qquad (6-25)$$

$$A_D = DWD_{d\_nor} - DWD_{d\_ave} \qquad (6-26)$$

式中，DWD_{d_min} 为单体电压的离散小波最小值；DWD_{d_max} 为单体电压的离散小波最大值；DWD_{d_nor} 为归一化之后单体电压的离散小波值；DWD_{d_ave} 为单体电压的离散小波平均值；A_D 为车辆行驶状态下的异常风险系数。

行驶状态异常风险系数为

$$A_C = DWD_c - DWD_{c\_ave} \qquad (6-27)$$

式中，DWD_c 为单体电压的离散小波值；DWD_{c_ave} 为单体电压的离散小波平均值；A_C 为车辆在行驶状态下的异常风险系数。

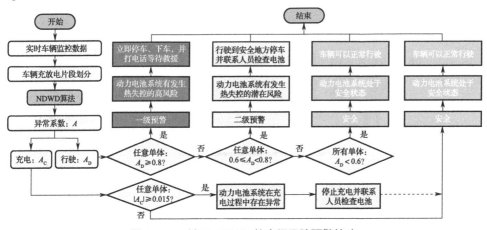

图 6-31 基于 NDWD 的多级风险预警策略

对被研究车辆进行验证，分别得到事故当天、6 天前和 15 天前的充电异常系数曲线，如图 6 - 32 所示；事故发生 1 天前、3 天前、7 天前和 15 天前的行驶异常系数曲线如图 6 - 33 所示。三段充电异常风险系数始终处于 - 0.015 ~ 0.015 之间，这与充电电压数据特征是一致的。从四段行驶异常风险系数可以看出，在事故发生 15 天前所有单体均没有异常，在事故发生的 3 天前和 7 天前，7 号单体和 9 号单

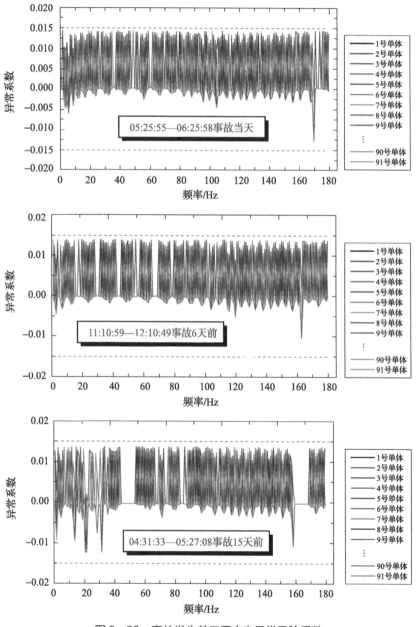

图 6 - 32　事故发生前三天充电异常风险系数

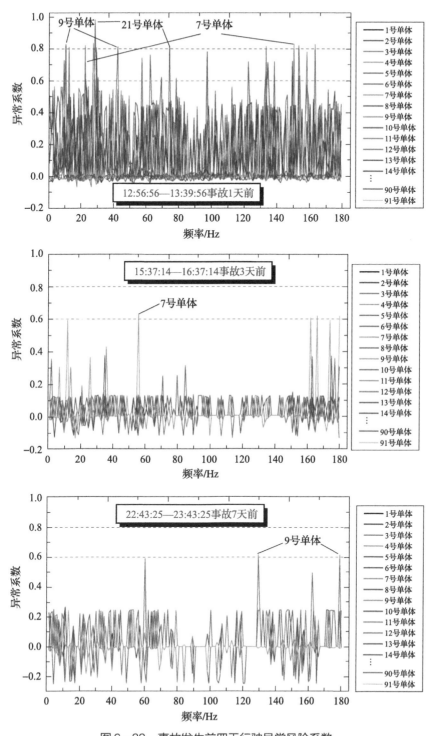

图 6-33　事故发生前四天行驶异常风险系数

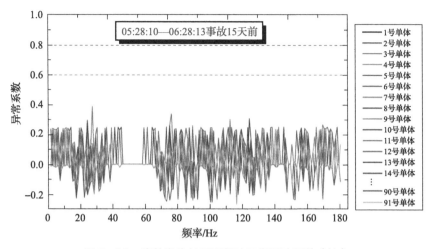

图 6-33　事故发生前四天行驶异常风险系数（续）

体的异常风险系数分别超过了二级风险预警阈值，事故发生的 1 天之前，7 号单体、9 号单体和 13 号单体均达到或超过了一级报警阈值，此时已经非常接近热失控的发生。因此，基于 NDWD 的多级风险预警策略可以在事故发生的 7 天之前通过二级风险预警诊断出存在异常的 9 号单体，通过合理的排查、维修或者更换措施，可以及早地避免热失控风险的发生，并保障驾乘人员的生命安全。综上所述，NDWD 方法既可以实现实车动力电池系统热失控风险的在线评估和预警，也可以通过事故调查和历史数据分析实现事故原因和位置的反向追踪。

6.5　本章小结

1）本章从结构角度出发总结了动力电池常见失效模及故障机理，开展了电芯失效、BMS 失效和电池包系统集成失效的三级失效模式分析，并从热力学、热传递、电极材料可燃性、过充电行为等多个角度阐述了动力电池系统安全风险。

2）本章基于 MMSE 算法提出了动力电池系统多级风险预警策略，综合所有粗粒化序列有效信息，克服了滑动平均过程中的熵波动，通过低效尺度过滤实现了对电池风险信号宏观角度上的复杂性分析和细节上的多时间尺度分析。针对不同安全风险类型设定了多级风险预警系数及安全阈值，通过基于实验的电池连接故障、基于实车的电压类和温度类故障数据验证，证明了该方法可以对"机 - 电 - 热"各类动力电池系统安全风险进行在线多级评估、早期识别及精准预警。此外，通过 30s、60s、180s 等大采样间隔分析，证明 MMSE 方法可以适应实车大数据监控平台采样时间跨度大、采样频率不稳定等特征，为基于实车动力电池系统稀疏采样特性的安全风险预警研究提供了技术支撑。

3）本章基于 NDWD 算法和实车热失控数据提出了实车动力电池系统多级风险预警策略。NDWD 克服了常规时频转换方法频域中时间信息缺失问题，其时频局部化特性善于处理微弱或突变信息，适于分析非稳态畸变波形问题如实车动力电池信号，分解后得到的低频信号和高频信号通过重构可以对原始信号进行完美还原，其高频细节分量可以实现对动力电池系统早期风险信号的在线识别和精准定位。结合归一化方法针对行驶和充电状态分别设定了异常风险系数阈值，通过一辆发生热失控自燃事故的实车数据验证，在事故发生的 7 天之前可以通过二级风险预警诊断出异常单体。因此，NDWD 方法可以通过事故调查和历史数据分析实现热失控事故原因、位置的反向追踪，通过合理的排查、维修或者更换措施，可以及早地避免热失控风险发生，保障驾乘人员生命安全。

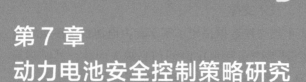

第 7 章
动力电池安全控制策略研究

7.1 概述

动力电池系统安全控制对电动汽车的安全可靠运行具有重要意义。为了实现实车动力电池系统的高效安全管控，各种电池故障诊断及风险预警模型需要实现与电池管理系统（Battery Management System，BMS）的高效集成。本章将系统总结和分析动力电池系统常见的安全问题及其解决思路，研究动力电池系统多故障早期协同预警的多模型融合理论和方法，提出面向实车动力电池系统全寿命运行周期的安全控制策略，整体分析框架如图 7-1 所示。

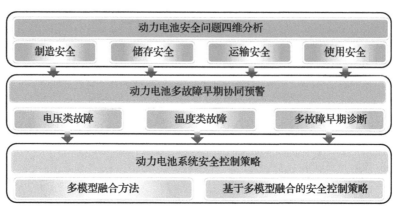

图 7-1 动力安全控制策略整体分析框架

7.2 动力电池安全问题分析

7.2.1 动力电池安全问题及解决方案

在实车运行过程中，动力电池系统受到运行工况和外部环境的影响，存在多种潜在安全风险，且这些安全问题具有偶然性高、诱因复杂、可重复性差、可测量参数少等特点，本节针对这些问题提出一些解决方案，如图 7 - 2 所示。

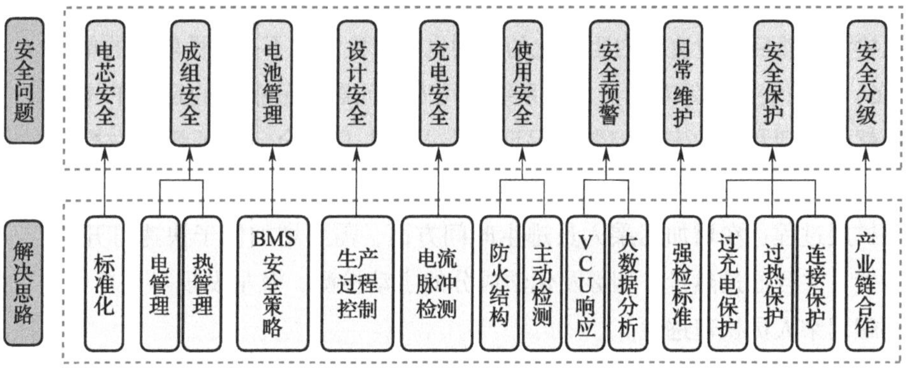

图 7 - 2　动力电池系统常见安全问题及解决方案

1）电芯安全。针对电芯安全问题，通过电芯和电池模块标准化既可以大大减少低层次重复劳动，又可以对电芯安全性的提升起到积极推动作用。这里标准化指的是为适应科学发展和组织生产的需要，在产品质量、品种规格、零部件通用等方面，规定统一的技术标准。通过标准化可以从多方面改善电芯安全性，例如生产设计标准化可以集中暴露并处理电芯设计安全问题，提高生产设备标准化程度可以加快设备生产企业的产品迭代速度。另外，还可以通过优秀设备和零配件配套商在行业间的经验推广，全面提升电池行业的安全技术水平。

2）成组安全。针对动力电池系统成组安全问题，重点是从合理的电管理、热管理设计以及提高电池焊接工艺这几个维度来提升动力电池系统的成组安全性。BMS 可以通过小电流均衡控制，改善不同电芯之间的温度差及其导致的电压差问题，因此对所有电芯都需要做到精确检测、实时预警，保证动力电池系统的成组安全。

3）电池管理。针对电池管理问题，重点是设计合理的 BMS 安全控制策略。为了完善电池安全管理方案，需要制定相应的动力电池系统安全目标，并通过实车运行数据对其有效性和合理性进行多级验证。此外，还需要在 BMS 高效管控的基础上，集成热失控风险预警和及时灭火的功能，保证动力电池系统的安全性。

4）设计安全。针对动力电池系统设计安全问题，重点是开展科学的电池设计和制造。不同电池类型在材料、结构等方面各有其优缺点，不同的材料和结构对电池安全性具有不同的影响，我们需要做到动力电池系统的设计科学、制造精密，从而在其制造出厂时尽量使动力电池系统具备较高的安全性。

5）充电安全。针对充电安全问题，目前最有效的方法之一是在充电初期对动力电池系统进行电流脉冲检测，此方法可以尽早发现动力电池系统的不一致性问题，并提前发出安全警报。此外，在充电完成80%~90%时的充电末期进行快速大电流检测，然后通过直流内阻变化的区别也可以检测出不一致性较差的单体电池。

6）使用安全。针对动力电池系统使用安全问题，最重要的是在单体发生热失控时就能做到及时的安全控制，保证驾乘人员人身安全。在延缓热失控方面，可以采用防火材料或对电池箱结构做防火隔热处理，延缓从单体到整个电池包的热失控扩展过程；在增加驾乘人员逃生时间方面，需要增加便于快速打开的安全逃生装置，并且通过热量、烟雾及化学成分的主动检测，及早发现早期单体热失控，并提醒驾乘人员快速逃生。

7）安全预警。针对动力电池系统安全预警问题，可以通过车载通信装置（Vehicular Communication Unit，VCU）对动力电池系统出现的问题做出快速响应。例如，可以让驾驶员靠边停车或是采取一些必要的安全防护措施，并把VCU采集到的BMS信息及时上传到云端进行大数据分析，然后通过VCU智能学习算法的自主学习，提高动力电池系统安全预警的可靠性。

8）日常维护。针对动力电池系统的日常维护问题，对相关的日常维护标准及相关法律规定的完善是非常紧急和必要的。目前关于动力电池系统定期检测周期（三个月、半年或是一年）和检测项目（电池箱密封性、连接可靠性等）的相关国家标准也尚不完善。因此，国家或汽车行业应该陆续制定并不断完善动力电池系统强制检测标准，整车厂也应该配合制定强制检测项目或日常维护手册。

9）安全保护。针对动力电池系统的安全保护问题，重点是对过充电、过热、连接安全风险等进行防护。面对电池过充电问题，可以通过BMS、充电机和整车VCU的介入来保护；针对电池过热问题，通过减小电芯密度和连接阻抗可以从本质上降低过热风险，通过加强散热措施可以降低充电过程的热失控风险；面对电池充电连接故障问题，可以通过日常检查和维护，判断插头插座的接触是否出现问题，然后通过定期更换可以有效解决充电连接问题。

10）安全分级。针对动力电池系统的安全级别划分问题，需要整车厂和零配件企业加快实施产业链合作，形成专业化的分工协作体系。从生产件批准程序（Production Part Approval Process，PPAP）、产品质量先期控制策划（Advanced Product Quality Planning，APQP）、过程失效模式及后果分析（Process Failure Mode and Effects Analysis，PFMEA）等环节出发，按照汽车行业相关要求明确各自职责，实现动力电池系统全寿命周期内的安全状态可监控、可追溯。

7.2.2　动力电池安全管理方案四维分析

1. 第一维度——动力电池制造安全管理

(1) 生产流程

动力电池的产品规格型号有很多，彼此之间生产工艺各不相同，但是一般而言，生产流程如下：

1）制片：主要流程包括制浆、涂布、辊压、分切、烘烤。

2）装配：卷绕、入壳、烘烤、注液、封口。

3）化成：清洗、检查、X 射线检测、老化、分容。

4）包装：检查、喷码、包装、入库。

(2) 风险

动力电池在生产加工过程中的风险主要有两个方面，一是单个电池自身发生起火、爆炸，其主要原因是电池的电极间短路，电解液产生气体在单个电池内燃烧爆炸；另一个方面是在生产过程中，某个单一电池热失控发生着火爆炸后，热量传递给周边的电池，导致受热电池电解液发生泄漏，在一定的空间内形成爆炸性的蒸汽，着火或着火并未达到爆炸极限范围而发生爆炸，这会导致严重的事故。因此，为了防范动力电池事故，应该重视对电池的原材料、电池的结构设计与生产工艺过程的分析。材料的选用与电池的结构设计很复杂，对电池安全的影响也很大。比如，动力电池中的正极片、负极片与隔膜尺寸对电池的安全具有极大影响，在设计时应保证他们的尺寸为：隔膜 > 负极片 > 正极片。这是因为若隔膜的质量不好，受热可能收缩，或尺寸小于极片，这时，正负极接触发生内短路，从而产生电池的安全问题。

在整个动力电池生产过程中，并非每个工序都需要特别关注。为了方便，将动力电池存在的事故风险分为普通风险与特殊风险。普通风险是一般企业都存在的风险，如用电安全、机械安全、消防安全及危险化学品生产储存安全等；特殊风险只考虑与锂离子动力电池生产相关的安全问题。从工艺过程整体分析，动力电池发生火灾和爆炸事故一般都在充电后，但导致事故发生的原因却与前面工序对加工的质量密切相关。比如，制浆与电解液的水分含量的控制，极片与隔膜的入壳操作情况。以下列出生产过程中存在的各类可能发生的风险。

1）正极片烘干。正极片的主要材料为锂盐、溶剂、N – 甲基吡咯烷酮（N – methylpyrrolidone，NMP），它们在制成浆体后被涂布在铝片上，再经辊压、在烘干箱内烘干。烘干过程主要是将 NMP 烘干成蒸汽，再经冷凝成液体回收，主要风险在辊压烘干工序中。NMP 的沸点为 93℃左右，烘箱烘干温度在 110～120℃。若加热温度与抽排风设备开启连锁失效，或通风管道维护不当就可能造成火灾事故。

2）注液。电解液（电解质盐 LiPF6）溶剂主要组成为碳酸烷基酯，如碳酸二甲酯（DMC）、碳酸二乙酯（DEC）、碳酸甲乙酯（EMC）都是沸点很低的液体，具有火灾危险性。注液现场相对密闭，存放该类危险化学品需考虑预防火灾、爆炸、中毒与窒息事故发生。

3）化成与分容。化成车间主要会发生电池出现少量泄漏、电池出现大量泄漏、化成车间个别电池燃烧等风险。在化成柜中，电池分不同电压进行充电，有的是电池串联操作，需要采取措施及时处理冒烟或着火的电池。单个电池可能冒烟，但处理及时造成的危害有限。分容过程，电池一般不是串联，但是，也可能有单个电池冒烟引发喷淋的情况发生。对于在化成与分容过程中，电池冒烟后的装喷淋水的问题，需要找到更好的方法加以解决。此外，可能出现员工吸入气体浓度过多导致产生不良症状、电器电源线打火或电源线燃烧、车间突然断电等事故。

4）老化。老化一般就是指电池装配注液完成后第一次充电化成后的放置，可以有常温老化或者高温老化，作用都是使初次充电后形成的 SEI 膜性质和组成能够稳定。常温老化温度为 25℃，高温老化各厂不同，有的是 38℃，也有 45℃的，时间在 48～72h 之间。老化车间长时间高温放置大量充电电池，电池隔膜容易老化而失效，也容易因安全距离不够而引发大面积火灾或爆炸事故发生。电池生产过程中，老化工序风险度最高。目前，不同企业老化房的结构各不相同，采取的安全措施也不一样，这是防范火灾爆炸事故的重点。

5）包装。电池包装之前已经是处于充电状态，常常成堆放置，这种情况下，有缺陷的电池产品可能发生自燃，也可能引发更大规模的火灾。另一方面，包装车间会存放大量的包装物，包装物本身就是易燃物质，容易由此引发电池火灾。

6）原材料仓库。原材料库主要风险包括液体原料仓的电解液、电解液包装，在搬运的过程中泄漏或破裂。电解液在生产时出现管脱或裂开，发生泄露；清洗房废液倾倒；所有容器未拧紧盖或密封不良等几个方面。应按一般危险化学品管理。

2. 第二维度——动力电池储存安全管理

目前动力电池种类繁多，在锂离子动力电池日常储存中，需要以相关专业知识为基础，同时还需要小心谨慎。作为特别容易发生化学反应的金属，锂离子动力电池易延伸和燃烧，在储存时没有按规定处理的话，可能会导致严重的事故——燃烧和爆炸。清晰而准确地定性所储存的锂离子动力电池特性，能够有效针对货物仓储及延伸的配送服务制定符合产品特性的仓储或者配送的运行方案，进一步为避免锂离子动力电池货物的不当储存导致产品爆炸、燃烧等事故提供理论与技术支撑。

（1）注意事项

动力电池在储存过程中应该注意以下几项：

1）电池应储存在通风、干燥和凉爽的环境中。

2）电池箱堆叠的高度不得超过 3 层高度。

3）勿将电池陈列或储存在阳光直射或遭受雨淋之处。

4）电池应在原包装中储存，若拆开包装后，需重新按要求包装后储存。

5）电池储存荷电状态为 40% ~ 60%，环境温度要求为 - 20 ~ 45℃（推荐最佳为 0 ~ 35℃），应避免与腐蚀性物质接触。

6）长时间储存不用时，建议每 3 个月左右做一次标准充放电维护。

7）存储过程中拔下手动维护开关（Manual Service Disconnect，MSD）并妥善保管，对电池系统的正负极及各端口做好防护，避免触电。

8）电池系统在存放环节避免磕碰、摔撞、水淹等。

9）电池储存区域内必须有 2 组以上灭火器，有 2 把铁锹，存放的沙土不低于 $1m^3$，且要保持沙土干燥。

（2）应急措施

储存的动力电池因储存放置不当、电池内部发生变化或储存环境不当（高温、明火等）引发燃烧，应采取以下应急措施：

1）冒烟阶段。当电池出现冒烟未起火时宜采用沙土覆盖的方式，覆盖后静置 1h 以上等其完全熄灭。

2）初起燃烧阶段。整箱电池起火，宜采用组合式方法灭火，即先使用灭火器将明火扑灭后，用沙土覆盖方式将电池火灾扑灭，覆盖后静置 2h 以上等其完全熄灭。

3）燃烧阶段。燃烧阶段一般是指多箱子电池起火，这时不宜直接扑救。应采取如下措施：①组织人员灭火；②注意人身安全，疏散无关人员；③无风的条件下，现场操作人员将未燃烧的电池转移到安全地带，同时组织叉车转移未燃烧的电池到安全地带。留出宽度 6m 的防火间隔，视情况灭火救援或报警处理。

3. 第三维度——动力电池运输安全管理

目前大多数动力电池安全性研究是考虑使用状态下的安全性，对运输环境条件下的安全性考虑不足。当前我国境内动力电池运输全部采用公路运输方式，出口有空运和海运两种，其中空运时效性最佳，但运力小，价格昂贵。海运价格相对低廉，运力较大，但运输周期长。相比较而言，铁路运输时效性为海运的 3 倍以上，同时兼有运力大、成本适中的优势，是长距离、大宗出口锂离子动力电池的最佳运输方式。然而，由于运输过程中不规范的操作，动力电池引发的起火事件仍有发生，全球各国的运输监管部门对动力电池的运输尤其谨慎，甚至很多物流公司明确表示不承运动力电池。大批量和高能量的动力电池的安全运输，已成为一个全球性的焦点问题，直接影响我国动力电池、无人机和新能源汽车等众多的贸易流通。

联合国制定的《关于危险货物运输的建议书—规章范本（第 21 版）》（以下简称《规章范本》）是全球危险货物运输安全标准及规范的基准，各国政府多据此来制定危险货物运输规则。自 2006 年，《规章范本》引入锂离子动力电池，并逐步发展成现在的锂离子动力电池运输规则体系，《规章范本》将锂离子动力电池运输分类为锂离子动力电池和锂金属电池。目前锂离子动力电池运输存在以下问题：

1）本质安全性未解决。动力电池的化学组成决定了自身的易燃性。虽然动力电池安全标准和各项措施已在不断推进，但引发动力电池热失控的各项因素依然难以完全避免。高能量密度的电池体系与安全性也还存在一些矛盾尚未解决。不同的运输模式，对安全水平的接受程度不同。动力电池热失控的诱因复杂，现有的应对措施不够完善，不可预知的风险对航空运输产生了极大的安全威胁。

2）运输测试体系不完善。UN38.3 系列测试是保障锂离子动力电池运输安全的基本标准。该标准是基于消费型的小型电池制定的，并未对高能量、大质量和多规格的动力电池提出针对性的要求，现有测试条款不全，技术指标有欠缺。虽然在逐步修订，但仍落后于动力电池的发展。

3）运输安全性评价能力欠缺。动力电池的第三方测试机构相对较少。锂离子动力电池运输测试的第三方实验室，大多没有动力电池的测试能力。按照规定，对于能量密度较大的动力电池可寻求不进行 UN38.3 系列测试，也导致各实验室未建立测试能力。动力电池运输安全性评价应建立在有效测试数据的基础上。现在的状况是难以找到合适的实验室进行测试，并获得响应数据。没有有效的数据，也建立不了合适的测试方法与标准，更建立不了评价标准。此外，随着相关产业的发展，大量实验、损坏、有缺陷、召回和回收的动力电池需要运输。这些动力电池在运输前也不太适合进行 UN38.3 系列测试，因此，合理的安全性评价就显得尤为重要。

4）风险防控措施不足。合适的包装可将危险货物的危险性有效地控制在包装内，并实现安全运输。由于动力电池比能量高和体积大，目前没有合适的包装材料或包装形式将危险控制在包装内，即动力电池在包装内发生完全燃烧而波及不到其他物品。国际上已有机舱内的防火罩或防火包等设计的小规模使用，国内类似产品仍处于实验阶段。这些包装方式均未解决动力电池燃烧产生大量有毒气体和粉尘的问题，并且包装说明中的要求均为原则性要求，是一种暂时性的完全保障措施。这些要求没有具体技术指标，缺乏试验验证，缺少权威机构认证。这也是很多运输方式对动力电池运输安全性存在问题的主要原因之一。

5）有效阻燃灭火方法欠缺。动力电池内部阻燃材料以及外部包装材料的有效性还需要进一步验证。有研究表明，大巴车动力电池发生热失控 5min 后，火势将蔓延到车内；同时考虑人员全部逃离所用时间约为 1min。据此建议 5min 作为大巴车动力电池耐火时长，如果在公路运输条件下，5min 时长足够道路运输应急撤离，但在海洋、铁路和航空运输下远不足以应急。动力电池的灭火方法尚未确定，无论是大量水还是气体灭火剂，在运输时，都难以在短时间足够获取。动力电池燃料产生的高温、浓烟和有毒气体等，会迅速造成人员伤亡和设备损伤。

我国的动力电池行业正在蓬勃发展，动力电池的大量运输也势在必得。由于动力电池具有高比能量、高一致性和高电压等显著特点，运输的安全也不同于消费性的锂离子动力电池。目前，动力电池运输还存在本质安全性尚未解决、燃烧机理和危害不清楚、运输测试体系不完善、运输安全性评价能力欠缺、风险防控措施不足以及有效阻燃灭火方法欠缺等方面的问题。针对这些问题，需要政府部门与企业的相互配合、制造业与运输业的紧密合作，需要多方面研究的突破。合理解决动力电池的安全性问题，满足运输需求。

4. 第四维度——动力电池使用安全管理

在我国政府的强力支持下，我国新能源汽车产业取得了突飞猛进的进展，但安全事故也时有发生。动力电池是新能源汽车的核心部件之一，它的安全性和稳定性对于电动汽车的安全可靠运行至关重要。动力电池系统所面临的安全风险主要与其内部部件的特性和外部的使用和运行环境相关，构成了产品安全设计的主要挑战。

(1) 动力电池在使用过程中可能发生的风险

1）化学安全。电芯发生热失控，可能会产生电解液泄漏、起火和燃烧等现象，但其破坏力是远远不能与炸药相比的。炸药爆炸时，能量在极短的时间内释放出来，所以威力巨大，而电芯的热失控，其能量的释放是一个渐进的过程，加上电动汽车的电池包是由很多个电芯串并联组成的，通常仅有 1 个或几个电芯发生故障，有足够的预警和处置时间。

针对电芯而言，如何确保各种运行条件和使用情况下的化学和热稳定性，确保不产生安全风险，这是必须要考虑和解决的问题。需要考虑的情况包括：①额定范围内的正常工况；②长距离运输和长时间存储；③极端情况，如针对电芯的过充电、过放电、挤压、穿刺、火烧等。

在各种情况下，都要为电芯的安全性确定合理的设计目标，贯穿到电芯的开发过程中。针对动力电池系统的其他组件而言，化学安全还涉及电解液或冷却液泄漏所导致的化学腐蚀（有可能造成内部短路）、盐雾腐蚀、阻燃和有害气体排放等。

2）电气安全。针对动力电池包内部的电子电气系统而言，电气安全是首要考虑的因素，各种与"电"有关的安全风险，都必须考虑进安全问题中。

3）功能安全。功能安全是针对电池管理系统而言的，要确保电池管理系统在任何一个随机故障、系统故障或共因失效下，都不会导致安全系统的故障，避免引起人员的伤亡、环境的破坏、设备财产的损失；BMS 的安全保护功能无论在正常情况下或者有特定故障存在的情况下都应确保正常发挥作用。为了确保 BMS 达到一定功能安全等级，必须以电气/电子/可编程电子为基础，结合系统中的其他技术，充分考虑系统的应用环境，对影响安全功能发挥作用的危害进行有效识别，从而制定合理的安全目标，将安全目标进行层层分解后，得到安全需求，落实/分配到系统中的每个组件。

（2）动力电池使用时的注意事项

1）使用和清洁新能源汽车时，应保护动力电池组免受冲击和进水。

2）当电表显示电量低时，应及时给动力电池充电，避免因动力电池电量不足而影响动力电池的使用，甚至缩短动力电池的使用寿命。

3）给动力电池充电时，环境温度应在 10~30℃ 之间，电池应通风良好。较低的温度会影响充电效率，甚至导致硫酸盐化。较高的温度会容易使充电器组件的参数漂移，甚至导致热失控和电池膨胀。

4）在日常使用中，纯电动汽车应尽量不要开到最大里程，最佳里程为最大里程的 1/3~2/3。

5）电动汽车行驶中出现电池过热报警时，停车给电池降温，过热警告灯熄灭后再继续行驶。如果电池过热报警或电池故障警告灯经常亮着，则应由专业人员及时排除故障。非专业人员严禁自行拆装电池组，以免造成人身伤害。

6）随车使用的充电器必须具有足够的精度和稳定的电压电流性能，并通过公司的技术测试和认证。严禁使用质量差、价格低、抗老化性差的充电器，否则会损坏动力电池。

7）纯电动汽车不使用时，电池应充满电储存，每月充电一次，避免因长期缺电造成动力电池极板硫酸盐化。

8）电池着火时，用干沙或氮气灭火器灭火。

 7.3 动力电池系统多故障早期协同预警

众所周知，动力电池系统电压、温度和 SOC 等各种状态参数的异常波动既有可能引发各种电池故障，也有可能是某些电池故障的主要表现特征。这些参数的常见异常类型可以概括为过电压、欠电压、电压变化过快、电池电压一致性差、温度过高、温升过快、温差过大和 SOC 跳水（即突然的跳变）等。表 7-1 中列出了与上述电池异常相关的潜在电池故障类型，在车辆的实际运行过程中，及时准确的状态预测对于防止各类电池故障的发生具有至关重要的实际意义。

在上文中，我们看到了 LSTM 对实车动力电池系统各种状态参数的长短期预测能力。为此，本节主要探索基于 NMMP – NEV 平台现有"阈值 – 变化率"安全阈值，利用 LSTM 长短期预测结果对各类动力电池系统故障的早期预警能力。

表 7-1　各类电池异常及潜在故障

异常类型		可能的电池故障
总电压	过电压	动力电池系统过度充电且充电保护电路失效
	欠电压	动力电池系统过度放电或者电极反向
单体电压	过电压	动力电池系统过度充电且充电保护电路失效
	欠电压	动力电池系统过度放电或者内部短路
	压变过快	电池容量过低或电池之间的线连接松动
	一致性差	某些单体电池老化太快
温度	温度过高	某些单体电池内部短路或者电池组内部/外部短路
	温升过快	单体之间的线连接松动；电池或电池组内部短路
	温差过大	某些单体老化过快；单体之间的线连接松动；热电偶脱落
SOC	SOC 跳水	霍尔正向电流太大，反馈电流太小；单体电压过低，电压下降太快

7.3.1　电压类故障

以实车运行数据为研究对象，使用 LSTM（多对一）结构，这种模型结构可以避免多个输出参数之间的相互干扰,相比"一对一"和"多对多"模型结构具有更好的电压预测和异常预警能力。为了避免单体电压之间的不一致性对电压故障预警效果的影响,分别建立总电压预警模型和单体电压预警模型。此外,为了减少模型数量,节省计算量并提高预警效率,提出了一种"首尾串联"(Head-To-Tail in Series,HTTS)方法,将所有单体电压按照先后顺序首尾串联,集成为一组单体电压后只需一次训练便可以学习所有单体电压的数据特征。训练好的单体电压预警模型可以被所有单体共享,且预测效果不会相互干扰。

我们以车辆 J 为研究对象,其动力电池系统排布示意图如图 7 - 3 所示。其中,80 个单体电池(1~80 号单体)水平排列,其他 20 个单体电池(81~100 号单体)竖直排列。

由于被研究电池系统有 100 个单体电池,单独训练和构建 100 个模型将耗费大量时间,且在一辆实际运行的电动汽车上进行实时电压预测时,一次性调用 100 个模型也将严重降低预测的效率。为了解决这个问题,本节将 100 个单体电压的数据用 HTTS 方法依次串联在一起,形成一组新的单体电压数据进行训练,得到一个通用的单体电压预测模型。这种处理方式有 2 个优点:第一,可以将最终得到的电压模型从 101 个模型(100 个单体电压模型和 1 个总电压模型)简化为 2 个模型,即一个总电压模型和一个单体电压模型;第二,集成后的单体电压模型包含所有单体电池电压数据信息。

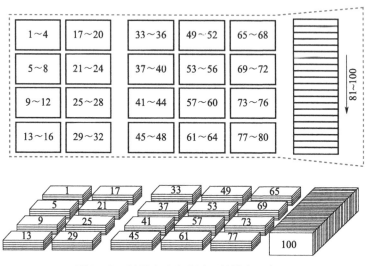

图 7 - 3 被研究动力电池系统排布示意图

通过相关性分析结果可知,在剔除所有强相关和弱相关参数之后,与电池电压相匹配的参数有制动踏板行程值、SOC 和车速。因此我们可以分别得到两个

LSTM（4 - 1）模型结构的总电压模型和单体电压模型。为了得到最好的训练和预测效果，对超参数进行了多层调整优化，优化后的超参数为：Epoch = 50，BS = 16，TWS = 360，PWS = SWS = 6，训练数据集为被研究车辆 2016 年全年数据。其中各种窗口尺寸的优化预测结果如图 7 - 4 所示，其他参数在此部分就不再赘述。

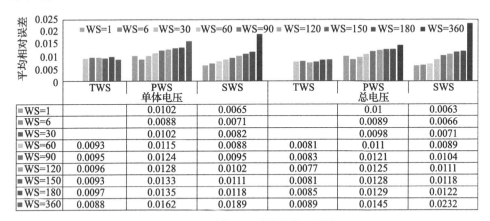

	单体电压			总电压		
	TWS	PWS	SWS	TWS	PWS	SWS
■WS=1		0.0102	0.0065		0.01	0.0063
■WS=6		0.0088	0.0071		0.0089	0.0066
■WS=30		0.0102	0.0082		0.0098	0.0071
■WS=60	0.0093	0.0115	0.0088	0.0081	0.011	0.0089
■WS=90	0.0095	0.0124	0.0095	0.0083	0.0121	0.0104
■WS=120	0.0096	0.0128	0.0102	0.0077	0.0125	0.0111
■WS=150	0.0093	0.0133	0.0111	0.0081	0.0128	0.0118
■WS=180	0.0097	0.0135	0.0118	0.0085	0.0129	0.0122
■WS=360	0.0088	0.0162	0.0189	0.0089	0.0145	0.0232

图 7 - 4　各种窗口尺寸的优化预测结果

对于同种材料类型、同尺寸、同出厂批次的电池包的所有单体电池，其 OCV、容量、内阻、循环寿命等性能参数均符合正态分布和有限的离散程度。因此，电池一致性的改变意味着开路电压等性能参数集中分布水平的变化，而这一变化可以用标准差来表征。根据正态分布理论，单体电压值与平均电压之差在 $\pm 3\sigma$ 以内的单体数应该占单体总数的 99% 以上；单体电压的一致性越好，标准差越小，单体电压的分布也就越集中。NMMP - NEV 平台目前以 $\sigma = 0.05$ 为阈值评价电池电压的一致性水平，当所有电池电压的标准差在 $\sigma > 0.05$ 范围时，表示当前电池系统的电压一致性较差，反之亦然。也可以这样解释，在距平均电压 $\pm 0.15V$ 的范围内的单体电池需要占据所有单体电池的 99% 以上。

车辆 J 于测试数据当天的 100 个单体电压、总电压、电压上升速率和标准差曲线如图 7 - 5 所示。图 7 - 5 显示当天单体电压具有良好的一致性，但在充电结束瞬间标准差超过了 0.05。此外，从图 7 - 5 可以看出，动力电池系统在充电阶段的一致性比行驶阶段要好得多，特别是在充电的中段稳定阶段，只有在刚开始充电和接近充电结束时，单体电压的标准差才更大一些。这是因为，车辆在充电阶段始终处于相对稳定的运行工况，而在行驶阶段，由于路况、天气和驾驶员驾驶行为的复杂性和不确定性，电池系统的运行工况也比较复杂，所以单体电压的一致性难以保证。

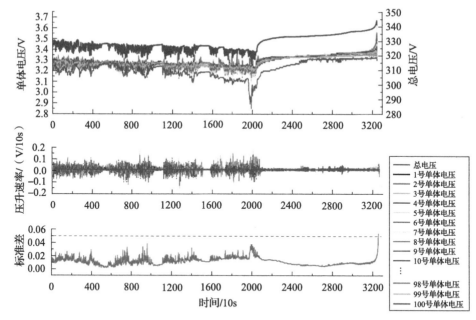

图7-5　单体电压、总电压、电压上升速率和标准差曲线

超参数优化前后的单体电压（以 1 号单体电压为例）和总电压预测结果如图7-6所示，所有单体电压预测的平均相对误差如图7-7 所示。可以看出，超参数优化后的两个 LSTM 模型对于单体电压和总电压都具有非常优秀的预测效果，其

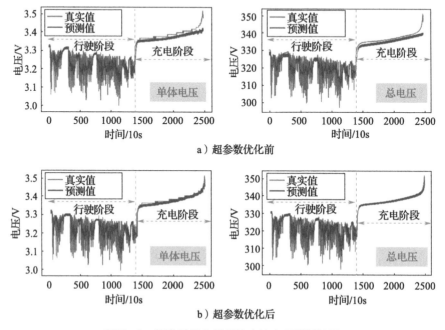

图7-6　超参数优化前后的电池电压预测效果

中优化后的预测值更加接近真实值；LSTM 单体电压预测模型对所有单体的预测误差都非常小，验证了该方法的有效性和可靠性。

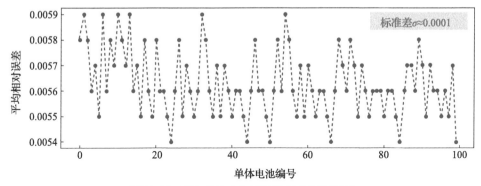

图 7-7　所有单体电压预测的平均相对误差

表 7-2 列出了被研究电池类型的电压异常预/报警类型和阈值，其中 U_{pack} 是总电压，U_{cell} 是单体电压，ΔU_{cell} 是单体电压变化速率，ΔU_{pack} 是总电压变化速率，σ 是所有单体电压的标准差。电压异常预报警被分为三个等级，其中三级预警状态是安全状态，但会对较差的电池电压状态进行预警；二级预警是指电池处于危险状态，在条件允许的情况下需要停车检查并发出预警的位置；当触发一级报警时，驾驶员需要立即将车停放在安全的地方，然后等待专业人员到场检修，以免发生伤害驾驶员和乘客的意外事故。需要强调的是，该阈值方法对于其他电池类型也是通用的，仅由于电池类型和参数的不同在预/报警阈值的设定上略有差异。

表 7-2　动力电池系统电压异常预/报警类型和阈值

参数	预/报警类型	分类规则	等级
总电压	过电压	$3.6n \leqslant U_{pack} < 3.9n$	2
		$U_{pack} \geqslant 3.9n$	1
	欠电压	$2.5n < U_{pack} \leqslant 3.0n$	3
		$2.0n < U_{pack} \leqslant 2.5n$	2
		$U_{pack} \leqslant 2.0n$	1
	电压变化过快	$\lvert \Delta U_{pack} \rvert \geqslant 0.4n/10$	1
单体电压	过电压	$3.6 \leqslant U_{cell} < 3.9$	2
		$U_{cell} \geqslant 3.9$	1
	欠电压	$2.5 < U_{cell} \leqslant 3.0$	3
		$2.0 < U_{cell} \leqslant 2.5$	2
		$U_{cell} \leqslant 2.0$	1
	电压变化过快	$\lvert \Delta U_{cell} \rvert \geqslant 0.4/10$	1
	一致性太差	$\sigma \geqslant 0.05$	1

为了验证训练好的离线模型对于各种电压类故障的预警效果，我们检索并导出了车辆 J 动力电池系统发生故障报警的 2017 年 9 月 15 日这一天的运行数据作为测试数据，图 7 - 8 展示了这一天预测前后的电池电压曲线。该车当日上午 09: 27: 10 开始运行，晚上 19: 29: 30 充满电后停止上传数据，期间共进行了一次行驶和充电。100 号单体下午 15: 56: 20 发生了 $U_{cell} < 3.0V$ 的三级欠电压警告，19 号单体在 19: 28: 10 发生 $U_{cell} > 3.6V$ 的二级过电压警告。从图 7 - 8 可以看出，自车辆当天开始行驶以来，100 号单体就已经显示出与其他电池不同的波动特性，它与其他单体脱离并一直保持比其他单体更低的电压；原因可能是 100 号单体出现了过放电或者单体内部轻微短路。此外，在充电结束时，所有单体电压在短时间内都迅速增加，但只有 19 号单体出现了过电压，这可能是因为充电保护电路失效或者 19 号单体的老化过快引发了自身的过度充电。

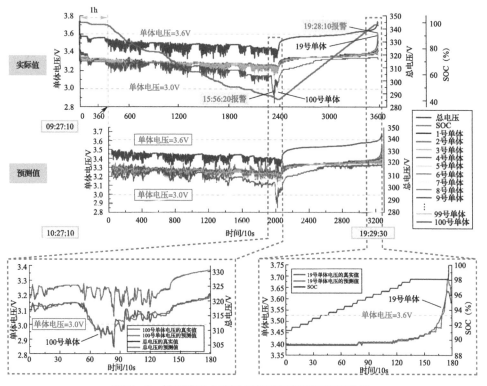

图 7 - 8 被研究动力电池系统预测前后的电压曲线

如图 7 - 9 所示，因为 TWS = 360 和 SWS = PWS = 6，所以测试数据当天的第一个小时数据只能在测试时用作初始的训练窗口，然后从一小时后每隔一分钟预测未来一分钟的电压。通过局部放大过电压和欠电压区域，我们可以看到所有单体电压，包括 19 号单体电压、100 号单体电压以及总电压，都可以被准确预测出来。

理论上，总电压或者一个单体电压越稳定，其预测效果越好，因此构建的 LSTM 模型具有很高的可靠性，不仅可以准确地预测异常电压，并且不会出现由于不良预测出现误报警的情况。

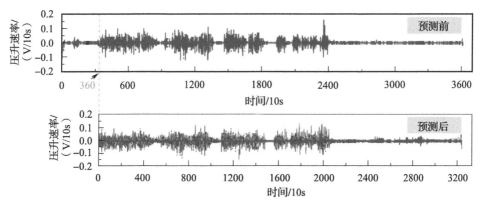

图 7－9　单体电压温升速率预测效果

因为测试数据当天并没有出现电压变化异常，所以单体电压的电压变化速率值一直都非常小（$|\Delta U_{cell}| < 0.4V / 10s$）。图 7－10 显示了预测前后的所有单体电压上升速率的预测前后曲线，预测前后的电压变化速率值非常接近，都稳定分布在 $-0.2 \sim 0.2$ 之间，证明了该模型也可以对电压变化速率进行准确的预测。

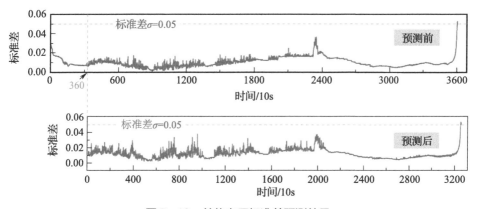

图 7－10　单体电压标准差预测效果

图 7－10 展示了预测前后单体电压标准差曲线。预测前后的单体电压标准差曲线几乎是一致的，并且在充电结束时超过 0.05 的标准差也能够精准地预测出来。

7.3.2　温度类故障

众所周知，环境温度对电池温度有着很大的影响。正如图 7－11 中所示的北京市 2016 全年的气温曲线与车辆 J 的 1 号探针温度曲线所描绘的，探针温度的大小及变化规律和气温非常相近，在气温均在 0℃ 以上的春、夏、秋三个季节中，电池箱的探针温度几乎是与气温同步变化的；在温度较低的冬季，气温经常降到 0℃ 以下，电池箱通常需要一些预先加热措施或者在车辆起动后温度升高到 0℃ 以上才能正常工作。根据上文中不同 LSTM 映射结构及各种参数相关性分析结果可知，探针温度除自身之外的其他参数都与之不相关，因此 LSTM（1-1）模型更适合探针温度的预测。

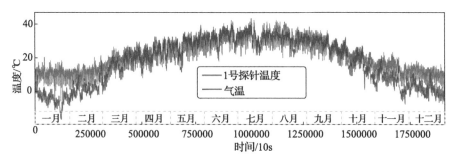

图 7-11　探针温度与气温曲线

通过超参数优化，最后确定了一组超参数为：Epoch = 50，BS = 128，TWS = 360，PWS = SWS = 6，训练数据集为被研究车辆 2016 年的一年运行数据，其他参数及优化过程在这部分不再赘述。动力电池箱内/外部分布着 16 个温度探针，为了提高建模和预警效率，将 16 个探针温度的数据根据 HTTS 方法集成统一训练，得到一个通用的探针温度预测模型。

表 7-3 列出了被研究动力电池系统类型在 NMMP-NEV 平台的温度异常的预/报警类型和对应阈值，其中 T_{Dmax} 是最大温差，ΔT_{rmax} 是最大温升速率。温度异常的预/报警一般被分为三个等级，其中三级预警状态是一种相对安全状态，但是仍需

表 7-3　动力电池系统温度异常预/报警类型和对应阈值

预/报警类型	分类规则	等级
温度过高	$40℃ \leqslant T < 50℃$	3
	$50℃ \leqslant T < 65℃$	2
	$T \geqslant 65℃$	1
温差过大	$5℃ \leqslant T_{Dmax} < 8℃$	2
	$T_{Dmax} \geqslant 8℃$	1
温升过快	$\Delta T_{rmax} \geqslant 5℃/10s$	1

要对发出三级预警的温度探针状态进行重点监测；二级预警是指动力电池系统正处于危险的温度状态，在条件允许的情况下需要停车检查触发预警的位置，并尽快将故障排除；当触发一级报警时，驾驶员需要立即将车停放在安全的地方，然后等待专业人员到场检修，以免发生伤害驾驶员和乘客的动力电池系统热失控事故。需要强调的是，该阈值方法对于其他动力电池系统类型也是适用的，不过是由于类型和参数上的不同在预/报警阈值的设定上略有差异。

为了验证训练好的离线 LSTM 温度预警模型对各种温度异常的在线预警效果，我们检索并导出了车辆 J 发生温差过大报警的 2017 年 3 月 5 日这一天运行数据，图 7－12 展示了这一天探针温度和温升速率曲线。该车当天于上午 07：10：23 开始运行，1 号探针在上午 09：11：43 出现 $T>40℃$ 的温差过大三级预警。该车当天开始运行以来，1 号探针就已经显示出与其他探头截然不同的波动特征，这也意味着电池组在 1 号探针附近的单体或者模组可能正经历过热或其他故障；幸运的是，从温升速率曲线可以看出，所有探针的温升速率仍然都在5℃/10s 以下的安全范围内。

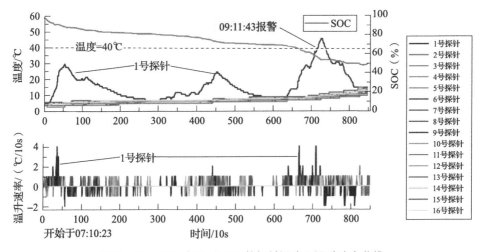

图 7－12　2017 年 3 月 5 日的探针温度和温升速率曲线

温差过大异常通常是由一个（或多个）温度探针温度过高或过低引起的。被研究车辆 2017 年 11 月 3 日的探针温度和温差曲线如图 7－13 所示。该车当天上午 07：55：57 开始工作，在下午 18：14：55 出现 $T_{Dmax}>5℃$ 的温差过大二级预警。从图 7－13 可以看出，当所有探针温度上升或下降时，探头 16 始终处于最大温度位置，但 11 号探针却在后期充电阶段逐渐脱离集体温度趋势并呈相对较低温度，最终触发了温差过大预警。

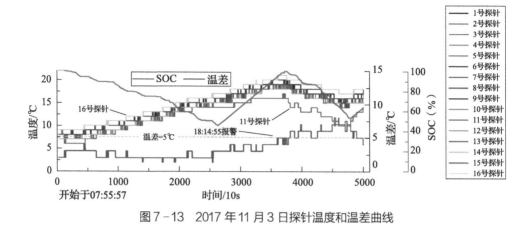

图 7-13　2017 年 11 月 3 日探针温度和温差曲线

　　分别以上述两天中包含温度过高和温差过大异常的 1h 数据（3 月 5 日上午
09：00：00—10：00：00 和 11 月 3 日下午 18：00：00—19：00：00）为预测对象，以其前 1h
数据为初始训练窗口进行滑动预测。图 7-14 显示了基于离线 LSTM 模型预测前后的
温度曲线。图 7-14a 显示模型具有非常好的预测效果，温度过高异常发生时的温度
和温升速率的预测值与实际值非常接近；更为重要的是，温度过高异常可以被及
时准确地预测出来，且接近报警阈值的温升速率也没有出现误报警。图 7-14b

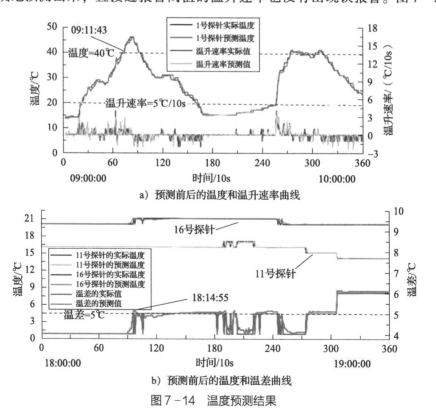

a）预测前后的温度和温升速率曲线

b）预测前后的温度和温差曲线

图 7-14　温度预测结果

显示造成温差过大报警的两个温度探针（11 号探针和 16 号探针）的温度和温差的
预测效果也非常理想，不仅探针温度值可以被精准预测，温差过大异常也被及时
准确地预测出来。

　　通过更多验证数据的稳定性验证，发现 LSTM 模型对于不同测试数据和不同类
型、不同等级的温度异常都有非常准确和稳定的预测效果。由于我们设定的预测
窗口为 PWS = 6，即未来 1min，因此可以实现对上述温度异常的至少提前 1min 时
间的预警。况且，我们提出的模型可以根据需要对预测窗口尺寸 PWS 进行灵活调
整，比如在未来对训练数据集扩充至足够大的基础上（如一辆车或某一车型的多
辆车的全生命周期历史数据），基于可接受的预测精度阈值可以将预测窗口尺寸延
长至 5min、10min 甚至更长时间（有相关实验研究表明，热失控事故发生时的最
佳逃生时间为 5min）。这对于非常有可能引发各种热故障甚至电池系统热失控事故
的温度异常来说具有极为重要的实际意义，对于驾驶员和乘客在危险发生前快速
脱险或者采取应急措施非常重要。

7.3.3　多故障早期协同诊断策略

　　除以上分析的电池电压和温度类故障之外，动力电池系统其他种类故障表征
参数同样可以用本节提出的方法进行建模和多步预测，例如实车运行中通过预测
未来一段时间内 SOC 是否会出现过高、过低或者跳水等情况，可以实现对这些
SOC 异常情况下容易发生的电池故障进行诊断。由于被研究车辆的训练数据中
没有出现过 SOC 跳水的故障，在此以 SOC 过低为例说明。2017 年 1 月 15 日，
研究车辆动力电池系统出现了 SOC < 30% 的 SOC 过低三级预警。以报警发生之
后半小时的数据为测试数据，前一小时数据为初始预测窗口进行测试，SOC 的
预测结果如图 7 - 15 所示。结果显示，SOC 过低异常可以被及时和准确地预测
出来。

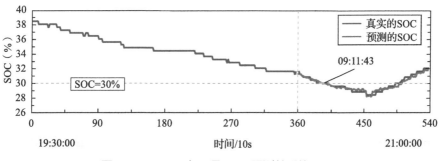

图 7 - 15　2017 年 1 月 15 日预测前后的 SOC

电动汽车大数据监控平台不断积累的更多不同故障特征参数、不同车型、不同批次的车辆运行数据，未来将为我们提供更加丰富的训练样本，为我们建立更全面更准确的预测模型提供了持续稳定和强大的数据支撑。通过对模型不断优化更新，可以使本研究所提出的方法具有更广阔的实际应用前景。我们制定了面向实车动力电池系统的多故障协同诊断研究计划，如图 7-16 所示。通过对不同车型全生命周期的数据的扩展，本研究的最终目标是基于精确的多参数协同预测和灵活的多步预测窗口调整，建立适用于全阶段、全状态和全气候应用的动力电池系统多故障协同预警模型，实现对实车运行过程中的各种电池故障的实时预警。

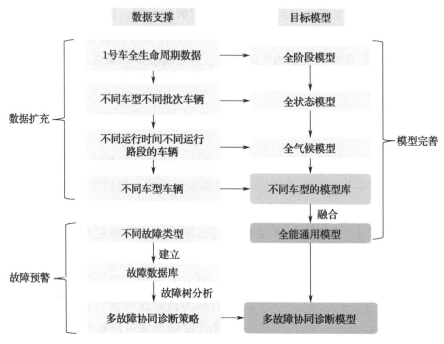

图 7-16 面向实车动力电池系统的多故障协同诊断研究计划

7.4 动力电池系统安全控制策略

7.4.1 多模型融合方法

上文虽然基于 LSTM 的长短期预测能力实现了多种动力电池系统故障的早期预警，但是仍是基于常规阈值和变化率的研究。为了实现"机-电-热"不同动力电池系统故障类型的早期协同预警，实现动力电池系统安全风险的早期精准预测，还需要结合提出的 MSNE、MMSE、NDWD 以及其他故障诊断模型，研究基于"阈值 – 变化率 – 模型"的动力电池系统多故障协同预警策略，建立多级预警体系，定量评估动力电池系统风险状态，为后续整车安全性设计制造、预警系统开发、用户车型的选择提供依据。

从算法或模型角度来讲，多模型融合方法可以分为线性加权融合、瀑布融合、预测融合、加性融合、多而不同融合和交叉融合等方法。

（1）线性加权融合方法

线性加权融合方法是在模型角度常被采用的一种融合方法，是指把不同推荐模型生成的候选结果进行进一步加权组合，并生成最终的推荐结果。由于不同的模型结果在不同应用场景下的质量可能有高有低，固定加权系统无法实现对各个模型各取所长，所以通过混合或二次混合方式，将不同模型的结果进行最合理的加权组合，往往可以取得更好的推荐效果，如图 7 – 17 所示。加权混合模型除了简单的线性模型外，常用的还有回归模型、玻尔兹曼机、梯度提升决策树等模型。

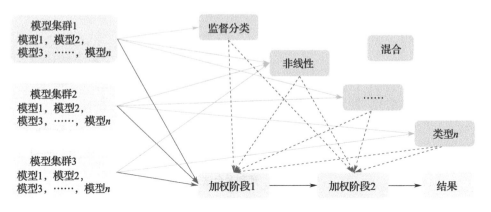

图 7 – 17 加权混合技术推荐示意图

（2）瀑布融合法

瀑布融合方法通常用于存在大量候选集合的推荐场景，是指将多个模型串联连接，然后将不同推荐模型视为具有不同粒度的过滤器实现模型融合，如图 7 – 18 所示。通过瀑布型融合，前一个推荐模型过滤的结果会作为下一个推荐模型的候选输入，因此候选结果在此过程中会被层层遴选，最终得到一个数量少、质量较高的结果集合。

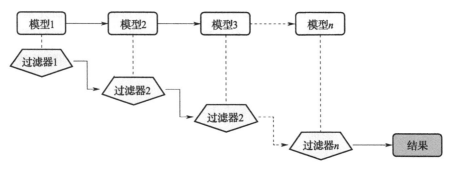

图 7-18 瀑布融合方法示意图

（3）预测融合法

预测融合法也可被视作一种"预测算法"，其思想是对不同模型的预测结果通过建立第二层预测模型并生成最终预测结果，如图 7-19 所示。不同推荐模型的预测结果可以被作为新的特征，并将预测结果的反馈数据作为二次训练样本。这里的第二层预测模型可以使用常用的分类算法，如支持向量机、随机森林、最大熵等方法。

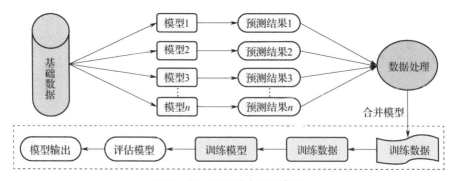

图 7-19 预测融合法示意图

（4）加性融合

加性融合模型通常为由很多个分支组成的非线性树型模型，不同分支嵌套相加得到最终的预测结果。每一个分支还可以延伸出更多更小的分支，训练时每棵分支的拟合目标为其他分支预测结果之和与真实值之间的残差。当达到给定数量的分支时，重新训练的分支便会逐个替代之前的分支，然后通过多次迭代得到最终收敛的预测结果。

（5）多而不同融合

这里的不同是指模型参数、特征以及样本之间的不同。不同原始数据特征及数据质量，对推荐模型的结果有很大的影响，因此使用不同来源数据并抽取不同特征，输入推荐模型中进行训练并合并训练结果。此类融合方法可以有效解决工程应用中常见的数据缺失问题，通过融合可以使模型的数据特征识别能力提升，扩大其适用范围。

（6）交叉融合法

交叉融合法，又常被称为 Blending 方法，其思想是通过将不同推荐模型的结果组合穿插在推荐结果中，以确保结果的多样性。交叉融合方法适用于可以同时显示更多结果的推荐场景，并且通常用于具有明显差异的多种模型。

7.4.2 基于多模型融合的安全控制策略

随着现在数据量的大幅度提升，基于数据驱动的动力电池安全控制策略是必然趋势。目前单一的安全控制策略已经无法满足电动系统高安全性和高可靠性的要求。由上述章节可知，通过对多模型融合方法的介绍，我们可以发现预测融合方法和多而不同融合方法都比较适合于实车动力电池系统多种状态的联合预测，因为不同状态参数的数据特征不同，不同故障诊断模型的诊断效果也各不相同。因此，基于 LSTM 对动力电池系统的长短期状态预测和在线 SOH 估计能力，融合本章提出的 MSNE、MMSE、NDWD 模型及其他故障诊断模型，可以实现"机－电－热"不同类型动力电池系统故障早期协同预警及 SOH 实时评估，并得到面向实车动力电池系统全寿命周期运行的高安全性、高可靠性和高稳定性的动力电池系统安全控制策略，如图 7－20 所示，具有重要的工程应用价值。

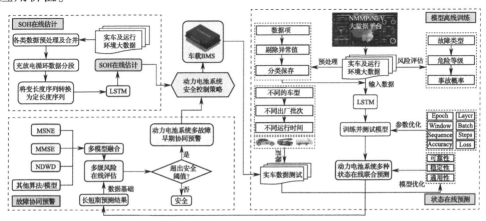

图 7－20　面向实车动力电池系统的安全控制策略示意图

为了实现实车动力电池系统的安全控制管理，未来计划应从 BMS 控制和大数据监控两个方面入手对动力电池系统安全控制策略开展持续的优化和拓展研究。在 BMS 控制方面，将通过对电压、温度、SOC、SOH 等多种动力电池系统状态的实时监测，基于 LSTM 模型实现动力电池系统各种状态的长短期预测，为动力电池系统多故障协同预警提供数据基础。在大数据监控方面，面向实车动力电池系统热失控预警的大容量、快响应、高算力、高兼容和高可靠性的需求，将运用 Hadoop、Spark 等大数据管理与分析技术，构建大数据平台数据采集接入、交互应用、存储管理、分析决策、过程追踪和大数据展现等多层级分析体系，并通过热失控事故调查结果和溯源管理，反向追踪事故原因，逆向优化动力电池系统的安全性设计。

此外，开展不同层级数据、模型及功能协同融合管理关键技术研究，制定面向"车端－云端"的车辆信息交互、热失控风险预警与决策管理等多级任务的调度规则，结合大数据平台资源优化与迁移、海量高负载均衡等技术，构建车端、云端结合的动力电池系统热失控分级机制和安全性评价指标体系，建立具备高质量防控和决策输出能力的动力电池系统安全控制管理系统，切实提高实车运行过程中动力电池系统的安全性和可靠性。

7.5 本章小结

1）本章系统总结了动力电池系统常见安全问题及解决思路，如电芯安全、设计安全、成组安全等；基于大数据监控平台现有"阈值－变化率"报警规则，利用 LSTM 长短期预测结果和 HTTS 方法提出了一种高效的实车动力电池系统多故障早期协同预警方法，训练好的单体电压预警模型可以被所有单体共享，且预测效果不会相互干扰；基于精确的多参数协同预测和灵活的多步预测窗口调整，建立具有全状态全气候应用能力的动力电池系统多故障早期协同预警模型，为驾驶员和乘客在危险发生前快速脱险或者采取应急措施提供足够时间保障和技术支撑。

2）本章基于多模型融合理论融合 MSNE、MMSE、NDWD 及其他故障诊断模型，提出了基于"阈值－变化率－模型"的动力电池系统多故障协同诊断模型，实现了动力电池系统安全风险状态在线定量评估；结合动力电池系统状态长短期预测、SOH 在线估计及溯源管理，提出了面向实车动力电池系统全寿命运行周期的高安全性、高可靠性和高稳定性的安全控制策略，实现了动力电池系统全寿命周期内的安全状态可监控、可追溯，具有重要的工程应用价值。

参考文献

［1］ ZHANG H, ZHOU M, HU L, et al. Mechanism of the dynamic behaviors and failure analysis of lithium-ion batteries under crushing based on stress wave theory ［J］. Engineering Failure Analysis, 2020, 108: 104290.

［2］ HELD M, BRÖNNIMANN R. Safe cell, safe battery? Battery fire investigation using FMEA, FTA and practical experiments ［J］. Microelectronics Reliability, 2016, 64: 705 – 710.

［3］ GANDOMAN F H, JAGUEMONT J, GOUTAM S, et al. Concept of reliability and safety assessment of lithium-ion batteries in electric vehicles: Basics, progress, and challenges ［J］. Applied Energy, 2019, 251: 113343.

［4］ LYU D, REN B, LI S. Failure modes and mechanisms for rechargeable Lithium-based batteries: a state-of-the-art review ［J］. Acta Mechanica, 2019, 230 (3): 701 – 727.

［5］ LIU B, JIA Y, YUAN C, et al. Safety issues and mechanisms of lithium-ion battery cell upon mechanical abusive loading: a review ［J］. Energy Storage Materials, 2020, 24: 85 – 112.

［6］ REN D, HSU H, LI R, et al. A comparative investigation of aging effects on thermal runaway behavior of lithium-ion batteries ［J］. eTransportation, 2019, 2: 100034.

［7］ AN Z, SHAH K, JIA L, et al. Modeling and analysis of thermal runaway in Li-ion cell ［J］. Applied Thermal Engineering, 2019, 160: 113960.

［8］ SHANG Y, LU G, KANG Y, et al. A multi-fault diagnosis method based on modified Sample Entropy for lithium-ion battery strings ［J］. Journal of Power Sources, 2020, 446: 227275.

［9］ CABRERA C E, NIEDERMEIER F, JOSSEN A. Calculation of the state of safety (SOS) for lithium ion batteries ［J］. Journal of Power Sources, 2016, 324: 509 – 520.

［10］ TOBAR F, CASTRO I, SILVA J, et al. Improving battery voltage prediction in an electric bicycle using altitude measurements and kernel adaptive filters ［J］. Pattern Recognition Letters, 2018, 105: 200 – 206.

［11］ LI K, WEI F, TSENG K J, et al. A practical lithium-ion battery model for state of energy and voltage responses prediction incorporating temperature and ageing effects ［J］. IEEE Transactions on Industrial Electronics, 2017, 65 (8): 6696 – 6708.

［12］ KARBALAEI F, SHAHBAZI H. A quick method to solve the optimal coordinated voltage control problem based on reduction of system dimensions ［J］. Electric Power Systems Research, 2017, 142: 310 – 319.

［13］ HONG J, WANG Z, CHEN W, et al. Synchronous multi-parameter prediction of battery systems on electric vehicles using long short-term memory networks ［J］. Applied Energy, 2019, 254: 113648.

［14］ ZHOU Z, CHEN B, FANG T, et al. A Multifunctional Separator Enables Safe and Durable Lithium/Magnesium-Sulfur Batteries under Elevated Temperature ［J］. Advanced Energy Materials, 2020, 10（5）: 1902023.

［15］ CHEN Z, XIONG R, LU J, et al. Temperature rise prediction of lithium-ion battery suffering external short circuit for all-climate electric vehicles application ［J］. Applied Energy, 2018, 213: 375 – 383.

［16］ HANNAN M A, LIPU M S H, HUSSAIN A, et al. A review of lithium-ion battery state of charge estimation and management system in electric vehicle applications: Challenges and recommendations ［J］. Renewable and Sustainable Energy Reviews, 2017, 78: 834 – 854.

［17］ HE Z G, CHEN D, PAN C F, et al. State of charge estimation of power Li-ion batteries using a hybrid estimation algorithm based on UKF ［J］. Electrochimica Acta, 2016, 211: 101 – 109.

［18］ ACUÑA D E, ORCHARD M E. Particle-filtering-based failure prognosis via sigma-points: Application to lithium-ion battery state-of-charge monitoring ［J］. Mechanical Systems and Signal Processing, 2017, 85: 827 – 848.

［19］ YE M, GUO H, CAO B. A model-based adaptive state of charge estimator for a lithium-ion battery using an improved adaptive particle filter ［J］. Applied Energy, 2017, 190: 740 – 748.

［20］ DONG G, WEI J, CHEN Z. Constrained Bayesian dual-filtering for state of charge estimation of lithium-ion batteries ［J］. International Journal of Electrical Power & Energy Systems, 2018, 99: 516 – 524.

［21］ HOU J, HE H, YANG Y, et al. A variational Bayesian and Huber-based robust square root cubature Kalman filter for lithium-ion battery state of charge estimation ［J］. Energies, 2019, 12 （9）: 1717.

［22］ HE T, LI D, WU Z, et al. A modified luenberger observer for SOC estimation of lithium-ion battery ［C］//2017 36th Chinese Control Conference（CCC）. NYC: IEEE, 2017: 924 – 928.

［23］ NING B, CAO B, WANG B, et al. Adaptive sliding mode observers for lithium-ion battery state estimation based on parameters identified online ［J］. Energy, 2018, 153: 732 – 742.

［24］ ZHENG W, XIA B, WANG W, et al. State of Charge Estimation for Power Lithium-Ion Battery Using a Fuzzy Logic Sliding Mode Observer ［J］. Energies, 2019, 12 （13）: 2491.

［25］ LIN C, MU H, XIONG R, et al. Multi-model probabilities based state fusion estimation method of lithium-ion battery for electric vehicles: State-of-energy ［J］. Applied Energy, 2017, 194: 560 – 568.

［26］ YANG X, CHEN Y, LI B, et al. Battery states online estimation based on exponential decay particle swarm optimization and proportional-integral observer with a hybrid battery model ［J］. Energy, 2020, 191: 116509.

［27］ CHEN N, ZHANG P, DAI J, et al. Estimating the State-of-Charge of Lithium-Ion Battery Using An H-Infinity Observer Based on Electrochemical Impedance Model ［J］. IEEE Access, 2020, 8: 26872 – 26884.

［28］ CHEMALI E, KOLLMEYER P J, PREINDL M, et al. Long short-term memory networks for accurate state-of-charge estimation of Li-ion batteries ［J］. IEEE Transactions on Industrial Electronics, 2017, 65 （8）: 6730 – 6739.

［29］SONG X, YANG F, WANG D, et al. Combined CNN-LSTM network for state-of-charge estimation of lithium-ion batteries ［J］. IEEE Access, 2019, 7: 88894 – 88902.

［30］STROE D I, SWIERCZYNSKI M, KAER S K, et al. Degradation behavior of lithium-ion batteries during calendar ageing-The case of the internal resistance increase ［J］. IEEE Transactions on Industry Applications, 2017, 54 (1): 517 – 525.

［31］ZHANG L, MA Y, CHENG X, et al. Degradation mechanism of over-charged $LiCoO_2$/mesocarbon microbeads battery during shallow depth of discharge cycling ［J］. Journal of Power Sources, 2016, 329: 255 – 261.

［32］XIONG R, LI L, TIAN J. Towards a smarter battery management system: A critical review on battery state of health monitoring methods ［J］. Journal of Power Sources, 2018, 405: 18 – 29.

［33］ZHENG L, ZHU J, LU D D C, et al. Incremental capacity analysis and differential voltage analysis based state of charge and capacity estimation for lithium-ion batteries ［J］. Energy, 2018, 150: 759 – 769.

［34］LEWERENZ M, MARONGIU A, WARNECKE A, et al. Differential voltage analysis as a tool for analyzing inhomogeneous aging: a case study for $LiFePO_4$│Graphite cylindrical cells ［J］. Journal of Power Sources, 2017, 368: 57 – 67.

［35］LIU K, ZOU C, LI K, et al. Charging pattern optimization for lithium-ion batteries with an electrothermal-aging model ［J］. IEEE Transactions on Industrial Informatics, 2018, 14 (12): 5463 – 5474.

［36］ZHENG Y, QIAN K, LUO D, et al. Influence of over-discharge on the lifetime and performance of $LiFePO_4$/graphite batteries ［J］. RSC advances, 2016, 6 (36): 30474 – 30483.

［37］刘真通. 基于模型的纯电动车辆动力系统故障诊断研究 ［D］. 北京: 北京理工大学. 2016.

［38］DEY S, BIRON Z A, TATIPAMULA S, et al. Model-based real-time thermal fault diagnosis of lithium-ion batteries ［J］. Control Engineering Practice, 2016, 56: 37 – 48.

［39］ZHAO Y, LIU P, WANG Z, et al. Fault and defect diagnosis of battery for electric vehicles based on big data analysis methods ［J］. Applied Energy, 2017, 207: 354 – 362.

［40］WANG Z, HONG J, LIU P, et al. Voltage fault diagnosis and prognosis of battery systems based on entropy and Z-score for electric vehicles ［J］. Applied Energy, 2017, 196: 289 – 302.

［41］WANG H, XU P, LU X, et al. Methodology of comprehensive building energy performance diagnosis for large commercial buildings at multiple levels ［J］. Applied Energy 2016; 169: 14 – 27.

［42］KARBALAEI F, SHAHBAZI H. A quick method to solve the optimal coordinated voltage control problem based on reduction of system dimensions ［J］. Electric Power Systen Research, 2017, 142: 310 – 319.

［43］LIU Z, HE H. Model-based sensor fault diagnosis of a lithium-ion battery in electric vehicles ［J］. Energies, 2015, 8 (7): 6509 – 6527.

［44］PICAS R, ZARAGOZA J, POU J, et al. Reliable modular multilevel converter fault detection with redundant voltage sensor ［J］. IEEE Trans Power Electron, 2017, 32 (1): 39 – 51.

［45］DIETTERICH T G. Machine-learning research ［J］. AI Magazine, 1997, 18 (4): 97 – 136.

［46］熊瑞. 动力电池管理系统核心算法 ［M］. 北京: 机械工业出版社, 2015: 105 – 110.

［47］LOU T T, ZHANG W G, GUO H Y, et al. The internal resistance characteristics of lithium-ion battery based on HPPC method ［C］//Advanced Materials Research. ［S. l. ］: Trans Tech Publications Ltd, 2012, 455: 246 –251.

［48］GKISSER S. Predictive inference: an introduction ［M］. ［S. l. ］: Chapman and Hall/CRC, 2017.

［49］GARCÍA M F P, SEGOVIA R I, MOHAMMADI I B, et al. Reliability dynamic analysis by fault trees and binary decision diagrams ［J］. Information, 2020, 11 (6): 324.

［50］苏伟, 钟国彬, 沈佳妮, 等. 锂离子动力电池故障诊断技术进展 ［J］. 储能科学与技术, 2019 (2): 225 –236.

［51］LI W, DEMIR I, CAO D, et al. Data-driven systematic parameter identification of an electrochemical model for lithium-ion batteries with artificial intelligence ［J］. Energy Storage Materials, 2022, 44: 557 –570.

［52］ZHANG M, CHEN W, YIN J, et al. Health Factor Extraction of Lithium-Ion Batteries Based on Discrete Wavelet Transform and SOH Prediction Based on CatBoost ［J］. Energies, 2022, 15 (15): 5331.

［53］YANG Y, LUN S, XIE J. Multi-fault diagnosis for battery pack based on adaptive correlation sequence and sparse classification model ［J］. Journal of Energy Storage, 2022, 46: 103889.

［54］ZHENG C W, CHEN Z Q, HUANG D Y. Fault diagnosis of voltage sensor and current sensor for lithium-ion battery pack using hybrid system modeling and unscented particle filter ［J］. Energy, 2020, 191: 116504.

［55］FENG X, ZHENG S, REN D, et al. Investigating the thermal runaway mechanisms of lithium-ion batteries based on thermal analysis database ［J］. Applied Energy, 2019, 246: 53 –64.

［56］WANG Z P, LIU P, WANG L F. Analysis on the capacity degradation mechanism of a series lithium-ion power battery pack based on inconsistency of capacity ［J］. Chinese Physics B, 2013, 22 (8): 088801.

［57］GAO S, FENG X, LU L, et al. A test approach for evaluating the safety considering thermal runaway propagation within the battery pack ［J］. ECS Transactions, 2017, 77 (11): 225 –236.